Richard Foster · Tabu

Richard Foster

Tabu

Geld, Sex und Macht
im Leben von Christen

R. BROCKHAUS

Copyright © 1985 by Richard J. Foster
Money, Sex & Power: The Challenge of the Disciplined Life.
Edward England Books (Literary Agency),
Crowborough, East Sussex, England

Deutsch von Dieter Bode

RB*taschenbuch Bd. 605*

© 2002 der deutschen Ausgabe:
R. Brockhaus Verlag Wuppertal
Umschlag: Dietmar Reichert, Dormagen
Gesamtherstellung: Breklumer Druckerei Manfred Siegel KG
ISBN 3-417-20605-7
Bestell-Nr. 220 605

INHALT

VORWORT

Begriffe wie Gebet und Gottesdienst sind im allgemeinen von vornherein von einem Hauch von Frömmigkeit umgeben, während die Themen Geld, Sex und Macht bestenfalls als sehr »säkular« erscheinen. Beim Schreiben dieses Buches war ich von dem Wunsch erfüllt, anderen Menschen zu vermitteln, daß wir heiliges Gebiet betreten, wenn wir diese »säkularen« Fragen aufnehmen. Im Blick auf Geld und Sex und Macht richtig leben heißt geheiligt leben. Wer sie mißbraucht und entwürdigt, der entweiht von Gott geheiligte Dinge.

Da ich mir dessen bewußt war, heilige Themen zu behandeln, war ich bemüht, im Geist der Ehrfurcht und Anbetung zu schreiben. Jeder Tag begann für mich mit der Meditation eines Psalms. Auf diese Weise las ich den gesamten Psalter durch. Es war mein inniger Wunsch, von den Hoffnungen und Sehnsüchten der Psalmbeter erfüllt zu werden, denn der Psalter ist das Gebetbuch der Kirche. Dank des Rhythmus von Freude und Schönheit, Ehrfurcht und Anbetung, der aus den Psalmen strömt, war ich fähig, die Fragen von Geld, Sex und Macht mit neuen Augen zu betrachten. So, und nur so, war ich gerüstet, über diese Themen zu schreiben, deren Nähe zum Herzen Gottes ich erkannte. Es ist meine Hoffnung und mein Gebet, daß Sie beim Lesen die Hilfe erfahren, die ich beim Schreiben erhielt.

1. Geld, Sex und Macht aus christlicher Sicht

Es ist nichtig, vergängliche Reichtümer zu erstreben und seine Hoffnung auf sie zu setzen. Es ist auch nichtig, nach Ehrungen zu trachten und hohen Rang zu erklimmen. Es ist nichtig, der Lust des Fleisches zu folgen.   Thomas à Kempis

Es ist heute für Menschen des Glaubens dringend notwendig, voll Glauben zu leben. Dies gilt für alle Bereiche der menschlichen Existenz, aber besonders für die Gebiete Geld, Sex und Macht. Keine Fragen betreffen uns tiefer oder umfassender. Keine Themen sind untrennbarer miteinander verschlungen. Keine Gegenstände rufen mehr Kontroversen hervor. Keine menschlichen Realitäten tragen in sich größere Macht, zum Segen oder zum Fluch zu werden. Keine drei Dinge sind mehr erstrebt worden, keine bedürfen mehr einer christlichen Antwort.

Die Themen Geld, Sex und Macht führen uns in das Feld moralischer Entscheidungen. Ich habe mich bemüht, zu beschreiben, was es heißt, ethisch verantwortlich zu leben. Dabei ging es mir nicht darum, die ganze Breite ethischer Fragestellungen abzudecken, wie man das in einem Lehrbuch über Ethik tun würde. Vielmehr hoffe ich durch die Behandlung dreier für die moderne Gesellschaft bedeutsamer Fragen Hinweise zu geben, wie wir als Nachfolger Christi die vielen ethischen Entscheidungen jeden Tag handhaben sollten.

Ich meine damit dem Vorbild Christi zu folgen. Jesus gab uns keine detaillierten Vorschriften, wie wir uns in jeder Lebenslage zu verhalten hätten. Vielmehr griff er die entscheidenden Fragen seiner Zeit auf und machte den Einfluß der Botschaft des Evangeliums auf sie deutlich. Auf diese Weise gab er uns Beispiele, nach denen die vielen anderen Worte ethischer Entscheidung zu deklinieren sind.

Jesus schenkte den Themen Geld, Sex und Macht eine beachtliche Aufmerksamkeit. Unter den dreien sprach er mehr über Geld und Macht als über Sex, aus dem einfachen Grund, daß Sex damals keine so brennende Frage darstellte, wie das in unserer Zeit der Fall ist. Heute müssen wir allerdings die Sex-Problematik energisch angehen, denn viel Elend in der modernen Gesellschaft entsteht offenbar daraus, daß sich der Eros nicht der Agape unterordnet.

Geld, Sex und Macht – warum?

Warum ein Buch mit der besonderen Thematik von Geld, Sex und Macht? Die Antwort ist einfach. In der Geschichte und auch nach unserer eigenen Erfahrung scheinen diese drei Fragen untrennbar miteinander verschlungen zu sein. Geld stellt sich als Macht dar. Sex wird dazu benutzt, Geld und Macht zu erlangen. Macht wird oft »das beste Aphrodisiakum« genannt. Es gäbe viel über die verflochtenen Zusammenhänge zu sagen. Zum Beispiel gibt es eine bedeutende Beziehung zwischen Sex und Armut: Sex ist die Freude des armen Mannes und das Unglück der armen Frau. Oder denken Sie an die Verbindung von Macht und Reichtum. Häufig wird die Macht dazu benutzt, Reichtum zu manipulieren, und Reichtümer werden genau so häufig dazu verwandt, Macht zu kaufen. Und so weiter und so weiter. Es ist tatsächlich unmöglich (und auch nicht wünschenswert), alle komplizierten Beziehungen zu entwirren, die zwischen Geld, Sex und Macht bestehen.

Ein weiterer Grund, über diese Themen zu schreiben, liegt darin, daß sie heute dran sind. Unsere Kultur ist im Blick auf jede dieser Fragen durch beträchtliche Erschütterungen gegangen. Die Zeit ist reif für den Versuch, eine Antwort auf das Geld-Sex-Macht-Problem zu geben. Christen müssen ganz neu zu sagen wissen, was es bedeutet, auf diesen Gebieten als Glaubende zu leben, und diejenigen, die nach dem christlichen Glauben fragen, haben das Recht zu erfahren, was sie erwartet, wenn sie Nachfolger Christi werden.

Mein dritter Grund, über diese Themen zu schreiben: Die Geschichte zeigt, daß geistliche Aufbrüche immer von einer klaren, mutigen Einstellung zu den Fragen von Geld, Sex und Macht begleitet waren. Dies ist der Fall, ob wir nun die Bewegung der Benediktiner anschauen oder der Franziskaner oder Zisterzienser, die Reformation oder die methodistische Bewegung, die moderne Missionsbewegung oder irgendeine andere. Wo sich solche Aufbrüche ereigneten, entstand eine Erneuerung sowohl der Frömmigkeit wie des ethischen Lebens. Wir brauchen heute eine geistliche Erneuerung, die ethisch wirksam ist.

Die gesellschaftliche Bedeutung

Die Fragen, die wir behandeln, greifen tief in das gesellschaftliche wie auch das private Leben ein. Die gesellschaftliche Dimension für

Geld ist die »Wirtschaft«; für Sex ist es die »Ehe«; für Macht die »Regierung«.[1]

Ich benutze die Begriffe *Wirtschaft, Ehe* und *Regierung* in ihrer weitesten Bedeutung. Wirtschaft bezieht sich auf die Aufgabe, Güter und Dienstleistungen zu produzieren – entweder zum Segen oder zur Unterdrückung der Menschheit. Ehe bezeichnet die umfassendste menschliche Beziehung, Raum für tiefstes Vertrautsein oder aber größte Entfremdung. Regierung bezieht sich auf die Gestaltung der menschlichen Organisationen, die zur Freiheit oder zur Unterdrückung führen können. Sie sehen sofort, daß Geld, Sex und Macht lebenswichtige Fragen darstellen. Dies gilt nicht nur für jeden einzelnen von uns, sondern auch für die ganze menschliche Gesellschaft.

Wirtschaft, Ehe und Regierung können entweder eine wirkliche Wohltat oder eine Plage von ungeheuren Ausmaßen sein. Die unterschiedlichen Einflüsse, die die Waage zur einen oder anderen Seite neigen lassen, sind zahlreich und kompliziert. Sie haben nicht nur mit dem Charakter der beteiligten Personen zu tun. Wir können unsere Probleme nicht einfach dadurch lösen, daß wir die »richtigen« Leute in die Wirtschaft oder an die Regierung bringen. Das wäre bestimmt eine gute Sache, könnte aber nicht garantieren, daß diese Institutionen der Menschheit dienen. In den institutionellen Strukturen selbst liegen die zerstörerischen Kräfte, die von der Macht Gottes umgewandelt werden müssen, wenn sie der menschlichen Gesellschaft Nutzen bringen sollen.

Themen der Jahrhunderte

Geld, Sex und Macht sind drei der großen ethischen Themen, mit denen sich die Menschheit durch die Jahrhunderte beschäftigt hat. Es sind auch die drei Themen, die Dostojewski in seinem Meisterwerk *Der Idiot* so einfühlsam behandelt hat. In dem Roman wird die Christusfigur, Fürst Myschkin, in eine Kultur hineingeworfen, die von Reichtum, Macht und sexueller Eroberung besessen ist. Der Fürst hat jedoch keinen Stolz, keine Gier, keine bösen Absichten, keinen Neid, keine Eitelkeit und keine Furcht. Sein Verhalten ist so unnormal, daß die Leute nicht wissen, was sie von ihm halten sollen. Sie vertrauen ihm wegen seiner Unschuld, und Einfachheit und beurteilen ihn doch als einen Idioten, weil ihm Hintergedanken völlig fremd sind.

»Er machte sich nichts aus Prunk und Reichtum, auch nicht aus öffentlicher Anerkennung. Ihm ging es nur um die Wahrheit!« In einem Brief schrieb Dostojewski über den Fürsten: »Es ist meine Absicht, eine wahrhaft schöne Seele zu zeichnen.«[2]

Die aristokratische Gesellschaft der Zeit Dostojewskis konnte jemanden wie Fürst Myschkin nicht verstehen, aber die moderne Gesellschaft auch nicht. Stellen Sie sich vor, Myschkin sollte als Gast in einer Fernsehserie auftreten. Die Drehbuchautoren wüßten einfach nicht, was sie mit einer Person anfangen sollten, die kein Verlangen nach Besitz hätte, keine Begierde nach sexueller Eroberung, kein Bedürfnis, andere Menschen zu beherrschen.

Die eigentliche Frage, die sich durch den Roman zieht, ist natürlich: Wer ist der eigentliche Idiot? Vielleicht ist der wahre Narr derjenige, dessen Leben von Gier und Macht und sexueller Eroberung beherrscht wird.

Natürlich ist Dostojewski nur einer von vielen, die sich ernsthaft und ausdauernd mit den Themen Geld, Sex und Macht beschäftigt haben. Fast jeder bedeutende Denker und jede große Bewegung hat um diese Fragen gerungen. Die alten Mönche gelobten Armut, Keuschheit und Gehorsam und gaben damit eine direkte Antwort auf die Herausforderung von Geld, Sex und Macht. Oder denken Sie an die Puritaner, die diese Fragen mit ihrer Betonung von Fleiß, Treue und Ordnung beantworteten. Wir können viel von ihnen lernen.

Die klassischen Gelübde zur Frage des Geldes

Zwanghafte Extravaganz ist ein moderner Wahn. Das heutige Verlangen nach »mehr, mehr, mehr« ist zweifellos psychotisch; es hat die Verbindung zur Realität völlig verloren. Die Kluft zwischen der Armut der Dritten Welt und dem Wohlstand unserer »Ersten« vertieft sich in einem alarmierenden Tempo. Und viele ernsthafte Christen haben keine Ahnung, was sie inmitten dieser verwirrenden Tatbestände tun sollen.

Die Mönche reagierten auf das Geld mit dem alten Gelübde der *Armut*. Die völlige Entsagung war ihr Mittel, den Werten, nach denen ihre Gesellschaft lebte, ein lautes Nein entgegenzuschreien. Sie hatten jedoch nicht nur eine Verneinung, sondern wesentlich mehr beizutragen. Sie sagten nein, um ja sagen zu können. Sie entsagten den Besitztümern, um von ihnen unabhängig zu werden.

Der Franziskaner Bruder Juniper hatte sich so weit von den materiellen Dingen gelöst, daß viele ihn für einen Narren hielten. Einmal stieß er auf einen reich verzierten Altar, an dessen Stirnseite kleine, silberne Glöckchen hingen. Mit der spontanen Bemerkung: »Diese Glöckchen sind hier zu nichts nütze« begann er, sie abzuschneiden und den Armen zu geben. Der Dorfpriester war entsetzt, Juniper aber konnte den Zorn des Priesters einfach nicht verstehen, denn er dachte, er hätte ihm damit einen großen Dienst erwiesen, daß er ihn von dieser »Schaustellung der weltlichen Eitelkeit« befreite.[3]

Wir müssen ihre Botschaft heute hören: Wir, die wir die Gier dem Evangelium vorziehen. Wir, die wir in Furcht und nicht im Vertrauen leben. Wir müssen ihre Botschaft heute hören: Wir, die wir die Leute nach ihrem Nettowert beurteilen. Wir, die wir drücken und schieben, um einen immer größeren Anteil vom Kuchen Konsum zu erobern.

Die Puritaner beantworteten die Frage nach dem Geld mit der Betonung des *Fleißes*. Sie legten Wert auf Fleiß, weil sie fest davon überzeugt waren, daß alle ehrliche Arbeit geheiligt ist. Sie lehnten die alte Aufteilung in heilige und weltliche Dinge vollkommen ab. Für sie spiegelte der Beruf jemandes geistliches Leben. In »The Tradesman's Calling« erklärt Richard Steele, daß einer im Laden »am zuverlässigsten die Gegenwart und den Segen Gottes erwarten« könne.[4]

Ihr Beruf war eine Berufung, die von Gott ausging. Cotton Mather rief aus: »Oh, daß jeder Christ in seinem Beruf mit Gott wandelte, bei seiner Arbeit auf Gott achtete, unter den Augen Gottes tätig wäre.« Die Arbeit gab Gelegenheit, Gott zu ehren und dem Nächsten zu dienen.

Sie betonten auch die Mäßigung in der Arbeit. Sie verachteten die Arbeitssucht genauso wie die Faulheit. Da die Arbeit zur Ehre Gottes geschah und weniger, um Geld zu verdienen, konnte zu viel Arbeit genauso schlecht sein wie zu wenig. »Ein Mensch soll nicht zwei oder drei Beschäftigungen nachgehen, nur um seinen Reichtum zu vermehren.«

Wir müssen ihre Botschaft heute hören: Wir, die wir Arbeit sinnlos und langweilig empfinden. Wir, die wir der Faulheit und Trägheit zum Opfer fallen. Wir, die wir arbeitssüchtig sind. Wir, die wir mehrere Aufgaben gleichzeitig übernehmen, um auf der Wohlstandsleiter höher und höher zu kommen.

Das Armutsgelübde der Mönche und das »Gelübde« des Fleißes der Puritaner mögen uns gut erscheinen, aber wir brauchen heute ein neues »Gelübde«, das schöpferisch und mutig Antwort auf die Geldproblematik gibt. Es muß ein Gelübde sein, welches den modernen Wahn nach Reichtum ablehnt, ohne in eine krankhafte Askese zu führen. Es muß ein Gelübde sein, das uns herausfordert, Geld zu benutzen, ohne dem Geld zu dienen. Es muß ein Gelübde sein, welches das Geld unter den Gehorsam gegenüber Gottes Willen und Wegen bringt.

Die klassischen Gelübde zur Frage des Sex

Die Menschen sind heute in ihrer Sexualität hoffnungslos verwirrt. Für ungeheuer viele bedeutet das Wort *Liebe* nicht mehr, als sich in irgendeinem Bett zu tummeln. Sie betrachten eine Affäre als Ehrensache. All die alten Grundlagen für Beständigkeit und Treue scheinen weggespült zu sein. Von dem modernen Durcheinander verwirrt, ringen viele ernsthafte Leute darum, mit ihrer eigenen Sexualität zurechtzukommen.

Das Gelübde der *Keuschheit* war die Antwort der Mönche auf die Sexproblematik. Ihr Beitrag enthielt weit mehr als ein negatives Wort. Sie verzichteten auf die Ehe, um frei und offen zu sein. Die Keuschheit erschien als ein heiliger, freier Raum in einer Welt, mehr als voll von zwischenmenschlichen Beziehungen. Thomas von Aquin nannte das Zölibat ein *vacare Deo*, ein »Leersein für Gott«. »Unverheiratet zu sein«, bemerkt Henri Nouwen, »bedeutet leer zu sein für Gott, frei und offen zu sein für seine Gegenwart, zur Verfügung zu stehen für seinen Dienst.«[5]

Das Gelübde der Keuschheit ist auch ein Zeichen gegen die hemmungslose Befriedigung der eigenen Lust. Es erinnert uns daran, daß Disziplin und Entsagung vom Evangelium gefordert werden. Unser sexueller Rausch ist nur ein Zeichen für die Maßlosigkeit, die die Welt, in der wir heute leben, durchdringt und beherrscht. Ein Franziskaner sagte einmal: »Mit Hilfe der Keuschheit möchte ich alle Sinne durch die Gnade Gottes überwachen.«[6] Genau dies müssen wir heute lernen: »alle Sinne durch die Gnade Gottes zu überwachen.« Und wenn uns das Gelübde der Enthaltsamkeit an diese Notwendigkeit erinnern kann, dann hat es uns einen ungeheueren Dienst erwiesen.

Wir müssen ihre Botschaft heute hören: Wir, die wir so schreckliche Angst haben, allein zu sein. Wir, die wir versuchen, Gott durch zwischenmenschliche Beziehungen zu ersetzen. Wir müssen ihre Botschaft heute hören: Wir, die wir in dem modernen Wahn des Narzißmus verstrickt sind. Wir, die wir die Disziplin meiden, als wäre sie eine Plage.

Treue hieß die Antwort der Puritaner auf die Sexproblematik. Leider ist die Ausgewogenheit, mit der sie diese Frage angingen, für uns nur schwer zu erfassen, da ihre Gedanken völlig verdreht wurden. Das Mißverständnis ist tatsächlich so weit gegangen, daß das Wort *Puritaner* heute für jemanden benutzt werden kann, der von sexuellen Tabus und ungesunden Hemmungen geplagt ist. Eigentlich würde diese Beschreibung besser zu den kleinkarierten Viktorianern des neunzehnten Jahrhunderts passen als zu den Puritanern des siebzehnten und achtzehnten Jahrhunderts. Sie waren keine starren Asketen. Sie waren Leute, die wußten, wie man lacht und wie man liebt.

In einer Traupredigt erzählte John Cotton 1694 die Geschichte eines Paares, das entschlossen war, ein beschauliches Leben ohne sexuelle Beziehungen zu führen. Er bewertete ihre Entscheidung als »blinden Eifer« und bemerkte, daß dieser »nicht von dem Heiligen Geist stamme, der sage: Es ist nicht gut, daß der Mensch allein sei.«[7]

Sie waren ernsthaft bemüht, eine christliche Basis für Ehe und Familienleben zu finden. Der wohl radikalste Bruch mit der katholisch-anglikanischen Tradition lag in ihrer Überzeugung, daß das partnerschaftliche Leben der wichtigste Zweck der Ehe sei, und daß die gesunde Sexualität in der Ehe für diese Partnerschaft eine entscheidende Bedeutung habe. Francis Bremer bemerkte: »Das Klischee, die Puritaner hätten dem Sex prüde und verachtend gegenübergestanden, findet in den Tatsachen keine Bestätigung ... Wie ihre Tagebücher, Briefe und andere Schriften zeigen, waren die Puritaner, wenn sie sexuelle Themen besprachen, wesentlich lockerer als viele ihrer Nachkommen.«[8]

Sie arbeiteten auch an einer christlichen Grundlage in Sachen Scheidung und Wiederverheiratung. In dieser Frage waren die Puritaner tatsächlich so etwas wie die »Liberalen« ihrer Zeit. Sie lehnten das Scheidungsverbot der mittelalterlichen Kirche ab und suchten ihre Haltung sowohl biblisch als auch praktisch zu begründen. William Perkins befürwortete die Scheidung bei Untreue, Verlassen, bestimmten Krankheiten und Wahnsinn, bei gleichem Recht für Männer und Frauen. Andere widersprachen ihm, und es entbrannten heftige Diskussionen.

Wir müssen ihre Botschaft heute hören: Wir, die wir uns bedenkenlos von einer Ehe in die nächste flüchten. Wir müssen ihre Botschaft heute hören: Wir, die wir Leuten unerträgliche Lasten auflegen bei unserm Versuch, die Flut der Scheidungen aufzuhalten.

Das Keuschheitsgelübde der Mönche und das »Gelübde« der

Treue der Puritaner mag uns gut erscheinen, aber wir brauchen heute dringend ein »Gelübde« für die Gegenwart, das ohne Umschweife und einfühlsam auf die Sexproblematik eingeht. Es muß ein Gelübde sein, das die gottgegebene Sexualität bestätigt, ohne die Zügellosigkeit zu fördern. Es muß ein Gelübde sein, welches in der Ehe Erfüllung bringt, ohne das Leben des Unverheirateten abzuwerten. Es muß ein Gelübde sein, welches die moralischen Konstanten unserer Sexualität definiert und uns gleichzeitig aufruft, mit Hilfe dieser Konstanten freudig zu leben.

Die klassischen Gelübde zur Frage der Macht

Der heutige Götzendienst ist die Anbetung der Macht. Unzählige Bücher appellieren an unsere machiavellischen Leidenschaften. Im allgemeinen verwenden die politischen Führer heutzutage mehr Energie darauf, Positionen zu erlangen, als der Öffentlichkeit zu dienen; Topmanager sind mehr bemüht, an der Spitze zu bleiben, als nützliche Waren zu produzieren; Universitätsprofessoren suchen ausgiebiger nach Spitzfindigkeiten als nach der Wahrheit; religiöse Führer sorgen sich mehr um ihr Erscheinungsbild als um das Evangelium. Und inmitten dieser machtbesessenen Gesellschaft fragen sich viele Christen, wie sie integer bleiben und ein redliches Leben führen können.

Das Gelübde des *Gehorsams* war die Antwort der Mönche auf die Machtproblematik. Sie entsagten der Macht, um dienen zu können. Wenn schon die Gelübde der Armut und Keuschheit dem modernen Menschen unverständlich sind, so lehnt er das Gelübde des Gehorsams völlig ab. Allein der Gedanke, daß jemand – irgendjemand – in unserem Leben auch nur das Geringste zu bestimmen haben sollte, geht so sehr gegen alles, was unsere Gesellschaft ausmacht, daß wir fast automatisch mit Ärger, ja sogar Feindseligkeit darauf reagieren.

Die Mönche wollten jedoch durch das Gelübde des Gehorsams das Dienen lernen. Gehorsam hieß der eindrückliche Weg, sich zu ihrem gemeinsamen Leben zu bekennen. Jeder war dem anderen und für den anderen verantwortlich. Durch den Gehorsam versuchten sie, für die rechtmäßige Herrschaft Gottes empfänglich zu sein, und erwarteten dabei, daß Gott durch andere Menschen sprechen würde. Franziskus bat einmal Schwester Clara und Bruder Masseo, den Willen des Herrn für seinen Dienst zu erforschen. Als sie zu ihm zurückkehrten, kniete er nieder und sagte: »Was gebietet mir mein Herr, Jesus Christus, zu tun?«[9] Er fragte also nicht nach ihrer Meinung oder ihrem Rat, sondern nach seinem Marschbefehl. Unter »heiligem Gehorsam« ließ er seinen Weg los, um den Weg Christi zu erfahren, und wenigstens in diesem Falle erfuhr er ihn durch andere Menschen.

Von Leonardo Boff stammt der Satz: »Gehorsam ist die größte freie Entscheidung, die jemand für Gott trifft.«[10] Vielleicht hilft uns das Gelübde des Gehorsams zu erkennen, daß wir uns nur dann wirklich finden können, wenn wir uns verlieren.

Wir müssen heute ihre Botschaft hören: Wir, die wir niemandem Rechenschaft schuldig sein wollen. Wir, die wir für niemanden verantwortlich sein wollen. Wir müssen heute ihre Botschaft hören: Wir, die wir nach Macht und Ansehen gelüsten. Wir, die wir den Dienst an anderen als erniedrigend empfinden.

Die Antwort der Puritaner auf die Machtproblematik hieß *Ordnung*. Die Ordnung in der Gemeinde basierte auf ihrem Konzept des »sichtbaren Bundes«, der in der Bereitschaft bestand, einander zu unterstützen und sich gegenseitig Rechenschaft zu geben. Der Zweck dieser gegenseitigen Verantwortung und Fürsorge lag darin, »gemeinsam die Kirchengewalt übereinander« auszuüben.[11] Und wenn der Sinn dieser »Kirchengewalt« darin lag, einander zur Liebe und zu guten Werken anzuregen, dann war das eine großartige Hilfe.

Im Blick auf die Regierung basierte die Ordnung auf dem Gedanken des »Holy Commonwealth« (wörtlich: des Heiligen Gemeinwohles). Es war sicherlich eine anspruchsvolle Vision: Eine Regierung auf der Basis der Bibel, mit Beamten, die den Willen Gottes vollstreckten. Man muß den Puritanern zugute halten, daß sie mit der Staatsgewalt eine moralische Struktur in das öffentliche und private Leben bringen wollten.*

Wir müssen heute ihre Botschaft hören: Wir, die wir jede Ordnung und jede Autorität ablehnen.

Wir müssen heute ihre Botschaft hören: Wir, die wir unsere eigenen Wege mehr lieben als die Gemeinschaft unter Gott.

Selbstverständlich können wir von dem Gelübde des Gehorsams

---

* Die puritanische Vision der Ordnung hatte auch sehr negative Folgen. Wo diese »Kirchengewalt« dazu verwandt wurde, Häretiker zu entfernen, wie in den Hexenprozessen von Salem, begegnen wir einer mißbrauchten Kirchengewalt. Natürlich können wir viele ähnliche Mängel bei den Gelübden der Mönche entdekken. Geld, Sex und Macht sind sehr verführerische Dinge. Sogar im religiösen Gewand ist die Versuchung sehr groß, mit ihnen zu beeinflussen und zu kontrollieren, zu unterdrücken und zu bedrängen.

der Mönche und dem »Gelübde« der Ordnung der Puritaner vieles lernen. Heute tut jedoch dringend ein neues »Gelübde« not, das kreativ und positiv auf die Machtproblematik eingeht. Es muß ein Gelübde sein, das die gute Seite der Macht zu nutzen ermöglicht, ohne ihrer Schattenseite anheimzufallen. Es muß ein Gelübde sein, das Autorität und Unterordnung in das richtige Gleichgewicht bringt. Es muß ein Gelübde sein, in dem alle Führung so ausgeübt wird, daß sie sich nie vom dienenden Auftrag löst.

Wenn gute Dinge böse werden

Im christlichen Leben gibt es natürlich einen angemessenen Platz für Geld, Sex und Macht. Wenn sie richtig eingeordnet und angewandt werden, können sie mehr als alles andere das Leben verschönen und segnen. Das Geld zum Beispiel kann das menschliche Leben in wunderbarer Weise bereichern. Nahrung, Wohnung, Bildung – dies sind Dinge, die wir mit Geld erwerben können. Mehr als einmal habe ich gesehen, daß Studenten vor Freude buchstäblich umhersprangen, als sie erfuhren, daß die Finanzierung ihrer Ausbildung gesichert war. Das gleiche gilt für den Bereich der Sexualität. Ich habe junge Paare in der Seelsorge beraten und mit ihnen gebetet. Durch die innere Heilung alter sexueller Verletzungen oder durch neue Erkenntnisse, die ihre Sexualität betrafen, wurden sie auf wunderbare Weise verändert. Macht kann von Menschen mit wahrer geistlicher Autorität dazu benutzt werden, praktisch jede Person in ihrer Nähe zu segnen und zu befreien. Ich habe Menschen gekannt, deren einfache Gegenwart schon bereichernd war.

Noch einmal: Wenn Geld, Sex und Macht richtig eingeordnet und angewandt werden, sind sie überaus geeignet, Gutes in das menschliche Leben zu bringen. Wo aber ihr Platz genau liegt und wie sie an ihm wirken sollen, das soll in diesem Buch herausgearbeitet werden.

Nachdem dies gesagt ist, müssen wir uns aber immer wieder in Erinnerung rufen, daß wir hochexplosive Themen behandeln, die sich schnell in »Dämonen« verwandeln und aus unserem Leben einen einzigen großen Kummer machen können.

Der Dämon im Geld ist die Gier. Nichts kann Menschen so verderben wie die Leidenschaft, Dinge zu besitzen. In seinem Buch *Der Idiot* läßt Dostojewski eine seiner Personen bemerken: »Jeder ist heutzutage von einer solchen Gier besessen, sie sind alle so von der

Idee des Geldes überwältigt, daß sie scheinbar verrückt geworden sind.«

Der Dämon im Sex ist die Lust. Wahre Sexualität führt zur Menschlichkeit, die Lust bringt jedoch Entwürdigung. Die Lust ist mehr darauf bedacht, zu fesseln als zu befreien, sie verschlingt lieber, als daß sie nährt.

Der Dämon in der Macht ist der Stolz. Wahre Macht will die Menschen befreien, während der Stolz alles daransetzt, sie zu beherrschen. Wahre Macht fördert die Beziehungen; Stolz zerstört sie.

Die Dämonen Gier, Lust und Stolz können ausgetrieben werden. Ich möchte Sie jedoch warnen, denn dieser »Exorzismus« ist weder einfach noch schnell zu erreichen.* Fast immer treibt ein überhasteter Exorzismus neben den Dämonen auch Engel aus. Und wenn die Dämonen einmal fort sind, sollten wir uns darüber im klaren sein, was den freien Platz einnehmen kann, denn leere Stellen bleiben nie lange leer (Matth. 12,43–45).

Wir müssen erkennen, daß es sich nicht um Dinge handelt, denen wir neutral gegenüberstehen könnten. Wir dürfen auch nicht erwarten, daß sie sich von selbst auflösen. Wenn wir die Dämonen der Gier, der Lust und des Stolzes nicht austreiben, sind wir dazu verdammt, letztlich von ihnen beherrscht zu werden. Sie mögen wie Engel erscheinen, aber sie sind trotzdem dämonische Mächte.

Wir können unser Geld einsetzen, um anderen Menschen zu helfen. Wenn diese Tat jedoch die dämonische Saat der Gier in sich trägt, machen wir die Menschen auf ruinöse Weise zu unseren Schuldnern. Wo sich die Gier im Geben festsetzt, ist sie besonders zerstörerisch, weil sie so gut zu sein scheint, so sehr wie ein Engel des Lichts. Wenn wir aus einem Geist der Gier geben, vergiftet ein alles durchdringender, andere abhängighaltender Wohltätigkeitswahn das gesamte Unternehmen. So lange die Gier unser Geben motiviert, versuchen wir von dem Handel zu profitieren. Deshalb schreibt der Apostel Paulus: »Wenn ich alle meine Habe den Armen gäbe ... und hätte die Liebe nicht, so wäre mir's nichts nütze« (1. Kor. 13,3).

Wir wenden uns der sexuellen Erfahrung zu und erkennen, daß auch die Lust wie ein Engel des Lichts erscheinen kann. Die Lust kerkert den Partner ein und erscheint bei der Gefangennahme aus vie-

---

* Meine Anspielung auf »Dämonen« und Exorzismus ist rein bildlich zu verstehen. Ich will damit *nicht* sagen, daß irgend jemand mit den Eigenschaften der Gier oder der Lust oder des Stolzes »besessen« wäre und Exorzismus benötige.

len Perspektiven als durchaus gut. Sie verspricht Sicherheit und Geborgenheit in einer feindseligen Welt. Es ist tatsächlich so, daß viele Menschen eine Ehe aus Lust anstatt aus Liebe schließen, nur weil die beiden sich oft so ähnlich sind. Das Resultat der Lust ist jedoch die Entmenschlichung, in der nicht die Person selbst zählt, sondern das Besitzen dieser Person. Menschen werden zu käuflichen Dingen gemacht, zu Preisen, die zu gewinnen sind, zu kontrollierbaren Objekten. Aus »meiner Frau« oder »meinem Mann« wird »mein Spielzeug«.

Auch die Macht können wir für viele gute Dinge einsetzen. Wenn ihr aber noch die dämonische Kraft des Stolzes innewohnt, wird sie letztlich zu Manipulation, Beherrschung und Tyrannei führen. Die Tragödie von Jonestown, jener erzwungene Massenselbstmord irregeleiteter, abhängig gehaltener Menschen, ist ein drastisches Beispiel dafür. Es ging um ein Unternehmen, das als ein edler Dienst begann und in Zerstörung endete. Macht, die vom Stolz befallen ist, bringt unausweichlich Selbstsucht hervor.

Ein neuer Ruf zum Gehorsam

Wie können wir heute auf den Gebieten Geld, Sex und Macht aus dem Glauben leben? Dies ist *die* Frage, die heute nach einer Antwort verlangt. Die Antwort wird weder schnell noch leicht zu erreichen sein. Sie wird unseren ganzen Scharfsinn und unsere größte Hingabe verlangen.

Die Bewegung der Mönche mit ihren Gelübden der Armut, der Keuschheit und des Gehorsams war ein Versuch, diese Frage im Kontext einer bestimmten Kultur zu beantworten. Die Bemühungen der Puritaner konzentrierten sich darauf, die Überzeugungen der Mönche in das alltägliche Leben zu bringen, darum betonten sie Fleiß, Treue und Ordnung. Ihr Versuch galt der Lösung dieser Frage im Kontext einer ganz anderen Kultur. Wir stehen jetzt dem Problem gegenüber, diese Frage im Kontext unserer eigenen Kultur beantworten zu müssen.

Wir können viel von den mannigfaltigen Gruppen lernen, die in der Vergangenheit danach trachteten, gehorsam zu leben. Aber wir können die Bereiche Geld, Sex und Macht nicht genauso angehen, wie sie es taten. Wir leben in einer anderen Zeit. Wir stehen vielen Problemen gegenüber, die für sie nicht einmal existierten. Neue Situationen verlangen neue Antworten. Und deshalb müssen wir eine

Antwort der Gegenwart auf die Problematik von Geld, Sex und Macht entwerfen.

Die christlichen »Gelübde« müssen heute neu sichtbar werden. Solche Gelübde werden mitten in der gegenwärtigen Gesellschaft einen neuen Ruf zum Gehorsam gegenüber Christus darstellen. Die Not ist groß. Die Aufgabe ist dringend. Unser Jahrhundert sehnt sich nach einer neuen Demonstration des fröhlichen, vertrauensvollen, gehorsamen Lebens. Möge unser Leben eine solche Demonstration sein.

Teil I: Geld

2. Die dunkle Seite des Geldes

> *Geld hat in der modernen Gesellschaft auf dämonische Weise*
> *die Rolle an sich gerissen, die der Heilige Geist in der Kirche ha-*
> *ben soll.*
> Thomas Merton

Martin Luther bemerkte treffend: »Drei Bekehrungen sind nötig: die Bekehrung des Herzens, des Verstandes und des Geldbeutels.« Es könnte durchaus sein, daß von den dreien für uns moderne Menschen die Bekehrung des Geldbeutels die schwierigste ist. Schon das Reden über Geld ist für uns schwer. Kürzlich hörte ich von einem Ehepaar, beides Psychologen, die offen und frei vor ihren Kindern über Sexualität, Tod und andere schwierige Themen sprechen. Wenn sie aber über Geld reden wollen, gehen sie ins Schlafzimmer und schließen die Tür hinter sich. Eine Untersuchung unter Psychotherapeuten, bei der sie angaben, was man nicht mit Patienten tun solle, ergab, daß das Ausleihen von Geld an einen Klienten ein größeres Tabu darstellte als Berührung, Küssen und sogar Sexualverkehr. Für viele ist das Geld tatsächlich ein verbotenes Thema.

Und doch sprach Jesus öfter über das Geld als über irgendein anderes Thema, das Reich Gottes ausgenommen. In der bewegenden Geschichte über das »Scherflein der Witwe« wird uns berichtet, daß sich Jesus ganz bewußt gegenüber dem Opferkasten setzte und zusah, wie die Leute ihre Gaben einlegten (Mark. 12,41). Es war seine Absicht, zu sehen, wieviel sie gaben und aus welchem Geist heraus. Für Jesus waren Spenden keine Privatsache. Er schaute nicht verlegen zur Seite, als wäre er in den Privatbereich eines anderen eingedrungen, wie wir das heutzutage so oft tun. Nein, Jesus betrachtete dies als eine öffentliche Angelegenheit und benutzte die Gelegenheit, über das opferbereite Geben zu lehren.

Jesu aufmerksame, sorgfältige Beachtung der Geldfrage ist ein erstaunliches Phänomen quer durch alle Evangelienberichte. Die Breite des Interesses überrascht: vom Gleichnis des Sämanns bis zum Gleichnis des reichen Kornbauern, von der Begegnung mit dem reichen Jüngling bis zur Begegnung mit Zachäus, von der Lehre über das Vertrauen in Matthäus 6 bis zur Lehre über die Gefahren des Reichtums in Lukas 6.

Zwei Stränge

In meinem Buch *Leben mit leichtem Gepäck* habe ich die biblische Sicht des Geldes aus der Perspektive des Alten und Neuen Testaments ausführlich dargestellt. Ich möchte mich an dieser Stelle nicht wiederholen.* Wir müssen uns jedoch über die beiden Stränge im klaren sein, welche die Lehre vom Geld im Neuen Testament, ja in der ganzen Bibel ausmachen.

Diese beiden zu unterscheidenden Stränge der Lehre scheinen sich manchmal gründlich zu widersprechen. Das sollte uns nicht verwundern. Gott überwachte das Schreiben der Heiligen Schrift, so daß sie ein wirklichkeitsgetreues Bild der Welt bietet, in der wir leben. Die meisten von uns kennen Paradoxes und Vielschichtiges aus der eigenen Erfahrung zur Genüge und können es verstehen. Nur überhebliche oder dogmatische Menschen haben mit spannungsvollen Aussagen ihre Schwierigkeiten.

Die dunkle Seite

Den ersten Strang der Lehre möchte ich die dunkle Seite des Geldes nennen. Ich meine damit sowohl die Gefahrenquelle, die das Geld für unsere Beziehung zu Gott bedeutet, als auch die radikale Kritik des Reichtums, die wir vielfach in Jesu Worten finden. Die Warnungen und Ermahnungen kommen so oft vor, daß sie fast monoton erscheinen. »Weh euch Reichen!« (Luk. 6,24). »Ihr könnt nicht Gott dienen und dem Mammon« (Luk. 16,13). »Ihr sollt euch nicht Schätze sammeln auf Erden« (Matth. 6,19). »Es ist leichter, daß ein Kamel durch ein Nadelöhr gehe, als daß ein Reicher ins Reich Gottes komme« (Matth. 19,24). »Seht zu und hütet euch vor aller Habgier« (Luk. 12,15). »Verkauft, was ihr habt, und gebt Almosen« (Luk. 12,33). »Wer dich bittet, dem gib; und wer dir das Deine nimmt, von dem

---

* Siehe Richard Foster, *Leben mit leichtem Gepäck* (Oncken Verlag Wuppertal und Kassel, 1985), Seite 20ff. Vgl. auch Richard Foster, *Nachfolge feiern* (Oncken Verlag Wuppertal und Kassel, ABCteam-Taschenbuch 1986), S. 73ff.

fordere es nicht zurück« (Luk. 6,30). Natürlich könnte man diesen Beispielen noch viele andere hinzufügen.

Es geht nun darum, daß die Lehre sehr klar und sehr hart ist. Genau an diesem Punkt sind wir versucht, die Kritik sofort herunterzuspielen oder sie wenigstens durch positivere biblische Aussagen auszugleichen. Das jedoch dürfen wir auf keinen Fall tun, wenigstens jetzt noch nicht. Wir sind dazu verpflichtet, die Schrift erst über dieses Thema zu uns sprechen zu lassen und nicht den Stachel zu schnell zu entfernen. Bevor wir erklären, warum dies sich nicht auf unsere Zeit beziehen könne, und ein Dutzend Vorbehalte anführen, bevor wir versuchen, das Problem in irgendeiner Weise zu interpretieren, zu erklären oder aufzulösen, müssen wir einfach das Wort der Schrift *hören*.

Es ist tatsächlich nicht schwer, herauszufinden und zu verstehen, was die Bibel über das Geld lehrt.* Die Bibel spricht wesentlich deutlicher und offener über Geld als über viele andere Themen. Unsere Schwierigkeit besteht nicht darin, die Lehre zu verstehen, unser Problem steht auf einem ganz anderen Blatt. Die größte Schwierigkeit, mit der wir fertigwerden müssen, wenn wir die dunkle Seite des Geldes zu betrachten beginnen, ist die Angst. Wenn wir nicht völlig gefühlsarm sind, ängstigen uns diese Worte Jesu gewaltig. Sie ängstigen mich. Und wir werden die Schrift in dieser Frage nicht hören können, so lange wir nicht mit unserer Angst fertiggeworden sind.

Es gibt gute Gründe für unsere Angst. Diese Aussagen Jesu stellen sich praktisch allem entgegen, was wir über ein Leben im Überfluß gelehrt worden sind. Die Folgerungen sind für uns, für die Kirche und für die Welt der Wirtschaft und der Politik umwerfend. Sie wenden sich gegen unseren privilegierten Status in der Welt und verlangen von uns große Opfer. Es gibt wirklich gute Gründe für diese Angst.

Die Ursache der Angst ist jedoch noch komplizierter. Vielleicht fürchten wir uns davor, ohne Geld zu sein, weil unsere Eltern ohne Geld waren. Vielleicht fürchten wir den Mißerfolg. Oder den Erfolg. Vielleicht haben unsere Eltern Ängste um das Geld gehabt, die wir übernommen haben. Vielleicht haben wir Ängste, weil wir beobachtet haben, wie absurd manche Leute die Lehre Jesu anwenden.

---

* Ich bin mir der Schwierigkeiten völlig bewußt, die z.B. durch die verschiedene Betonung des Geldes im Alten und Neuen Testament entstehen. Diese Probleme dürfen uns jedoch nicht davon abhalten, die generelle Klarheit des biblischen Zeugnisses anzuerkennen.

Ich möchte diese unsere Ängste in keiner Weise verharmlosen. Viele von ihnen sind völlig begründet. Mit allen müssen wir uns befassen und noch besprechen, wie wir mit unseren Ängsten fertig werden können. Vorab nur dies: In dem Maße, in dem die Haltung der Angst durch die Haltung des Vertrauens ersetzt wird, werden wir fähig, die radikale Kritik Jesu am Reichtum zu hören.

Die helle Seite

Wenn wir nur die Warnungen beachten, bekommen wir ein verzerrtes Bild von der Lehre des Neuen Testaments. Es gibt noch einen zweiten Strang, den ich die helle Seite des Geldes nennen möchte, nämlich den Gebrauch des Geldes, der unsere Beziehung zu Gott bereichert und der Menschheit zum Segen wird. Das Geben kann unsere Frömmigkeit und unser Gebetsleben bereichern. Als Zachäus befreit war und anfing, seine Schätze von der Erde in den Himmel zu überweisen, rief Jesus voller Freude aus: »Heute ist diesem Hause Heil widerfahren« (Luk. 19,9). Die Salbungen Jesu waren alle verschwenderisch und wurden alle gepriesen (Matth. 26,6–12; Luk. 7,36–50; Joh. 12,1–8). Der gute Samariter ging großzügig mit seinem Geld um und kam dem Reich Gottes nahe.

Die Lehre der hellen Seite geht aber noch weiter. Manchmal scheint eine sorglose, fast gleichgültige Haltung gegenüber dem Reichtum zu herrschen. Jesus erlaubte wohlhabenden Frauen, seinen Dienst materiell zu unterstützen (Luk. 8,1–3). Er aß mit den Reichen und Angesehenen (Luk. 11,37; 14,1). Er nahm an dem verschwenderischen Hochzeitsmahl in Kana teil (Joh. 2,1). Der Apostel Paulus war im Überfluß genau so zufrieden wie in Zeiten des Mangels (Phil. 4,12). Und das sind natürlich nur wenige Beispiele.

Wie können wir den scheinbaren Konflikt zwischen der dunklen und der hellen Seite lösen? Dazu Näheres erst in Kapitel 4. Denn zunächst dürfen wir uns nicht davon abhalten lassen, Jesu Lehre über die dunkle Seite des Geldes zu vernehmen.

Vorherrschende Verzerrungen

Unser Wunsch, das Problem schnell lösen zu wollen, hat vornehmlich zwei Verzerrungen hervorgebracht, die uns unfähig werden lassen, die dunkle Seite ernst zu nehmen. In der ersten wird Geld als ein sicheres Zeichen für den Segen Gottes angesehen und demgemäß Armut aus dem Mißfallen Gottes abgeleitet. Diese Haltung hat zu einer Religion des persönlichen Friedens und Wohlstandes geführt, nach dem Motto: »Liebe Jesus und werde reich.« In manchen Gemeinden werden in Hülle und Fülle Tricks angeboten, die den Segen geradezu garantieren sollen. Sie reichen von quasi mathematischen Formeln (»Gott wird dich siebenfach segnen«) bis zu weit unterschwelligeren, aber deshalb genauso zerstörerischen Formen. Diese Verzerrungen beruhen natürlich auf einem Aspekt einer wichtigen biblischen Lehre, der von der Freigebigkeit Gottes. Die Verzerrung liegt darin, daß ein Teil der biblischen Lehre vom Geld zur ganzen Botschaft erhoben wird. Und die dunkle Seite des Geldes wird ausgeblendet.

Auch die Jünger hatten hier ihre Schwierigkeiten. Wie erstaunt waren sie, als Jesus sagte, daß ein Kamel leichter durch ein Nadelöhr schlüpfen könne, als daß ein Reicher in das Reich Gottes käme. Ihr Erstaunen entsprang in erster Linie dem Glauben, daß der Reichtum des reichen Jünglings ein Zeichen des besonderen Wohlwollens Gottes gewesen sei. Kein Wunder, daß sie ausriefen: »Wer kann dann selig werden?« (Matth. 19,25). Oder denken Sie an Hiobs Tröster. Ihre feste Überzeugung, daß Hiob gesündigt haben müsse, stammte aus der Tatsache, daß er wirtschaftlich ruiniert war. Immer wieder wandte sich Jesus gegen diese falsche und zerstörerische Doktrin und zeigte, daß es in Gottes Reich ganz anders zugeht. Hier wird dem Armen, dem Geschundenen, dem Zerbrochenen in besonderer Weise Gottes Segen und Zuneigung zuteil (Matth. 5,1–12). Er machte deutlich, daß der Reichtum in sich selbst keine Gewißheit für den Segen Gottes bietet (Luk. 6,24).

Eine zweite Entstellung liegt in der heutigen Auffassung von der Bedeutung des Geldes und dem Umgang damit. Fast ohne Ausnahme wird es als eine völlig neutrale und unpersönliche Sache angesehen. Es ist nicht mehr als ein »Tauschmittel«, wie man so sagt. Gott hat uns das Geld gegeben, damit wir es benutzen, verwalten, zum Dienst einsetzen, heißt es da. Und deshalb wird die Betonung immer auf die beste Anwendung, die richtige Verwaltung des von Gott anvertrauten Geldes gelegt.

Aber all dieses Gerede über die Verwaltung des Geldes geht an der Tatsache vorbei, daß es nicht einfach ein neutrales Tauschmittel ist, sondern eine »Macht« mit einem Eigenleben. Und sehr oft handelt es sich dabei um eine »Macht«, die dämonische Züge trägt. Solange wir das Geld nur als eine unpersönliche Sache betrachten, ergeben sich außer im Blick auf den richtigen Gebrauch keine moralischen Probleme. Wenn wir aber die biblische Sicht ernstnehmen, daß das Geld durch »Mächte« belebt ist und Kräfte enthält, ergeben sich für unser Verhältnis zum Geld moralische Konsequenzen.

Geld als eine Macht

Die Lehre des Neuen Testaments über das Geld ist nur dann sinnvoll, wenn sie im Zusammenhang mit »Mächten und Gewalten« gesehen wird. Die gute Schöpfung Gottes enthält sowohl »sichtbare« als auch »unsichtbare« Realitäten (Kol. 1,16). Um gewisse Aspekte der unsichtbaren Realitäten zu beschreiben, benutzt der Apostel Paulus Begriffe wie »Mächte«, »Gewalten«, »Throne«, »Herrschaften« und »Autoritäten«.* Ursprünglich waren diese Mächte ein Teil der guten Schöpfung Gottes. Wegen der Sünde verloren sie aber das richtige Verhältnis zu Gott. Sie sind gefallen und befinden sich jetzt im Aufstand gegen ihren Schöpfer. Deshalb bringen die Mächte ganz verschiedene Ergebnisse mit sich – Gut und Böse, Segen und Fluch. Paulus kann daher einerseits im Blick auf das Römische Reich von Mächten *(exousiai)* als stabilisierenden Kräften sprechen (Röm. 13,1), andererseits von dämonischen Kräften, gegen die wir zu kämpfen haben (Eph. 6,12). Es war seine Überzeugung, daß hinter irdischen Regenten, gesellschaftlichen Institutionen und vielen anderen Dingen unsichtbare spirituelle Autoritäten und Mächte engelhafter oder dämonischer Natur wirkten.

Geld ist eine solche Macht. Wenn Jesus den aramäischen Begriff *mammon* benutzt, um Reichtum zu beschreiben, gibt er ihm einen persönlichen und spirituellen Charakter. Wenn er sagt: »Ihr könnt nicht Gott dienen und dem Mammon« (Matth. 6,24), personifiziert er »Mammon« als einen rivalisierenden Götzen. Indem er dies sagt, macht Jesus unmißverständlich klar, daß das Geld nicht irgendein unpersönliches Tauschmittel ist. Geld ist keine moralisch neutrale Sache. Es ist kein Mittel, welches in der Weise gut oder schlecht angewandt werden könnte, daß es lediglich auf unsere Einstellung ihm gegenüber ankäme. Mammon ist eine Macht, die uns beherrschen will.

Wenn die Bibel das Geld als eine Macht bezeichnet, meint sie damit keinen vagen und unpersönlichen Tatbestand. Sie meint auch nicht Macht in dem Sinn, in dem wir den Begriff verwenden, wenn

---

* Siehe z.B. Kol. 1,16; 2,15; Röm. 8,38; 1. Kor. 15,24–26; Eph. 1,21; 2,2; 3,10; 6,12; usw.

wir z.B. von Kaufkraft sprechen. Nein, Jesus und allen Schreibern des Neuen Testaments zufolge stehen hinter dem Geld sehr reale spirituelle Kräfte, die ihm Energie verleihen und es mit einem Eigenleben versehen. Deshalb ist Geld ein aktiv Handelnder, es hat seine eigenen Gesetze und ist in der Lage, begeisterte Hingabe zu erwirken.

Es ist die Fähigkeit des Geldes, Menschen an sich zu binden, die die dunkle Seite hervorbringt. Dietrich Bonhoeffer sagt zu Recht: »Unsere Herzen haben nur für eine alles umfassende Hingabe Platz, und wir können nur an einem Herrn festhalten.« Wir müssen uns bewußt machen, daß der Mammon eine verführerische Macht besitzt. Geld hat die Macht, unsere Herzen zu erobern. Hinter unseren Münzen und Scheinen und allen anderen Formen, die wir unserem Geld geben, stehen spirituelle Kräfte.

Jahrelang schien es mir, als wenn Jesus übertriebe, indem er solch eine große Kluft zwischen dem Mammon und Gott aufreißt. Könnten wir unsere christliche Reife nicht dadurch zeigen, daß wir jedem das Seine gäben, Gott und dem Mammon? Warum sollten wir nicht fröhliche Kinder der Welt sein, genau wie wir fröhliche Kinder Gottes sind? Wurden die Güter der Erde nicht zu unserem Glück geschaffen? Aber was ich nicht erkannte – und was Jesus so klar sah – war die Art, in der der Mammon unsere Herzen erobern will. »Mammon« erwartet unsere Treue in einer Weise, die die menschliche Güte förmlich wie Milch aus unserem Wesen heraussaugt.

Aus diesem Grund ist so vieles an der Lehre Jesu über den Reichtum evangelistischer Natur. Er ruft die Menschen auf, sich von dem Götzen »Mammon« abzuwenden, damit sie den einen wahren Gott anbeten können. Als ein »Möchte-gern-Jünger« zu Jesus sagte, daß er entschlossen sei, ihm überallhin zu folgen, antwortete Jesus: »Die Füchse haben Gruben, und die Vögel unter dem Himmel haben Nester; aber der Menschensohn hat nichts, wo er sein Haupt hinlege« (Matth. 8,20).

Der reiche Jüngling fragte Jesus, wie er das ewige Leben bekommen könne und erhielt die überraschende Antwort: »Geh hin, verkaufe, was du hast, und gib's den Armen, so wirst du einen Schatz im Himmel haben; und komm und folge mir nach!« (Matth. 19,21) Diese Anordnung ist nur sinnvoll, wenn wir erkennen, daß der Besitz des reichen Jünglings ein rivalisierender Götze war, der seine ganze Hingabe verlangte. Und als dieser junge Mann betrübt davonging, rannte ihm Jesus nicht nach, um ihm zu beteuern, daß er es nur metaphorisch gemeint hatte und daß der Zehnte vollauf genug sei. Nein, Geld war ein alles verschlingender Götze geworden, und der mußte völlig verworfen werden.

Jesu Mahlzeit bei Zachäus hatte ein bemerkenswertes Ergebnis. Dieser Oberzöllner, für den Geld alles war, wurde durch das Leben und die Gegenwart Christi so befreit, daß er erklärte: »Die Hälfte von meinem Besitz gebe ich den Armen, und wenn ich jemanden betrogen habe, so gebe ich es vierfach zurück«. Aber noch eindrucksvoller ist die Antwort Jesu: »Heute ist diesem Hause Heil widerfahren« (Luk. 19,8f).

Welch ein Kontrast zwischen diesen Ereignissen und dem üblichen Verständnis von Evangelisation heute! Unsere Methode zielt darauf ab, Menschen zu »retten« und sie dann später in der »christlichen Verantwortung« zu schulen. Für uns besteht die Bekehrung oft genug darin, die Zustimmung zu drei oder vier Aussagen zu erlangen, um dann ein bestimmtes Gebet zu sprechen. Aber Jesus schärft den Menschen ein, die Kosten der Jüngerschaft zu überdenken, bevor sie überhaupt in seine Nachfolge eingetreten sind. Andernfalls wäre es genau so töricht, wie wenn eine Baufirma einen Wolkenkratzer beginnen würde, ohne die Kosten kalkuliert zu haben, oder ein militärischer Diktator einen Krieg anzetteln würde, ohne seine Siegeschancen eingeschätzt zu haben. Jesus beschließt diese ernüchternde Lehre mit solch beunruhigenden Worten, daß wir kaum glauben können, daß er meint, was er sagt: »So auch jeder unter euch, der sich nicht lossagt von allem, was er hat, der kann nicht mein Jünger sein« (Luk. 14,25–33). Ich habe noch nie gehört, daß bei einer evangelistischen Veranstaltung eine solche Aufforderung erging, bevor man die Einladung aussprach, Jesus nachzufolgen. Aber genau dieses tat Jesus, und nicht nur einmal, sondern immer wieder.

Für Christus ist das Geld ein Götzendienst, *von* dem wir bekehrt werden müssen, damit wir uns *zu* ihm bekehren. Die Ablehnung des Götzen Mammon ist eine notwendige Voraussetzung, damit wir Jünger Jesu werden können. Das Geld trägt in der Tat viele Züge des Göttlichen. Es gibt uns Sicherheit, es kann Schuld ans Tageslicht bringen, es gibt uns Freiheit, es gibt uns Macht und scheint allgegenwärtig zu sein. Am unheilvollsten ist aber sein Streben nach Allmacht.

Es ist das Streben des Geldes nach Allmacht, nach aller Macht, was so fremd anmutet, so unangebracht. Das Geld scheint nicht bereit zu sein, zufrieden an seinem rechtmäßigen Platz neben anderen Dingen, die wir schätzen, zu bleiben. Nein, es muß den Vorrang haben. Es muß alles andere verdrängen. Das ist die befremdliche, unangemessene Eigenschaft des Geldes. Wir messen ihm eine Bedeutung bei, die weit über seinen Wert hinausgeht. Wir geben ihm sogar einen letzten Wert. Es ist überaus lehrreich, aus der Distanz heraus den wahnsinnigen Kampf der Menschen um das Geld zu beobachten. Und das geschieht nicht nur unter den Armen und Hungernden. Ganz im Gegenteil – die Superreichen, die eigentlich nichts mehr durch weiteres Geld hinzugewinnen können, begehren es immer noch in wilder Gier.

Die Leute der Mittelklasse, die doch wirklich gut versorgt und, global betrachtet, die Reichen sind, kaufen weiterhin mehr Häuser oder Wohnungen, erwerben mehr Autos, haben mehr Kleider, als sie benötigen. Viele von uns könnten mit der Hälfte ihrer jetzigen Einkünfte leben, ohne große Einbußen hinnehmen zu müssen, und doch meinen wir, gerade so auszukommen – und es geht uns so, ob wir nun DM 35 000 oder DM 125 000 oder DM 350 000 verdienen.

Denken Sie einmal über die Symbole nach, die wir mit dem Geld verbinden – Symbole, die in keinem Verhältnis zu seinem wahren Wert stehen. Wenn das Geld nur als Tauschmittel benutzt würde, wäre es z.B. ganz unvernünftig, ihm Ansehen beizumessen. Und doch tun wir das. Wir beurteilen die Menschen nach ihrem Einkommen. Wir geben den Menschen Ansehen und Ehre je nachdem, wieviel Geld sie haben. Wir wagen es, die Frage der Fragen zu stellen, die immer weit mehr über uns offenbart als über den anderen: »Wieviel ist er (oder sie) wert?« Ein Psychologe stellte fest: »Die Leute bemühen sich mit allen möglichen Tricks herauszufinden, was andere verdienen, weil das Geld in unserer Gesellschaft ein Symbol der Stärke, des Einflusses und der Macht ist.«[12]

In diesem Jahrhundert sind wir Zeugen einiger der gewaltigsten Anstrengungen der Geschichte geworden, die Macht des Geldes durch politische Maßnahmen zu brechen – und sie haben alle versagt. China und Kuba, zum Beispiel, verwarfen beide das Geld als Tauschmittel und machten es infolgedessen unmöglich, Geld zu sparen und Kapital anzusammeln. Mit der Zeit mußten diese Verordnungen jedoch aufgegeben werden. Geld wurde zuerst als Tauschmittel, dann als Sparmittel wieder eingeführt. Schließlich gab es auch wieder Produktionsprämien in bar. Ich führe diese Beispiele nicht an, um die kommunistischen Regierungsformen zu kritisieren, sondern als Beispiel dafür, was Jacques Ellul so beschreibt: »Die unglaubliche Macht des Geldes überlebt jede Prüfung, jeden Aufstand, als wenn eine Kaufmannsgesinnung das Gewissen der

Welt so durchsetzt hätte, daß es keine Möglichkeit mehr gäbe, dagegen anzugehen.«[13]

Diese befremdenden Tatsachen sind nur verständlich, wenn wir die spirituelle Realität des Geldes erkennen. Hinter dem Geld stehen unsichtbare geistige Mächte: Mächte, die verführen und betrügen; Mächte, die eine allumfassende Hingabe verlangen. Diese Tatsache muß dem Apostel Paulus vor Augen gestanden haben, als er feststellte: »Geldgier ist eine Wurzel alles Übels« (1. Tim. 6,10). Viele haben zu Recht angemerkt, daß Paulus nicht »Geld«, sondern »Geldgier«, wörtlich »Geldliebe« schreibt. Berücksichtigt man jedoch die geradezu universelle Geldgier, so bedeuten beide Begriffe in der Praxis oft das gleiche.

Indem Paulus sagt, daß die Geldgier die Wurzel alles Übels ist, meint er nicht, daß Geld buchstäblich alle Übel hervorbringt. Er meint, daß es keine Art des Bösen gibt, die ein geldgieriger Mensch nicht benutzen wird, um es zu erhalten und festzuhalten. Alle Zurückhaltung ist dahin; der Geldgierige wird alles für das Geld tun. Und das ist genau sein verführerischer Charakter; der geldgierige Mensch macht keine halben Sachen. Er ist gefangen. Geld wird zu einem verzehrenden, das Leben beherrschenden Problem. Es ist ein Götze, der eine allumfassende Loyalität verlangt.

Deshalb war die Tempelreinigung durch Jesus so unerläßlich. Es war eine gewollte Handlung, um deutlich zu machen, daß mit dem Kommen des Messias die Religion Israels von jeglicher Mammon-Anbetung gereinigt werden sollte. Wir müssen wissen, daß der Handel im Tempel in verschiedener Hinsicht eine gute Sache war. Es handelte sich um einen wertvollen Dienst, und obwohl die Preise überhöht waren, befanden sie sich nicht über dem, was der Markt hergab. Aber Jesus sah durch all das hindurch auf den Götzendienst, auf die Bedrohung, die damit für die Anbetung des einen wahren Gottes gegeben war.

Indem wir die dunkle Seite des Geldes – seine dämonischen Tendenzen – besser verstehen, können wir die radikale Kritik Jesu am Reichtum besser würdigen. Ohne diese Einsicht wäre es sehr einfach, die kritischen Aussagen Jesu über das Geld nur auf unehrliche reiche Leute zu beziehen. Natürlich sind diejenigen, die ihr Geld ehrlich verdient haben und es weise benutzen, nicht in dieser Kritik eingeschlossen – oder doch? Vieles von der Lehre Jesu ist nicht auf die unehrlichen Reichen beschränkt, denn er redet mit gleicher Schärfe zu denen, die ihren Reichtum rechtmäßig erworben haben. Alles spricht dafür, daß der reiche Jüngling seinen Besitz ehrlich erworben hatte (Luk. 18,18–30). In der Geschichte vom reichen Mann und armen Lazarus findet sich keine Spur einer Andeutung, daß die Verwerfung des reichen Mannes mit Unehrlichkeit zu tun hatte (Luk. 16,19–31). Im Gleichnis vom reichen Kornbauern, der seine Scheunen niederriß, um Platz für größere zu bekommen, deuten alle Anzeichen auf Ehrlichkeit und Fleiß (Luk. 12,16–21). Wir würden ihn vorausschauend nennen – Jesus nennt ihn einen Narren.

Diese radikale Kritik des Reichtums bleibt uns völlig unverständlich, es sei denn, wir betrachten sie im Zusammenhang mit der spirituellen Realität. Der Reichtum gehört zu den Mächten und Gewalten, die durch das Blut Jesu Christi erobert und erlöst werden müssen, *bevor* sie für das größere Gut des Reiches Gottes tauglich werden.

Die Überwindung der dunklen Seite

Wie besiegt man den Götzen Mammon? Umarmen wir ihn, um ihn für gute Zwecke einzusetzen? Fliehen wir vor ihm in völliger Entsagung und totalem Verzicht?

Diese Fragen sind schwer zu beantworten, was zum Teil darin begründet liegt, daß uns die Bibel keine christliche Lehre vom Geld anbietet. Es wäre ein Mißbrauch und eine Vergewaltigung der Bibel, würde man aus ihr irgendeine ökonomische Theorie oder zehn Regeln für finanzielle Redlichkeit herauspressen. Was sie uns aber anbietet, ist weitaus wertvoller: Eine Perspektive, von der aus alle wirtschaftlichen Entscheidungen des Lebens gesehen werden können, und die Zusicherung des Dialogs, der persönlichen Beratung in allen finanziellen Entscheidungen des Lebens. Der Heilige Geist ist mit uns. Jesus, unser Lehrer, ist gegenwärtig. Er wird uns durch das Geldlabyrinth mit all seinen persönlichen und sozialen Verwicklungen führen.

Dies voraussetzend möchte ich einige praktische Vorschläge unterbreiten, die aber noch durch den Filter Ihrer eigenen, unverwechselbaren Persönlichkeit und Lebensumstände gegeben werden müssen. Vielleicht können sie Ihnen als Wegweiser dienen.

Lassen Sie uns zuerst über unsere *Gefühle* in Sachen Geld sprechen. Für die meisten von uns besteht das größte zu überwindende Hindernis nicht darin, daß wir nicht verständen, was die Bibel über das Geld sagt. Vielmehr haben wir Probleme, mit unserer Furcht, Unsicherheit und Schuld gegenüber dem Geld zu Rande zu kommen. Das Thema Geld bedroht uns wirklich. Wir fürchten, zu wenig zu haben, und wir fürchten, zu viel zu haben. Und unsere Angst ist oft irrational. Beispielsweise befürchten Menschen, die das Zwanzigfache des Durchschnittseinkommens eines Kenianers haben, sich am Rande der Hungersnot zu bewegen. Oder einige von uns sind über die Möglichkeit zutiefst erschrocken, daß andere unseren Reichtum überschätzen und zu der Annahme gelangen könnten, wir seien gierig.

Diese Gefühle sind real und müssen ernst genommen werden. Oft kommen sie aus Kindheitserinnerungen. Ich erinnere mich, daß ich als Kind eine Fähigkeit besaß, die mir ungewöhnlichen »Reichtum« verschaffte. Ich konnte besser Murmeln spielen als irgendein anderes Kind in der Schule. Da wir immer mit »Behalten« spielten, konnte ich oft das »Vermögen« eines anderen Jungen einheimsen, bevor die Mittagspause zu Ende war. Ich erinnere mich, daß ich einmal einen großen Sack voller Murmeln nahm und sie eine nach der anderen in einen schlammigen Abflußgraben warf. Mit Vergnügen beobachtete ich, wie sich die anderen Jungen balgten, um sie zu bekommen. Durch diese einmalige Erfahrung begann ich zu spüren, welche Macht der Reichtum verschaffen kann und wie andere mit ihm zu manipulieren sind.

Einige von uns wuchsen in Jahren wirtschaftlicher Depression auf und kennen aus eigener Erfahrung die durchdringende Angst solcher Zeiten des Mangels. Dadurch ist in ihnen ein Geist instinktiven Raffens und Hortens entstanden und schon der Gedanke, einen Besitz loszulassen, bereitet Angst. Andere wuchsen in einer Zeit des Überflusses auf und haben seine geistlichen Gefahren immer vor Augen. Die Absicht, etwas zu sparen oder aufzubewahren erscheint ihnen als Laster und nicht als Tugend. Nur wenn wir mit diesen und vielen anderen Gefühlen, die unsere Einstellung zum Geld geformt haben, ins reine kommen, sind wir in der Lage, dem biblischen Aufruf zum Vertrauen zu folgen.

Zweitens: Lassen Sie uns ganz bewußt aufhören, unseren Reichtum zu leugnen. Betrachten wir doch das ganze Bild. Anstatt uns mit solchen zu vergleichen, die uns ähnlich sind, so daß wir uns immer auf unsere verhältnismäßige Armut berufen können, lassen Sie uns Weltbürger werden, die sich dem Vergleich mit der ganzen Menschheit stellen.

Jene, die ein Auto besitzen, gehören zur Oberschicht der Welt. Jene, die ein Haus haben, sind reicher als 95 Prozent aller Menschen auf diesem Planeten. Allein die Tatsache, daß Sie in der Lage waren, dieses Buch zu kaufen, weist Sie wahrscheinlich als einen Reichen der Welt aus. Schon die Tatsache, daß ich genügend Zeit hatte, dieses Buch zu schreiben, bringt mich in die gleiche Kategorie. Wir sollten uns ehrlich und freimütig zu unserem Reichtum bekennen. Obwohl es viele von uns schwer haben, mit ihrem Geld auszukommen, müssen wir uns bewußt machen, daß wir als Weltbürger zu den ganz Reichen zählen.

Beachten Sie aber bitte, daß diese Gedanken bei uns keine Schuldgefühle hervorrufen sollen. Vielmehr sollen sie uns helfen, die tatsächliche Situation in der Welt zu erfassen. Wir sind reich. Allein die Tatsache, daß wir die freie Zeit haben, ein Buch zu lesen oder fernzusehen, zeigt, daß wir reich sind. Wir brauchen uns nicht unseres Reichtums zu schämen. Auch müssen wir ihn nicht vor uns und anderen verstecken. Nur wenn wir uns zu unserem Reichtum bekennen und aufhören, vor ihm davonzulaufen, sind wir in der Lage, ihn zu überwinden und ihn für Gottes gute Zwecke einzusetzen.

Drittens: Lassen Sie uns eine Atmosphäre schaffen, in der ein offenes Bekenntnis möglich ist. Viele unserer Predigten über das Geld zielen darauf ab, es zu verdammen oder zu loben, bringen uns aber einander nicht näher, so daß wir uns gegenseitig helfen könnten, mit ihm umzugehen. Viele von uns fühlen sich isoliert und allein, so als wären wir die einzigen, die ihr Gold in der Nacht zählten. Wieviel besser wäre es doch, ein Klima zu schaffen, in dem wir uns angenommen wissen und deshalb über unsere gemeinsamen Probleme und Frustrationen sprechen und unsere Ängste und Versuchungen bekennen können. Wir können jemandem mitfühlend zuhören, der bekennt, daß er auf sexuellem Gebiet verführt wurde. Lassen Sie uns genauso frei dem zuhören, der vom Geld verführt wurde. Lassen Sie es uns lernen, gegenseitig den Herzensschrei aufzunehmen: »Vergib mir, denn ich habe gesündigt; das Geld hat von meinem Herzen Besitz ergriffen!«

Wir brauchen solche, die bereit sind, unsere Angst und unseren Schmerz zu hören, anzunehmen und für uns in die Arme Gottes zu legen. Wenn die Gemeinde als Gemeinde wirken will, muß sie ein Umfeld schaffen, in dem unser Versagen im Umgang mit dem Geld ans Licht kommen darf, damit wir geheilt werden können.

Viertens: Suchen Sie jemanden, der sich mit Ihnen durch das Geldlabyrinth hindurcharbeitet. Meiner Meinung nach wäre es ideal, wenn diese Person Ihr Ehepartner sein könnte. Wir verpflichten uns gegenseitig, einander darauf aufmerksam zu machen, wenn die verführerische Macht des Geldes uns in ihren Bann zu ziehen beginnt. Dies muß in einem Geist der Liebe und Sanftmut geschehen, aber es muß geschehen. Alles, was völlig privat behandelt und nie der öffentlichen Korrektur zugänglich gemacht wird, verzerrt sich. Wir alle benötigen so viel Hilfe wie möglich, um unsere blinden Stellen aufzustöbern. Es mag sein, daß wir nach mehr Dingen verlangen, als für uns gut ist – wir brauchen jemanden, der uns hilft, dieser Tatsache ins Auge zu sehen. Vielleicht sollten wir uns mutig für Christus und sein Reich in das Geschäftsleben wagen – wir brauchen jene, die uns zu diesem Dienst ermutigen. Vielleicht hat sich die Gier in unser Geschäftsgebaren eingeschlichen – wir brauchen Menschen, die uns helfen, dies zu erkennen. Vielleicht verhindern unsere Ängste das freudige Leben aus dem Vertrauen – wir brauchen jene, die uns zum Glauben anspornen.

Fünftens: Lassen Sie uns Wege ausfindig machen, mit den Armen in Berührung zu kommen. Eine der schädlichsten Folgen, die der Überfluß mit sich bringt, liegt darin, daß er uns erlaubt, uns von den Armen fernzuhalten. Wir sehen ihre Not nicht mehr und können uns dann eine Scheinwelt aufbauen, die uns davon abhält, das Leben unter dem Blickwinkel »Nächstenliebe« zu würdigen.

Was können wir tun? Wir können uns bewußt dafür entscheiden, unter den Armen zu sein; nicht um ihnen zu predigen, sondern um von ihnen zu lernen. Wir können Bücher lesen, die die Lebensweise auf der anderen Seite geradezu riechen lassen. Wir können aufhören, die Fernsehprogramme anzuschauen, die sich ausschließlich auf die künstliche Welt des Überflusses konzentrieren. (Und wenn wir sie anschauen, so können wir das kritisch tun, indem wir uns vor Augen halten, daß es sich um eine Traumwelt handelt, die uns leicht von dem Schmerz und dem Leid und der Not des größten Teils der Menschheit trennen kann.)

Sechstens: Lassen Sie uns die Bedeutung der inneren Entsagung erfahren. Abraham wurde aufgefordert, seinen Sohn Isaak zu opfern. Ich kann mir gut vorstellen, daß sich die Bedeutung des Wortes *mein* für ihn für immer geändert hatte, als er endlich wieder vom Berg herabkam. Der Apostel Paulus spricht von denen, »die nichts haben, und doch alles haben« (2. Kor. 6,10). Indem wir uns in der inneren Entsagung üben, kommen wir in den Zustand, in dem uns nichts gehört und doch alles zur Verfügung steht.

Wir brauchen dringend eine Bekehrung unseres Verständnisses vom Eigentum. Vielleicht sollten wir allen unseren Besitztümern den Stempel aufdrücken: »Gabe Gottes, Eigentum Gottes, nur für Gottes Ziele einzusetzen.« Wir müssen Wege finden, uns wieder und wieder daran zu erinnern, daß die Erde dem Herrn gehört und nicht uns.

Siebtens: Lassen Sie uns aus frohem und großzügigem Herzen geben. Durch Geben wird der zähe alte Geizhals in uns ausgerottet. Sogar die Armen müssen wissen, daß sie geben können. Schon die Tat, Geld oder etwas anderes von Wert loszulassen, bewirkt etwas in uns. Sie vernichtet den Dämonen Gier.

Manche werden wie Franz von Assisi dazu geführt, alles wegzugeben und die »Dame Armut« zu umarmen. Das ist kein Befehl für alle, aber es ist das Wort des Herrn für einige, wie die Begegnung Jesu mit dem reichen Jüngling zeigt. Wir dürfen Leute, die zu dieser Form des Gebens berufen sind, nicht verachten, wir sollten uns mit ihnen über ihre wachsende Freiheit vom Götzen Mammon freuen.

Wir übrigen können andere Wege des Gebens ausfindig machen. Wir können notleidende Menschen finden, die nicht die Möglichkeit haben, uns zurückzuzahlen, und sie beschenken. Wir können der Gemeinde geben. Wir können Bildungsinstitute unterstützen. Wir können für die Mission geben. Wir können Geld, das wir dafür geben wollen, nehmen und damit ein Fest für diejenigen finanzieren, die Grund zum Feiern haben. Diese Idee hat ein gutes biblisches Vorbild (5. Mose 14,22–27). Was immer wir tun, lassen Sie uns geben, geben, geben! Gordon Cosby bemerkte: »Indem wir Geld weggeben, erlangen wir einen Sieg über dunkle Mächte, die uns niederdrücken.«[14]

Vielleicht ist Ihnen das Lesen dieses Kapitels schwergefallen – mir fiel das Schreiben schwer. Ich hätte mich so gern auf die gute, positive, helle Seite des Geldes gestürzt! Wir mögen alle den Blickwinkel, der uns bestätigt. Daher ist es nur natürlich, daß wir die negativen, kritischen Aspekte herunterspielen. Und doch müssen wir uns auf die unbestreitbare Tatsache einstellen, daß der weitaus größte Teil der Stellungnahmen Jesu zum Geld die dunkle Seite betrifft. Jetzt verstehen wir auch, warum dies so ist: Nur dann, wenn wir den höllischen Charakter des Geldes in Blick bekommen und ihn überwinden, sind wir in der Lage, seine wohltuende Seite in Empfang zu nehmen und zu benutzen. Nun wenden wir unsere Aufmerksamkeit der hellen Seite des Geldes zu.

3. Die helle Seite des Geldes

Nur die Verwendung der Dinge ist richtig, die durch die Herrschaft der Liebe geprüft wird.   *Johannes Calvin*

Die Frage des Geldes könnte viel leichter abgehandelt werden, wenn es völlig schlecht wäre. Dann bestünde unsere Aufgabe lediglich darin, es zu verdammen und zu meiden. Das dürfen wir jedoch nicht, wenn wir dem biblischen Zeugnis treu bleiben wollen. Obwohl die Bibel immer wieder vor der dunklen Seite des Geldes warnt, enthält ihre Lehre doch einen Strang, der die helle Seite des Geldes betrifft. Hier wird das Geld als ein Segen Gottes gesehen und – was noch erstaunlicher ist – als ein Mittel, unser Verhältnis zu Gott zu vertiefen.

Das Zeugnis des Alten Testaments

Das Alte Testament bestätigt immer wieder diese Tatsache. In der Schöpfungsgeschichte fällt uns der Refrain auf, daß die von Gott geschaffene Welt gut ist. Der Garten Eden enthielt alles, was das erste Menschenpaar benötigte, im Überfluß.

Gottes große Freigebigkeit kann in seiner Fürsorge für Abraham beobachtet werden. Gott sagte, daß er Abrahams Namen groß machen und ihm Reichtum geben werde. Und er hielt sein Wort, denn wir lesen: »Abram aber war sehr reich an Vieh, Silber und Gold« (1. Mose 13,2). Isaak war in gleicher Weise gesegnet, und zwar so sehr, daß die Philister ihn um seinen großen Reichtum beneideten (1. Mose 26,14).

Von Hiob wird uns berichtet, daß er großen Besitz hatte. Auch war er »fromm und rechtschaffen, gottesfürchtig und mied das Böse« (Hiob 1,1). Nach der Feuerprobe machte Gott ihn wieder wohlhabend und gab ihm doppelt so viel, wie er gehabt hatte (Hiob 42,10).

Der große Reichtum Salomos wurde nicht als eine peinliche Sache angesehen, sondern als ein Beweis für Gottes Wohlwollen (1. Kön. 3,13). Die Bibel wendet beträchtlichen Raum auf, um Salomos Reichtümer anzuführen, und faßt dann zusammen: »So war der König Salomo größer an Reichtum und Weisheit als alle Könige auf Erden« (1. Kön. 10,23). Die berühmte Reise der Königin von Saba zum Hofe Salomos unterstreicht seinen Wohlstand. Die Königin ruft aus: »Und ich hab's nicht glauben wollen, bis ich gekommen bin und es mit eigenen Augen gesehen habe. Und siehe, nicht die Hälfte hat man mir gesagt. Du hast mehr Weisheit und Güter, als die Kunde sagte, die ich vernommen habe« (1. Kön. 10,7).

Die Liste könnte noch lange fortgesetzt werden, von der Verheißung eines Landes, in dem Milch und Honig fließen, bis zur Verheißung, daß sich die Fenster des Himmels öffnen werden, um einen materiellen Segen auszugießen, der unser Fassungsvermögen übersteigt (Mal. 3,10). Die materiellen Dinge sind für das geistliche Leben weder eine Antithese noch eine Inkonsequenz; vielmehr stehen sie zu ihm in einer intimen und positiven Beziehung.

Das Zeugnis des Neuen Testaments

Im Neuen Testament fehlt es auch nicht an dieser Betonung. Geld wird oft als ein Mittel gesehen, unser Verhältnis zu Gott zu vertiefen und unsere Liebe zum Nächsten auszudrücken. Die Weisen aus dem Morgenland brachten dem Christuskind ihre Schätze, um es damit zu ehren. Zachäus gab großzügig, und die arme Witwe opferte, was sie hatte. Reiche Frauen unterstützten die Schar der Jünger (Luk. 8,2–3). Sowohl Josef von Arimathäa als auch Nikodemus benutzten ihren Reichtum, um Christus zu dienen (Matth. 27,57–61; Joh. 19,38–42).

Indem uns Jesus lehrte, um das tägliche Brot zu beten, setzte er die Bemühungen um materielle Versorgung in eine tiefe Beziehung zum geistlichen Leben. Die materiellen Dinge sollen nicht verachtet werden. Man darf mit ihnen nicht umgehen, als seien sie außerhalb des Bereichs wahrer geistlicher Haltung. Unsere materielle Versorgung hat es vielmehr mit den verschwenderischen Gaben eines freigebigen Gottes zu tun.

In der Apostelgeschichte wird uns berichtet, daß Barnabas als ein wahrer »Sohn des Trostes« Landbesitz zur Unterstützung der Urgemeinde nutzte (Apg. 4,36–37). Von Kornelius heißt es so wunderbar: Er »gab dem Volk viele Almosen und betete immer zu Gott« (Apg. 10,2). Wir werden an Lydia, die Purpurhändlerin, erinnert. Sie benutzte ihr Ansehen und ihr Vermögen, um eine der ersten Gemeinden zu fördern (Apg. 16,14).

Der Apostel Paulus nahm die Sammlung für die Heiligen in Jerusalem zum Anlaß, um den geistlichen Nutzen des fröhlichen Gebens herauszustellen (2. Kor. 8 und 9). Er führt das Geben sogar als eine der Geistesgaben an (Röm. 12,8).

Aus diesem kurzen Überblick wird klar, daß die Lehre des Neuen Testaments einen Strang enthält, der das Geld positiv sieht. Lassen Sie uns jetzt näher darauf eingehen, wie Geld unser Verhältnis zu Gott vertiefen kann.

Die gute Erde

In der ganzen Schrift wird die Versorgung mit den Dingen, die für ein angemessenes Leben des Menschen notwendig sind, als gnädige Gabe eines liebenden Gottes angesehen. Alles, was Gott geschaffen hat, ist gut, sehr gut. Es ist dazu bestimmt, das menschliche Leben zu segnen und zu verschönern. Wie dankbar können wir für diese großzügigen Zeichen der Güte Gottes sein! Indem ich diese Worte schreibe, singen die Vögel draußen, vielleicht in Dankbarkeit für die Größe und Schönheit des Himmels und des Meeres und des Landes. Wir können mit einem fröhlichen Lied einstimmen, denn Gott hat uns wirklich eine gute Welt gegeben. Wir können uns an ihr freuen. Allein die große Gabe der Erde kann uns in Dankbarkeit und Anbetung näher zu Gott bringen.

Am wunderbarsten von allem ist jedoch, daß so vieles nicht das Ergebnis unserer Bemühungen ist, sondern daß wir es geschenkt bekommen, unverdient und nicht zu verdienen. Gott sagte den Kindern Israel, was er ihnen geben würde: »große und schöne Städte, die du nicht gebaut hast, und Häuser voller Güter, die du nicht gefüllt hast, und ausgehauene Brunnen, die du nicht ausgehauen hast, und Weinberge und Ölbäume, die du nicht gepflanzt hast« (5. Mose 6,10b–11). Städte, die sie nicht bauten, Brunnen, die sie nicht gruben, Obstgärten, die sie nicht pflanzten – dies ist Gottes Weg mit seinem Volk.

Wir brauchen in unserer eigenen Erfahrung nicht lange zu graben, bis wir erkennen, daß dies so ist. So oft bringt unsere schwere Arbeit und unser geschicktes Planen wenig oder nichts, und dann werden wir plötzlich mit guten Dingen aus einer völlig unerwarteten Quelle überschüttet. Viele Faktoren in unserem Geschäfts- und Wirtschaftsleben können von uns in keiner Weise kontrolliert werden.

Die Bauern im alten Israel hatten einen ausgeprägten Sinn für diese Tatsache. Natürlich arbeiteten sie, aber sie wußten auch, daß sie selbst das Korn nicht wachsen lassen konnten. Trockenheit, Feuer, Seuchen und hundert andere Dinge konnten alles in kürzester

Zeit vernichten. Sie wußten zutiefst, daß eine gute Ernte die gnädige Gabe eines liebenden Gottes war.

Dies ist natürlich nichts anderes als das Bekenntnis, daß wir aus Gnade leben. Es ist schon wunderbar zu wissen, daß wir aus Gnade gerettet sind. Aber es ist genauso wunderbar zu wissen, daß wir aus Gnade leben. Obwohl wir uns mühen – so wie sich auch die Vögel unter dem Himmel mühen – brauchen wir nicht wie rasend alles Mögliche zusammenraffen, denn wir haben einen, der so für uns sorgt, wie er auch für die Vögel sorgt.

Und indem wir es lernen, das Geld und die Dinge, die damit zu kaufen sind, als gnädige Geschenke eines liebenden Gottes anzunehmen, entdecken wir, wie sie unser Verhältnis zu Gott bereichern. Unsere Erfahrung ist wie ein Echo auf die Worte aus dem 5. Buch Mose: »Der Herr, dein Gott, wird dich segnen in deiner ganzen Ernte und in allen Werken deiner Hände; darum sollst du fröhlich sein« (5. Mose 16,15). Unsere Erfahrung mündet ein in die Doxologie, in den Lobpreis Gottes. Freude, Dank, Feier – sie kennzeichnen unser Leben. Bei vielen Festen der alten Juden stand das Danken im Mittelpunkt, weil sie erfahren hatten, daß sie von einem gnädigen Gott versorgt wurden.

Gottes Eigentumsrecht

Gottes Fürsorge ist eng mit Gottes Eigentumsrecht verbunden. Es gibt kaum etwas, das in der Bibel klarer ausgedrückt wird, als Gottes absolutes Recht auf alle Besitztümer. Zu Hiob sagt Gott: »Was unter dem ganzen Himmel ist, mir gehört es!« (Hiob 41,3 Rev. Elberfelder). Dem Mose erklärt er: »Die ganze Erde ist mein« (2. Mose 19,5–6). Und der Psalmist bekennt: »Die Erde ist des Herrn und was darinnen ist« (Psalm 24,1).

Wir modernen Menschen haben es schwer, uns diese Lehre anzueignen. Vieles in unserer Erziehung entstammt dem römischen Verständnis, daß das Eigentum ein »natürliches Recht« sei. Deshalb empfinden wir schon den Gedanken, daß irgend etwas oder irgendeiner unsere »Eigentumsrechte« verletzen könne, als Angriff auf unsere Weltanschauung. Nimmt man unsere scheinbar angeborene Selbstsucht hinzu, bedeutet dies für uns, daß wir in der Tendenz »Eigentumsrechten« den Vorrang vor den »Menschenrechten« geben.

In der Bibel ist jedoch Gottes absolutes Eigentumsrecht und unser relatives Besitzrecht als das der Verwalter unmißverständlich klar. Als absoluter Eigentümer setzt Gott Grenzen für die Anhäufung von Reichtum und Land durch den einzelnen. So mußte zum Beispiel ein Prozentsatz des landwirtschaftlichen Ertrages den Armen gegeben werden (5. Mose 14,28–29). Jedes siebte Jahr sollte das Land brach liegengelassen werden, und was immer darauf zufällig wuchs, war für die Notleidenden bestimmt, »daß die Armen unter deinem Volk davon essen« (2. Mose 23,11). Jedes fünfzigste Jahr sollte ein Erlaßjahr sein, zu dem alle Sklaven freigelassen, alle Schulden gestrichen, alles Land seinem ursprünglichen Besitzer zurückgegeben werden mußte. Der Grund dafür, daß Gott die wirtschaftlichen Bestrebungen des einzelnen so gewaltsam über den Haufen warf, lag – sehr einfach – in dem »das Land ist mein« (3. Mose 25,23).

Gottes Eigentumsrecht an allen Dingen vertieft wirklich unsere Beziehung zu ihm. Wenn wir wissen – wirklich wissen – daß die Erde dem Herrn gehört, dann macht uns der Besitz selbst die Gegenwart Gottes mehr bewußt. Wenn wir zum Beispiel in dem Ferienhaus einer berühmten Schauspielerin wohnten und es versorgten, so würden wir allein dadurch, daß wir in ihrem Haus lebten, täglich an sie erinnert. Tausend Dinge würden uns ihre Gegenwart bewußt machen. Nicht anders ist es mit unserer Beziehung zu Gott. Das Haus, in dem wir leben, ist sein Haus. Das Auto, das wir fahren, ist sein Auto. Der Garten, den wir anpflanzen, ist sein Garten. Wir sind nur vorübergehend als Verwalter über Dinge eingesetzt, die einem anderen gehören.

Das Bewußtsein, daß alles Gottes Eigentum ist, kann uns von einem besitzgierigen und ängstlichen Geist befreien. Nachdem wir getan haben, was wir können, um für die uns anvertrauten Dinge zu sorgen, wissen wir, daß sie sich in den Händen eines Größeren befinden. Als John Wesley hörte, daß sein Haus durch ein Feuer vernichtet worden war, rief er aus: »Des Herrn Haus ist niedergebrannt. Eine Verantwortung weniger für mich!«[15]

Gottes umfassendes Eigentumsrecht verändert auch unsere Fragestellung im Blick auf das Geben. Anstatt »Wieviel von meinem Geld soll ich Gott geben?« lernen wir zu fragen: » Wieviel von Gottes Geld soll ich für mich behalten?« Der Unterschied zwischen diesen beiden Fragen hat ein gewaltiges Ausmaß.

Die Gnadengabe des Gebens

Die Gnadengabe des Gebens regt häufig das Glaubensleben stark an. Deshalb wird das Opfer zu Recht als Teil des gottesdienstlichen Lebens angesehen.

In Jesaja 58 lesen wir von sehr religiösen Leuten, deren fromme Hingabe nichts wert war, weil sie nicht von einer aktiven Fürsorge für die Armen und Unterdrückten begleitet war. »Das aber ist ein Fasten, an dem ich Gefallen habe«, sagt Gott. »Laß los, die du mit Unrecht gebunden hast, laß ledig, auf die du das Joch gelegt hast! Gib frei, die du bedrückst, reiß jedes Joch weg!« (Jes. 58,6). Fromme Religiosität ohne Gerechtigkeit ist wertlos. Wer seinem Fasten einen wahren geistlichen Inhalt geben will, der kommt nicht um die Aufforderung herum: »Brich dem Hungrigen dein Brot und die im Elend ohne Obdach sind, führe ins Haus« (Jes. 58,7).

Wenn unsere geistliche Vitalität schwach zu sein scheint, wenn das Studium der Bibel nur verstaubte Worte hervorbringt, wenn das Gebet hohl und leer klingt, dann ist womöglich die Aufforderung zu überschwenglichem und fröhlichem Geben gerade das, was wir brauchen. Das Geben läßt unser geistliches Leben echter und vitaler werden.

Mit Geld können wir wirksam unsere Liebe zu Gott unter Beweis stellen, weil es im Grunde ein Teil von uns ist.

Ein Wirtschaftswissenschaftler drückt das so aus: »Geld als eine Form der Macht ist so eng mit dem Besitzer verbunden, daß man nicht ständig Geld geben kann, ohne sich selbst zu geben.«[16] Kurz gesagt: Geld ist gemünzte Persönlichkeit. Es ist so sehr mit unserem Wesen verbunden, daß wir uns geben, wenn wir es geben. Wir singen: »Nimm mein Leben! Jesu dir übergeb ich's für und für!« Aber wir müssen dieser Hingabe auch ganz konkret Gestalt geben. Deshalb lautet eine Zeile des Liedes »Nimm mein Geld und Silber hin, tu damit nach deinem Sinn!« Indem wir unser Geld hingeben, geben wir uns selber hin.

Ein Arzt fragte einmal einen wohlhabenden Patienten: »Was in aller Welt haben Sie mit Ihrem ganzen Geld vor?« Der Patient antwortete: »Wahrscheinlich werde ich mich drum kümmern.« Darauf der Arzt: »Gibt Ihnen denn die Sorge um das Geld so viel Befriedigung?« »Nein«, antwortete der Patient, »aber es packt mich Entsetzen, wenn ich daran denke, etwas davon irgend jemandem zu geben.«

Dieses »Entsetzen« ist wirklich vorhanden. Wenn wir Geld loslassen, so lassen wir einen Teil von uns selbst, von unserer Sicherheit los. Aber genau deshalb ist es so wichtig, daß wir es tun. Es ist eine Möglichkeit, dem Gebot Jesu zu gehorchen: »Wer mir folgen will, der verleugne sich selbst und nehme sein Kreuz auf sich täglich und folge mir nach« (Luk. 9,23).

Wenn wir Geld geben, so lassen wir ein Stück weit von unserem egozentrischen Ich los und von unserer falschen Sicherheit.

Das Geben befreit uns von der Tyrannei des Geldes. Aber wir geben nicht nur Geld, sondern auch die Dinge, die Geld gekostet haben. In der Apostelgeschichte gab die erste christliche Gemeinde Häuser und Land, um für die Notleidenden Finanzmittel zur Verfügung zu haben (Apg. 4,32–37). Haben Sie je daran gedacht, ein Auto oder eine Briefmarkensammlung zu verkaufen, um damit jemanden zu unterstützen, der sein Studium nicht selbst finanzieren kann? Geld hat uns auch die Zeit und Muße verschafft, besondere Fähigkeiten zu erwerben. Wie wäre es, solche Fähigkeiten zu verschenken? Ärzte, Zahnärzte, Rechtsanwälte, Computerexperten und viele andere können über den engeren beruflichen Bereich hinaus ihre Fähigkeiten für das Wohl der Gemeinschaft gratis einbringen.

Das Geben befreit uns, für andere zu sorgen. Mehr und mehr lernen wir zu erkennen, was Gott möchte, das wir geben sollen. So wird das Leben mit Gott zu einer abenteuerlichen Entdeckungsreise. Daran mitzuarbeiten, daß diese Welt anders wird – dafür lohnt es, zu leben und zu geben.

Kontrolle und Gebrauch

Neben dem Geben sollte die Kontrolle und der Gebrauch des Geldes einen noch größeren Raum einnehmen. Richtig unterwiesene und geübte Christen sind in der Lage, Vermögenswerte zu besitzen, ohne von ihnen korrumpiert zu werden, und sie für die größeren Ziele des Reiches Gottes einzusetzen.

Es ist schon so: Totaler Verzicht ist in der Regel ein sehr dürftiger Weg, Bedürftigen zu helfen. Auf jeden Fall ist er weniger geeignet als ein gezielter Einsatz und Gebrauch der Mittel. Wieviel besser ist es doch, Reichtum und Mittel in den Händen von erfahrenen Leuten mit einer christlichen Sicht der Welt zu wissen, die informiert sind, anstatt diese Dinge den Dienern Mammons zu überlassen.

Abraham verwaltete großen Besitz zur Ehre Gottes und zum Wohl der Allgemeinheit. Ebenso Hiob und David und Salomo. Im Neuen Testament setzte Nikodemus seinen Reichtum und seine hohe Stellung für das Wohl der christlichen Gemeinschaft ein (Joh. 7,50; 19,39). Weil Barnabas seine Immobilien gut verwaltet hatte, war er in der Lage, der Urgemeinde zu helfen, als sie in Not geriet (Apg. 4,36–37).

Jesus gab uns das Gleichnis von den anvertrauten Zentnern (Matth. 25,14–30). Durchdenken Sie das einmal: Jesus, der so entschieden vor den Gefahren des Reichtums gewarnt hatte, vergleicht nun das Reich Gottes mit einem Mann, der sein Vermögen seinen Dienern anvertraut und ganz selbstverständlich erwartet, daß sie damit einen Gewinn erzielen. Ein Zentner hatte damals einen Wert von ungefähr eintausend Dollar. Der Diener, der umgerechnet fünftausend Dollar erhalten hatte, verdoppelte das Kapital. Ebenso der mit den zweitausend. Der arme Kerl, der nur eintausend erhalten hatte, war derart ängstlich, das Geld im Getriebe des Marktes zu verlieren, daß er nichts tat – und nichts verdiente. Die Worte Jesu über diesen übervorsichtigen Diener sind sehr hart: »Du böser und fauler Knecht! Wußtest du, daß ich ernte, wo ich nicht gesät habe, und einsammle, wo ich nicht ausgestreut habe? Dann hättest du mein Geld zu den Wechslern bringen sollen, und wenn ich gekommen wäre, hätte ich das Meine wiederbekommen mit Zinsen. Darum nehmt ihm den Zentner ab und gebt ihn dem, der zehn Zentner hat.« (Matth. 25,26–28).

Man kann ohne Frage aus diesem Gleichnis geistliche Schlüsse ziehen, aber es wäre falsch, es völlig aus seinem wirtschaftlichen Kontext zu reißen. Christen sollen sich in die Welt des Kapitals und der Wirtschaft begeben. Das ist eine hohe und heilige Berufung. Es ist für die, die unter der Herrschaft Gottes stehen, eine gute Sache, Geld zu verdienen. Wir sollten uns vor diesen Möglichkeiten, mit denen wir für das Reich Gottes arbeiten können, nicht verstecken.

Gläubige können und sollen in Positionen von Macht, Reichtum und Einfluß berufen werden. Es ist eine geistliche Berufung, in Regierung, Bildungswesen und Wirtschaft Führungsaufgaben zu übernehmen. Einige sind dazu berufen, Geld zu verdienen – viel Geld – zur Ehre Gottes und zum Wohl der Allgemeinheit. Andere werden in Positionen mit immenser Macht und Verantwortung berufen, für denselben Zweck. Banken, Warenhäuser, Fabriken, Schulen und tausend andere Institutionen brauchen das Engagement und die Perspektive von Christen.

Wie schon oben erwähnt, muß all dies aber unter Leuten geschehen, die »richtig unterwiesen und geübt« sind. Wir brauchen Unterweisung, wie wir Geld besitzen können, ohne vom Geld besessen zu werden. Wir brauchen Hilfe, um zu lernen, wie wir Dinge besitzen können, ohne sie zu horten. Wir brauchen Schulung zu einfachem Leben, während wir großes Vermögen verwalten und große Macht ausüben.

Der Apostel Paulus sagte: »Ich kann niedrig sein und kann hoch sein; mir ist alles und jedes vertraut: beides, satt sein und hungern, beides, Überfluß haben und Mangel leiden; ich vermag alles durch den, der mich mächtig macht, Christus« (Phil. 4,13). Es bedarf ebenso großer Gnade, im Überfluß zu leben wie im Mangel.

Gott ruft uns auf, das Geld im Rahmen eines entsprechend geschulten geistlichen Lebens zu benutzen und es zum Wohl der ganzen Menschheit und zur Ehre Gottes einzusetzen. Wir werden mit Erstaunen feststellen, daß Gott unsere dürftigen Anstrengungen benutzt, um sein Werk auf Erden zu tun. Mittel werden für lebenswichtige Aufgaben verwandt. Hilflosen wird geholfen. Projekte, die das Reich Christi voranbringen, werden finanziert. Viel Gutes wird erreicht. Geld ist ein Segen, wenn es im Kontext eines Lebens mit Gott und im Vertrauen auf seine Macht benutzt wird.

Wir können das Geld während unseres Lebens kontrollieren und gebrauchen, aber auch dann noch, wenn wir sterben: Ein fürsorgliches Testament ist eine gute Sache, unser Vermögen kann auch nach unserem Tode für viele zum Segen werden.

Vertrauen lernen

Ein weiteres Beispiel für die helle Seite des Geldes ist die Art, wie es von Gott gebraucht werden kann, um Vertrauen aufzubauen. Wenn uns Jesus um das tägliche Brot zu beten lehrt, so lehrt er uns, mit Vertrauen zu leben. Immense Lagervorräte und ausgeklügelte Nachschubsysteme sind nicht notwendig, denn wir haben einen himmlischen Vater, der für uns sorgt. Als die Kinder Israel das Manna in der Wüste sammelten, wurde ihnen nur der tägliche Bedarf zugestanden. Alles, was über die tägliche Ration hinausging, sollte verderben. So lernten sie im Vertrauen, im täglichen Vertrauen auf Jahwe zu leben.

Mit diesen Beispielen wende ich mich nicht gegen Altersversorgungen und Sparbücher. Ich möchte vielmehr herausstellen, wie Geld von Gott benutzt werden kann, um in uns einen Geist des Vertrauens aufzubauen.

Während meines letzten Jahres auf der High School wurde ich eingeladen, mich im Sommer an einem Missionseinsatz unter den Eskimos im nördlichen Alaska zu beteiligen. Über Monate hin wuchs in mir die Überzeugung, daß dies Gottes Wille für mein Leben sei, aber ich hatte keine finanziellen Mittel, um den Plan Wirklichkeit werden zu lassen. Meine Eltern litten beide an schweren chronischen Krankheiten, und das ganze Geld war für die medizinische Behandlung draufgegangen.

Im April fuhr ich zu einer Vorbereitungsklausur für die Mitglieder des Teams. Während des Wochenendes verstärkte sich meine Überzeugung, daß ich mitgehen sollte – aber wie? Nach Hause zurückgekehrt, entdeckte ich in der Post einen Brief mit einem Scheck über dreißig Dollar. Der Brief war von jemandem, der nichts von meinen Hoffnungen für den Sommer wußte, und doch hieß es da kurz und bündig: »Für deine Ausgaben im Sommer.« Mir war dieser Scheck eine gnädige Bestätigung Gottes für meine Teilnahme. Ich folgte dem Grundsatz von George Müller und sprach zu niemandem von meinen Bedürfnissen, außer zu Gott. Es war eine herrliche Erfahrung zu sehen, wie Gott mich in den folgenden Monaten mit allem versorgte, was für die Reise nötig war. Das stärkte meinen Glauben als junger Teenager mächtig.

Aber die Geschichte ist damit noch nicht zu Ende. Wieder zu Hause waren meine Aussichten, studieren zu können, sehr trübe. Alles Geld, das ich so sorgsam während der Zeit auf der High School gespart hatte, war für Krankenhausrechnungen meiner Eltern draufgegangen. Dann hatte ich den Sommer nicht zum Geldverdienen genutzt, sondern beim Einsatz unter Eskimos zugebracht. Ein bißchen traurig – aber immer noch sicher, das Richtige getan zu haben, bewarb ich mich bei einer Versicherungsgesellschaft – mit Erfolg. Bevor ich jedoch die Stelle antreten konnte, geschahen Dinge, die ich nie hätte voraussehen können und um die ich nie gebeten hatte.

An einem Sonntag – eine Woche vor Beginn des Herbstsemesters der Universität – sprach ich in meiner Heimatgemeinde über die Erfahrungen des Sommers. Nach dem Gottesdienst nahm mich ein Ehepaar aus der Gemeinde zum Mittagessen mit nach Hause und erkundigte sich am Nachmittag nach meinen Studienplänen. Innerhalb weniger Tage hatte dieses Ehepaar eine Gruppe organisiert, die die vier Jahre meines College-Aufenthaltes und die drei weiteren Studienjahre finanziell unterstützte.

Gott hatte Menschen und ihren geheiligten Umgang mit Geld dazu benutzt, mich Vertrauen zu lehren. Und es ist charakteristisch für die Wege Gottes, daß es über mein Bitten und Verstehen ging.

Seit dieser Erfahrung hat Gott gnädigerweise immer wieder das Geld dazu benutzt, mich zu lehren, was es heißt, zu vertrauen und zu glauben. Sicher könnten Sie von ähnlichen Erfahrungen berichten. Stellen Sie sich vor: Gott benutzt eine solch gewöhnliche Sache wie Geld, genau das Mittel, das so oft seinen häßlichen Kopf als ein rivalisierender Götze erhebt, um uns in bezug auf das Reich Christi vorankommen zu lassen.

Die Ausübung der hellen Seite

Wir pflegen die helle Seite des Geldes, wenn wir es lernen, uns im Geist der Dankbarkeit zu üben. Ich sage lernen, weil Dankbarkeit den Menschen offenbar nicht automatisch gegeben ist. (Jeder, der Kinder hat, braucht an dieser Stelle keine weiteren Beweise.) Wir brauchen aber Wege gegenseitiger Hilfe, um in der Dankbarkeit zu wachsen. Wie oft entgeht uns die überaus große Fürsorge Gottes – angefangen bei der Luft, dem Sonnenschein, dem Regen, den wunderbaren Farben, die unsere Augen erfreuen, bis zu den vielen Freundschaften, die unser Leben bereichern. Allein die Jahreszeiten sind schon gnädige Geschenke aus der Hand des Schöpfers.

Können wir es lernen, am Morgen aufzuwachen und für das Wunder des Schlafes zu danken? Jeder, der an Schlaflosigkeit leidet, weiß, welch eine große Gabe der Schlaf ist. Vielleicht können wir am Abend unsere schlafenden Kinder beobachten und dabei danken. Wir können auch unseren Besitz anschauen und, ohne daran krampfhaft festzuhalten, für ihn danken.

Wenn uns ein Geist der Dankbarkeit bewegt, gewinnen wir zu allen Dingen ein lockeres Verhältnis. Wir empfangen; wir reißen nicht an uns. Und wenn die Zeit zum Loslassen da ist, so tun wir das gerne. Wir sind nicht die Eigentümer, nur die Verwalter. Unser Leben besteht nicht aus den Dingen, die wir haben, denn wir leben, handeln und sind durch Gott (Apg. 17,28!), nicht durch Dinge. Dies schließt auch jene immateriellen »Dinge« ein, die wir oft am meisten schätzen – Status, Ansehen, Position. Dies sind Dinge, die im Leben kommen und gehen. Wir können es lernen, dankbar zu sein, wenn sie kommen, und dankbar zu sein, wenn sie gehen.

Vielleicht könnten wir »neue Schläuche« entdecken, um der alttestamentlichen Idee des Dankopfers neue Gestalt zu geben. Nur wenige von uns sind Bauern, deshalb bedeuten uns Erntedankfeste nicht so viel, wie das im alten Israel der Fall war. Aber vielleicht können wir entsprechende Ereignisse in unserem Leben entdecken. Jemand hat vorgeschlagen, einmal das gesamte Monatsgehalt in Scheine zu wechseln und diese dann auf dem Boden des Wohnzimmers auszubreiten, nur um sichtbar zu machen, was Gott uns alles gegeben hat. Dann könnten wir das, was wir spenden wollen, in

Scheinen weiterreichen und so die Handlung für uns sichtbar vollziehen, so wie das Getreide dem alten Israeliten sichtbar war, wenn er sein Dankopfer brachte.

Vielleicht könnten wir eine christliche Dankfeier für die Unterzeichnung wichtiger Verträge einführen. Vielleicht könnten wir einen Segnungsgottesdienst für alle die einrichten, die in der Geschäftswelt tätig sind oder werden sollen. Was immer auch die Ideen sein mögen, wichtig ist, mehr und mehr das tiefe und reiche Leben der Dankbarkeit zu entdecken.

Bis jetzt haben wir die beiden Stränge der biblischen Lehre vom Geld zu verstehen versucht, die dunkle Seite und die helle Seite. Nun ist es unsere Aufgabe, beide zu verbinden und zu zeigen, wie sie in unserm Leben hier und heute harmonisch zusammenwirken können.

4. Der Gebrauch des ungerechten Mammons im Reich Gottes

Verdiene so viel du kannst, spare so viel du kannst, gib so viel du kannst.   John Wesley

Jesus hat einerseits gesagt, daß wir nicht Gott und dem Mammon dienen können (Matth. 6,24), andererseits, daß wir uns »mit dem ungerechten Mammon Freunde machen« sollen (Luk. 16,9). So weit mir bekannt ist, hat noch niemand versucht, beides in Einklang zu bringen. Dies ist jedoch unerläßlich, wenn wir das biblische Zeugnis von der dunklen und hellen Seite des Geldes richtig verstehen wollen.

Lukas 16

In den ersten Versen von Lukas 16 erzählt Jesus ein Gleichnis, das seit Jahrhunderten die Kommentatoren in Verlegenheit und den gewöhnlichen Christen in Verwirrung gebracht hat (Luk. 16,1–13). Das ist verständlich, denn die Geschichte ist wirklich sehr ungewöhnlich. Für unsere Überlegungen ist sie jedoch von außerordentlicher Bedeutung. Sie enthält den Schlüssel für das Verständnis der beiden Seiten des Geldes.

Das Gleichnis selbst ist einfach genug. Ein reicher Mann entdeckt, daß sein Verwalter oder Geschäftsführer Gelder veruntreut hat und kündigt ihm sofort. Bevor die Kündigung jedoch wirksam wird, entwickelt der Verwalter einen genialen Plan, um seine Zukunft zu sichern. Er bestellt die Schuldner seines Arbeitgebers zu sich und erläßt ihnen 20 bis 50 Prozent ihrer Verpflichtungen. Er erwartet, daß sie ihm dankbar sind und ihm helfen, wenn er seine Arbeit verliert.

Der Plan ist offensichtlich klug, aber genauso offensichtlich unehrenhaft. Als der Besitzer herausfindet, was der Verwalter getan hat, ist er so beeindruckt von der Genialität des Mannes, daß er ihn für seine Umsicht lobt, statt daß er ihn, wie wir erwartet hätten, ins Gefängnis wirft.

Wir finden unter anderem diesen Text so schwierig, weil Jesus eine Handlung, die doch ganz klar unehrlich ist, benutzt, um eine wichtige geistliche Wahrheit zu lehren. Jedoch verurteilte Christus in keiner Weise die Unehrlichkeit des Verwalters. Er stellt vielmehr dessen Scharfsinn heraus, mit dem er wirtschaftliche Mittel für nicht-wirtschaftliche Ziele einsetzt: Er gebraucht Geld, um Freunde zu gewinnen, so daß er im Falle eines Falles jemanden hat, an den er sich wenden kann.

Unsere größte Schwierigkeit liegt in Jesu eigenem Kommentar dieses Gleichnisses. Zuerst stellt er fest: »Die Kinder dieser Welt sind unter ihresgleichen klüger als die Kinder des Lichts« (Luk. 16,8). Dann folgt seine überraschende Quintessenz: »Und ich sage euch: Macht euch Freunde mit dem ungerechten Mammon, damit, wenn er zu Ende geht, sie euch aufnehmen in die ewigen Hütten« (Luk. 16,9). Jesus fordert uns also auf, das Geld so zu benutzen, daß wir noch versorgt sind, wenn es ausgeht – und es wird ausgehen.

Zwei Dinge schockieren uns in diesen Worten Jesu: Erstens, daß der Mammon ungerecht ist, und zweitens, daß wir ihn benutzen sollen, um Freunde zu gewinnen. Die beiden Gedanken sind so gegensätzlich, daß es uns schwer fällt zu glauben, daß Jesus sie beide gemeint haben könne.* Die Sprache ist jedoch völlig klar – er wollte tatsächlich sagen, daß Mammon ungerecht ist *und* daß wir mit ihm Freunde gewinnen sollen.

Als Christus über den »ungerechten Mammon« sprach, unterstrich er damit die dem Geld innewohnende Sündhaftigkeit. Ungerechtigkeit ist für den Mammon ein notwendiges Attribut. Jesus gebraucht hier ein sehr starkes Wort *(adikia)*. Manche geben es mit »Mammon der Bosheit« oder »böser Mammon« wieder, was vielleicht am besten das Moment des Abscheulichen wiedergibt. Jacques Ellul schreibt: »Dies bedeutet, daß Mammon sowohl Bosheit hervorbringt und anstachelt, als auch daß Mammon – Symbol der Ungerechtigkeit – aus der Bosheit hervorgeht. Auf jeden Fall ist Un-

---

* Es ist verschiedentlich versucht worden, den Gedanken wegzudiskutieren, daß der Mammon ungerecht ist. In letzter Zeit wird dabei am häufigsten die Ansicht vertreten, Jesus habe mit dem Begriff *ungerechter Mammon* Zinsforderungen gemeint. Diese waren dem Juden verboten und deshalb »ungerecht«. Diese Erklärung nimmt aber dem Gleichnis nicht nur den Stachel, sondern macht es auch sinnlos. Der springende Punkt ist doch, daß wir das, was eigentlich »von dieser Welt« ist, nehmen und im Dienste Gottes benutzen sollen. Dieses Verständnis des »ungerechten Mammons« steht in völligem Einklang mit den vielen anderen negativen Aussagen Jesu, die den Mammon betreffen.

Vielleicht sollte noch angemerkt werden, daß einige die Kommentare in Lukas 16,8b–13 vom Gleichnis zu trennen versucht haben. Sie sehen in ihnen Einzelstücke, die ziemlich locker an dieser Stelle eingefügt wurden. Die Aussagen ergeben jedoch nur dann einen Sinn, wenn sie als Kommentar Jesu zum Gleichnis verstanden werden.

gerechtigkeit, die Antithese zu Gottes Wort, das Markenzeichen des Mammon.«[17]

Daß dem Mammon Ungerechtigkeit innewohnt, ist für uns schwer zu verdauen. Wir möchten nur zu gerne glauben, daß der Mammon keine Macht über uns hat, daß er keine eigene Autorität besitzt. Aber indem Jesus dem Mammon das beschreibende Adjektiv *ungerecht* gibt, verbietet er uns, jemals den Reichtum mit solch naiven Augen zu betrachten. Wir müssen entschlossener sein, realistischer.

Und tatsächlich wissen diejenigen, die immer mit Geld zu tun haben, daß es sich nicht um eine neutrale Sache handelt. Auch hier gilt, was Jesus sagt, daß die Kinder dieser Welt in diesen Dingen weiser sind als die Kinder des Lichts (Luk. 16,8). Sie wissen, daß das Geld keineswegs harmlos ist. Geld ist Gift, und wenn es falsch angewandt wird, kann es zerstörerisch wirken wie kaum eine andere Sache. Aber sie wissen auch, daß, wenn man das Geld erst einmal erobert und anzuwenden gelernt hat, seine Macht praktisch unbegrenzt ist. Geld hat eine Macht, die seine Kaufkraft weit übersteigt. Weil die Kinder dieser Welt dies verstehen, können sie das Geld für nicht-wirtschaftliche Ziele einsetzen. Und das tun sie! Geld wird benutzt, um Leute einzuschüchtern und linientreu zu halten. Geld wird benutzt, um Ansehen und Ehre zu kaufen. Geld wird benutzt, um andere abhängig zu halten. Geld wird benutzt, um Leute zu korrumpieren. Geld wird für viele Dinge benutzt; es ist eine der größten Mächte in der menschlichen Gesellschaft.

Und genau deshalb fordert uns Jesus auf, mit diesem »ungerechten Mammon« – »Freunde zu gewinnen«. Anstatt vor ihm davonzulaufen, sollen wir es nehmen – so schlecht es auch ist – und für die Ziele des Gottesreiches einsetzen. Wir müssen uns über den vergiftenden Charakter des Geldes völlig im klaren sein. Aber anstatt es abzulehnen, sollen wir es erobern und für nicht-wirtschaftliche Ziele einsetzen. Geld muß eingenommen, gebändigt und für größere Ziele eingesetzt werden. Wir sind aufgefordert, das Geld zur Förderung des Reiches Gottes zu verwenden. Es wäre eine Tragödie, wenn wir das Geld lediglich für gewöhnliche Dinge und nicht für größere Ziele benutzen würden.

Matthäus 6

Es ist genau dieser »größere Gebrauch«, mit dem sich Jesus in Matthäus 6 befaßt. Er beginnt mit der Warnung: »Ihr sollt euch nicht

Schätze sammeln auf Erden« – hauptsächlich, weil sie eine sehr unsichere Investition bedeuten, denn Motten und Rost können sie vernichten, Diebe können sie stehlen (Matth. 6,19). Vielmehr sollen wir »Schätze im Himmel« sammeln, und das aus zwei Gründen: Zum einen ist diese Investition weitaus sicherer – weder Motten, Rost noch Diebe können sie erreichen. Zum andern und vor allem richtet sich unsere Zuneigung, ja unser ganzes Wesen, auf das Reich Gottes: »Denn wo dein Schatz ist, da ist auch dein Herz« (Matth. 6,20f). Ein Schatz in der Bank des Himmels ist eine Investition mit hoher Rendite.

Es wird oft behauptet: »Das Geld kann man nicht mitnehmen.« Aber Jesus sagt, daß wir es doch mitnehmen können, wenn wir wissen, was wir zu tun haben. Wie zahlt man einen Schatz im Himmel ein? Einen Scheck kann man dort nicht einreichen. Also haben wir zu fragen: Was wird der Himmel enthalten? Es werden natürlich Menschen im Himmel sein. Daher ist ein Weg, um Schätze im Himmel zu sammeln, sie in das Leben von Menschen zu investieren. Diese Art der Investitionen werden wir wirklich mit uns nehmen. Geld für Menschen einzusetzen ist die beste Investition.

Stellen Sie sich vor, die Vereinigten Staaten würden beschließen, ihre ganze Währung in britische Pfund umzutauschen und daß von dem Moment an das ganze amerikanische Geld wertlos wäre; den Zeitpunkt des Währungswechsels würde man uns aber vorenthalten. Unter diesen Umständen wäre es doch weise, unser ganzes Geld in britische Pfund zu tauschen und nur so viel amerikanische Währung zu behalten, wie für das tägliche Leben notwendig wäre.

Dies ist ungefähr das Bild, das uns Jesus vermitteln will, wenn er uns auffordert, Schätze im Himmel zu sammeln und durch den ungerechten Mammon Freunde zu gewinnen. Der richtige Gebrauch des Geldes liegt nicht darin, hier auf Erden herrlich zu leben; das wäre tatsächlich eine sehr schlechte Investition. Nein, der richtige Gebrauch des Geldes besteht darin, so viel wie möglich davon in das Leben von Menschen zu investieren, damit wir Schätze im Himmel haben werden. Natürlich benötigen wir einen bestimmten Betrag des Geldes für unser tägliches Leben, aber wir wollen so viel wie irgend möglich von ihm freisetzen, um es an einem Ort zu investieren, wo die Rendite ewig ist.

Die Kinder des Lichts sehen sich der großen Herausforderung gegenüber, Wege zu finden, um »schmutzigen Gewinn« in Unternehmungen des Gottesreiches umzuwandeln. Geld, mit all seinen bösen Versuchungen, soll gemeistert und in Möglichkeiten für das Reich

Gottes verwandelt werden. Vielleicht geht es um einen notleidenden Nachbarn oder eine Hungersnot im Sudan oder um die Möglichkeit, das Evangelium einer bis dahin unerreichten Gruppe von Menschen zu bringen, oder um die Chance, die Zukunft eines jungen Menschen zu unterstützen. Dies alles sind wunderbare Gelegenheiten zur Investition.

Gebrauch, nicht Dienst

Jetzt können wir das Gebot aus Matthäus 6, daß wir dem Mammon nicht dienen sollen, mit dem Rat aus Lukas 16, daß wir durch den ungerechten Mammon Freunde gewinnen sollen, in Einklang bringen. Dem Christen ist die hohe Berufung gegeben, den Mammon zu *gebrauchen*, ohne ihm zu *dienen*. Wir gebrauchen den Mammon, wenn wir Gott erlauben, unsere wirtschaftlichen Entscheidungen zu bestimmen. Wir dienen dem Mammon, wenn wir ihm erlauben, unsere wirtschaftlichen Entscheidungen zu bestimmen. Wir müssen einfach entscheiden, wer unsere Entscheidungen treffen soll, Gott oder Mammon.

Kaufen wir ein bestimmtes Haus, weil Gott uns dazu ruft oder weil das Geld dafür vorhanden ist? Kaufen wir ein neues Auto, weil wir es uns leisten können oder weil Gott uns dazu aufgefordert hat? Wenn das Geld bestimmt, was wir tun oder nicht tun, dann ist das Geld unser Chef oder Herr. Wenn Gott bestimmt, was wir tun oder nicht tun, dann ist Gott es. Mein Geld sagt mir vielleicht: »Du hast genug, um dies zu kaufen«, aber mein Gott sagt mir vielleicht: »Ich will nicht, daß du es besitzt.« Wem werde ich jetzt gehorchen?

Die meisten von uns erlauben dem Geld, ihre Entscheidungen zu bestimmen: in welchem Haus wir leben, wo wir Ferien machen, welcher Arbeit wir nachgehen. Das Geld entscheidet.

Wenn meine Frau Carolynn zu mir sagt: »Laß uns dies oder jenes tun«, und ich reagiere darauf mit dem Satz: »Aber wir haben nicht genug Geld«, dann hat das Geld entschieden. Nicht wahr, ich sagte nicht: »Gut, Liebling, laß uns zusammen beten und sehen, ob Gott will, daß wir es tun.« Nein, das Geld hat die Entscheidung getroffen. Geld ist mein Herr. Ich diene dem Geld.

J. Hudson Taylor hätte sich nie zu dem großen Aufbruch in der Missionsgeschichte, der China-Inland-Mission, entschlossen, wenn er das Geld hätte entscheiden lassen. Er war ein gewöhnlicher Mensch mit wenig Mitteln, aber als er Gottes Auftrag erkannte, ging er. Gott hatte die Entscheidung getroffen, nicht das Geld. Sein Herr war Gott und er diente diesem Herrn.

Während seiner wirkungsvollen Arbeit legte Gott sehr große Summen in die Hände von Hudson Taylor, genug, um für die Bedürfnisse von weit über tausend Missionaren zu sorgen. Aber schon von den ersten Tagen seiner Arbeit in den Slums von London an hatte Taylor gelernt, das Geld im Licht des Kreuzes zu sehen. Er hatte gelernt, das Geld zu gebrauchen, ohne ihm zu dienen.

So löst sich der Konflikt, den wir zwischen Lukas 16,9 und Matthäus 6,24 empfinden, indem wir es lernen, das Geld zu gebrauchen, ohne ihm zu dienen. Allerdings ist dieser Konflikt weder schnell noch einfach zu lösen. Leider ist es häufig so, daß diejenigen, die mit dem Mammon Freunde gewinnen wollen, ihm bald dienen. Wir können erst dann den Mammon ohne Gefahr gebrauchen, wenn uns völlig klar ist, daß wir nicht nur mit dem Mammon, sondern mit dem *ungerechten* Mammon zu tun haben. Die geistigen Mächte, die hinter dem Geld stehen und durch die es sein Wesen erhält, müssen erobert und beherrscht und in den Dienst Jesu Christi gebracht werden. Die Eroberung muß an allen Fronten gleichzeitig geschehen, sowohl innerlich als auch äußerlich. Wir versuchen nicht nur, die geistige Macht des Mammon zu stürzen, sondern auch den Geist des Mammon in uns. Je mehr wir die böse Seite des Geldes besiegen, desto mehr wird es uns zum Segen statt zum Fluch.

Die Beherrschung des Mammons

Wenn wir nur sagen, daß der Mammon beherrscht werden muß, geschieht es noch nicht. Es gibt bestimmte Dinge, die wir tun müssen, wenn wir den hartnäckigen alten Geizhals in uns und die geistigen Mächte um uns besiegen wollen. Die folgenden Schritte zur Beherrschung des Mammons könnten ein Anfang für Sie sein.

Der erste Schritt besteht darin, auf das biblische Zeugnis über das Geld zu achten. Beginnen Sie mit den Evangelien. Vielleicht nehmen Sie einen Stift, um alle Stellen, die das Geld und den Besitz betreffen, zu unterstreichen. Dann nehmen Sie sich die Briefe mit dem gleichen Ziel vor. Gehen Sie noch einmal alles durch, was Sie gelesen haben, und stellen Sie eine Liste auf, was zur dunklen Seite und was zur hellen Seite des Geldes gehört. Überlegen Sie, welche Schlüsse über das Geld Sie persönlich daraus ziehen, und schreiben Sie diese auf. Fügen Sie noch alttestamentliche Texte, die Ihnen weiteren Einblick verschaffen, hinzu.

Der zweite Schritt besteht darin, das Geld aus psychologischer und soziologischer Perspektive zu betrachten. Wir versuchen uns selbst besser zu verstehen. Fürchten wir das Geld? Hassen wir das Geld? Lieben wir das Geld? Ruft das Geld in uns Stolz hervor, oder beschämt es uns?

Wir versuchen unsere Welt besser zu verstehen. Was sind die Gründe für die Armut in der Dritten Welt und für den Wohlstand in der Ersten Welt? Welche Verantwortung tragen wir für eine leidende und blutende Menschheit? Welche Mittel stehen uns zur Verfügung?

Indem wir mehr und mehr Einblick in die biblische sowie die psychologische und soziale Perspektive bekommen, sind wir in der Lage, den dritten Schritt anzugehen. Er betrifft die »technische« Seite, die Verwaltung des Geldes. Wichtige Fragen, wie das Familienbudget, Ausgabenplanung, Investitionen, Ratenzahlungen und vieles mehr können wir jetzt mutig angehen. Nun können wir unser Budget so planen, wie es der Fürsorge Gottes für die Armen entspricht. Nun können wir unsere Ausgaben so ansetzen, daß wir eine gerechte Verteilung der Mittel auf der Welt im Auge behalten. Nun können wir ohne Angst unser Testament abfassen. Nun können wir im Lichte des großen Missionsauftrages Christi spenden. Nun können wir das Geld zur Ehre Gottes und zum Wohl anderer kontrollieren und verwalten.

Ein vierter Schritt zum Handeln besteht darin, eine Gruppe um uns zu sammeln, die uns bei unserem Bemühen um eine Änderung unseres Lebensstiles unterstützt. Die Reichen und Mächtigen haben Verstehen und Mittragen genauso nötig wie die Armen und Hungrigen.

Solch eine Gruppe kann auf vielerlei Weise zustande kommen; sie muß nicht immer in aller Form und unter großem Zeitaufwand gegründet werden. Einmal traf ich mich mit einem Richter und einem Geschäftsmann um die Mittagszeit. Wir aßen gerade unser mitgebrachtes Brot, als der Geschäftsmann ein Papier aus der Tasche zog, um mit uns beiden seine geplanten Spenden für die nächsten zehn Jahre zu besprechen. Es war eine Freude, seinen Plänen zuzuhören und seine Begeisterung zu spüren, mit der er sein Geld in das Reich Gottes einbrachte!

Ehepartner können sich gegenseitig helfen. Bibelkreise können einander unterstützen. Dabei ist wichtig, daß man vor allem zuhört, bevor man einander Ratschläge gibt. Oft ist ein verstehendes Herz die größte Hilfe, die wir geben können.

Möglicherweise entwickelt sich eine solche Gemeinschaft kreativer, herausfordernder und betätigender Liebe nur langsam. Unser Reichtum macht uns einsam und isoliert uns. Wir brauchen Geduld miteinander und mit uns selbst. Es ist unser Wunsch, als Jünger Jesu zu wachsen und gemeinsam die Gnade zu erfahren.

Ein fünfter Schritt zum Handeln besteht darin, in Geldangelegenheiten beten zu lernen. Geld *ist* eine geistliche Sache, und das Gebet ist unsere Hauptwaffe im geistlichen Leben. Lassen Sie uns füreinander darum beten, daß Gier und Neid gebunden werden und Freigebigkeit und Großzügigkeit freien Raum erhalten. Gehen Sie im Gebet davon aus, daß die Macht des Geldes schon gebrochen ist. Stellen Sie sich vor, wie die geistigen Mächte hinter dem Geld unter die Herrschaft Christi gebracht werden. Machen Sie sich ein Bild davon, wie das Geld die Notleidenden erreicht und für sie die notwendige Nahrung und medizinische Versorgung ermöglicht. Stellen Sie sich vor, wie Christen das Geschäftsleben bestimmen, investieren und Geld in neue, kreative, das Leben fördernde Wege leiten. Beten Sie darum, daß die Regierungen der Welt ihre gewaltigen Mittel umleiten, so daß aus Bomben Brot wird.

Lassen Sie uns füreinander beten. Wir brauchen Weisheit, um mit unseren Mitteln treu umgehen zu können. Es ist ein wichtiger Dienst, einander die Hände aufzulegen und um eine Vermehrung der Gaben der Weisheit und des Gebens zu beten. Beten Sie um die richtige Einteilung des Geldes. Beten Sie um Befreiung von der Macht des Geldes. Beten Sie dafür, daß das Geld diejenigen erreicht, die es benötigen. Beten Sie für das Geld, bevor Sie es geben. Bitten Sie Gott, daß er es für seine guten Zwecke gebraucht.

Lernen Sie es, nicht erst zu beten, wenn ein finanzielles Problem auftritt, sondern vorher. Beten Sie für den Schutz der Leute, die erfolgreich sind. Wenn sie keine Geldprobleme haben, so beten Sie, daß ihnen weiterhin die Freiheit erhalten bleibt. Wenn die Gnade des Gebens an ihnen sichtbar wird, so beten Sie für das Wachstum dieser Gabe. Stellen Sie Leute, die zu Verwaltung und Gebrauch von Geld berufen sind, betend in das starke Licht Christi, so daß sie von Gier und Geiz befreit bleiben.

Bei dem sechsten Schritt zum Handeln wird das Geld entthront. Durch innere Einstellung und äußere Taten müssen wir dem Geld seinen sakrosankten Charakter nehmen. Das Geld wird von uns zu hoch bewertet. Thomas Merton bemerkte: »Das wahre ›Gesetz‹ unserer Zeit ist das Gesetz des Reichtums und der materiellen Macht.« Für die Christen ist diese hohe Priorität des Geldes nicht nur bedauerlich, sie ist Götzendienst. Aus Treue zu Christus müssen wir Wege finden, um dem Götzen Geld ein Nein entgegenzusetzen. Wir müssen ihn entthronen. Am besten geschieht das, indem wir ihm unsere Mißachtung zeigen.

Als Paulus in Ephesus das Wort Gottes verkündete, kamen viele Leute, die bis dahin »Zauberei« getrieben hatten, und brachten ihre Bücher und andere Utensilien und verbrannten sie öffentlich. Lukas schätzte, daß sich der Wert der verbrannten Dinge auf »fünfzigtausend Silbergroschen« belief (Apg. 19,18–20).

Damit entweihten sie etwas, das in ihrer Welt heilig geworden war. Zweifellos hat das Geld in unserer Welt den Charakter von etwas »Heiligem« angenommen, und wir täten gut daran, es bloßzustellen, zu entheiligen und auf ihm herumzutrampeln.

Geben Sie dem Geld auf Ihrer Werteskala einen ganz tiefen Platz, auf jeden Fall weit unter Freundschaft und angenehmer Umgebung. Und behandeln Sie es auf die profanste Weise – geben Sie es weg. Die Mächte, die ihm Kraft verleihen, können das Geben, diese für sie unnatürlichste Handlungsweise, nicht überstehen. Geld ist zum Nehmen gemacht, zum Schachern, zum Manipulieren, aber nicht zum Geben. Genau deshalb ermöglicht es das Geben, die Mächte des Geldes zu besiegen.

Bis vor kurzem hatten wir im Garten eine Schaukel, ein erstklassiges Stück aus Stahlrohr mit allem, was dazugehört. Da unsere Kinder aber bald aus dem Alter heraus sein würden, entschieden wir uns, die Schaukel auf einem Flohmarkt zu verkaufen. Die nächste Frage war der Preis, den ich dafür verlangen sollte. Ich sah mir die Schaukel noch einmal an. »Sie sollte einen guten Preis erzielen«, dachte ich bei mir. »Wenn ich sie noch einmal streiche, bekomme ich mehr dafür, wenn ich noch den Sitz repariere, kann ich vielleicht noch mehr verlangen . . .«

Auf einmal entdeckte ich in mir den Geist der Habgier und wurde mir dessen bewußt, wie gefährlich er für mein geistliches Leben war. Ich ging ins Haus und fragte meine Frau unter vielem Wenn und Aber, ob sie etwas dagegen hätte, wenn wir die Schaukel verschenken würden anstatt sie zu verkaufen. »Nein, ganz und gar nicht!« antwortete sie schnell. »Da haben wir's«, dachte ich. Und noch am selben Tag hatten wir ein junges Ehepaar mit Kindern gefunden, die die Schaukel gut gebrauchen konnten. Wir schenkten sie ihnen – und ich mußte sie nicht einmal streichen! Die einfache Tat des Weggebens hatte über meine Habgier gesiegt, und die Macht des Geldes war für diesmal gebrochen.

Der siebte Schritt zum Handeln besteht darin, daß wir immer auf Seiten der Menschen zu finden sind, wenn es gegen Geld und Dinge geht. Das biblische Zeugnis für diese Haltung ist sehr eindrucksvoll. Die Bibel verbot, Zinsen zu nehmen, weil das als Ausbeutung der Notsituation eines anderen angesehen wurde (z.B. 2. Mose 22,25). Löhne mußten täglich gezahlt werden, weil viele Menschen von der Hand in den Mund lebten und das Geld benötigten (5. Mose 24,14f). Wenn ein Mantel als Pfand für geborgte Werkzeuge gegeben worden war, so mußte er am Abend zurückgegeben werden, auch wenn die Werkzeuge noch behalten wurden, denn die Nächte waren kalt und der Mantel wurde gebraucht (5. Mose 24,6–13).

Es gibt viele Dinge, mit denen wir zeigen können, daß uns Menschen mehr wert sind als Sachen. Wir können bereit sein, eher Geld als eine Freundschaft zu verlieren. Wir können uns dafür einsetzen, daß die Benutzung unserer kirchlichen Räume und Einrichtungen wichtiger ist als deren Erhaltung. Wir können Löhne zahlen, die sowohl die Bedürfnisse als auch die Produktivität der Menschen berücksichtigen. Wir können immer daran denken, daß das Kind, welches ein Spielzeug kaputtmacht, wichtiger ist als das Spielzeug. Wir können auf eine größere Anschaffung verzichten, um hungernde Menschen zu ernähren. Die Möglichkeiten sind endlos.

Und noch ein letzter Schritt zum Handeln: Bevorzugen Sie niemanden auf Grund seines Geldes. Jakobus rät uns, »frei von allem Ansehen der Person« zu sein (Jak. 2,1). Er fügt hinzu: »Denn wenn in eure Versammlung ein Mann käme mit einem goldenen Ring und in herrlicher Kleidung, es käme aber auch ein Armer in unsauberer Kleidung und ihr sähet auf den, der herrlich gekleidet ist, und sprächet zu ihm: Setze du dich hierher auf den guten Platz! und sprächet zu dem Armen: Stell du dich dorthin! oder: Setze dich unten zu meinen Füßen!, ist's recht, daß ihr solche Unterschiede bei euch macht und urteilt mit bösen Gedanken?« (Jak. 2,2–4)

Vielleicht ist es bei politischen Parteien üblich, den großzügigen Spendern Privilegien einzuräumen, aber in der Gemeinschaft des Glaubens darf ein solches Verhalten niemals erlaubt werden. Denn für den Gläubigen kann das Geld nie ein Mittel für einen Vorteil oder höheres Ansehen sein.

In der Welt bedeutet Geld den Zutritt zu den Etagen der Macht, in der Gemeinde sollte das Geld nichts bedeuten. Wegen des Geldes sollte keiner besser von uns denken, denn wir gehören alle zur Gemeinschaft der Sünder. Geld sollte uns keine führende Rolle einbringen, denn die wird nur durch die Geistesgabe bestimmt. Geld sollte uns in der Gemeinschaft nicht unabkömmlicher machen, denn wir verlassen uns auf Gott, nicht auf Geld. In der Gemeinde des Herrn sollte Geld nichts bedeuten.

Geld und Geschäft

Im ersten Kapitel habe ich gesagt, daß das Geschäftsleben die soziale Seite des Geldes ist. Welche Schlüsse können wir nun aus unserer Analyse des Geldes für das Geschäftsleben ziehen?

Als Gläubige halten wir daran fest, daß Arbeit gut und notwendig ist. Vor dem Sündenfall hatten Adam und Eva mit der Bearbeitung des Gartens reichlich zu tun. Der Fluch, der aus der Sünde kam, war nicht die Arbeit, sondern Arbeit »im Schweiße deines Angesichts« (1. Mose 3,19). Das bedeutet, daß der Ertrag vor dem Sündenfall entsprechend den Bemühungen war, während er danach eines weit größeren Einsatzes bedurfte.

Als der Apostel Paulus schrieb: »Wer nicht arbeiten will, der soll auch nicht essen« (2. Thess. 3,10), wandte er sich nicht gegen eine soziale Absicherung, sondern betonte, daß Arbeit gut ist. Wir brauchen die Arbeit. Die Arbeit ist schöpferisch, sie schafft Leben.

Als Benedikt die Worte prägte *Ora et labora*, bete und arbeite, machte er damit auf die tiefe Verbindung von Gebetsleben und Arbeitsleben aufmerksam. Arbeit ist für unser geistliches Leben unerläßlich, und ein geistliches Leben verleiht der Arbeit Sinn.

Als Gläubige unterstützen wir die Arbeit, die das menschliche Leben fördert, und vermeiden die Arbeit, die das menschliche Leben zerstört. Dies führt uns zu einer sehr wichtigen und sehr umstrittenen Frage. Fördert unsere immer weiter fortschreitende Technologie das Leben, oder entmenschlicht sie es? Kann ein Christ etwas mit einer Industrie zu tun haben, die Waffen herstellt, welche zweifelsfrei für Angriffszwecke benutzt werden können? Sollten wir Berufe ausüben, die von vornherein alle möglichen Kompromisse beinhalten? Ist es ethisch vertretbar, für Firmen zu arbeiten, die direkt oder indirekt an der Zerstörung des ökologischen Gleichgewichts auf der Erde beteiligt sind?

Sie sehen, daß die Frage der Berufsausübung viel weiter reicht als »Darf ein Christ Barkeeper sein oder nicht?« In der ersten Gemeinde, in der ich Pastor war, kam ein treues Mitglied – ein brillanter Doktor der Physik – einmal sehr beunruhigt zu mir. Er hatte gerade erfahren, daß 80 Prozent der Forschung, an der er beteiligt war, für militärische Zwecke eingesetzt wurde. Seine Arbeit zerstörte Leben!

Und doch war es die Arbeit, für die er sein halbes Leben gegeben hatte, um sich die entsprechende Qualifikation anzueignen. Wahrlich eine schwere Entscheidung!

Bei vielen Berufen ist es klar, daß sie das Leben mehr fördern als andere. Lehrer, Therapeut, Pastor – das sind Berufe, die uns direkt zu den menschlichen Nöten führen und uns wunderbare Möglichkeiten bescheren, anderen zu helfen, wie überhaupt alle Berufe, die mit Menschen zu tun haben – von der Kindergärtnerin bis zum Arzt. Oft wird in diesen helfenden Berufen weniger gezahlt, sie genießen weniger Ansehen und fordern viel Einsatz. In der christlichen Gemeinde sollten sie immer hoch bewertet werden, denn in ihnen liegt das Potential, das Leben zu verändern. Eine Kindergärtnerin tut viel mehr, als sich ihren Lebensunterhalt zu verdienen, sie formt das Leben der Kinder. Zweck und Sinn in der Arbeit können Zusatzvergütungen von höchster Bedeutung sein.

Alle Berufe, die notwendige Dienstleistungen und Produkte hervorbringen, fördern das Leben. Bauern, Tischler, Verkäufer, Elektriker und viele andere bereichern uns auf unermeßliche Weise. Wir brauchen sie alle.

Die Kunst ist ein weiteres Feld, das das Leben fördert. Musik und Schauspiel, Film und Skulptur, Literatur und Malerei bereichern die menschliche Erfahrung und sollten für die Sache Christi in Anspruch genommen werden. Es ist schon lange überfällig, daß die christliche Gemeinschaft wieder eine höhere Meinung von der Kunst gewinnt.

Wir könnten in unserer Arbeit von den Puritanern profitieren, wenn wir ihre Betonung der »Berufung« neu ernstnehmen würden. Gebetsversammlungen könnten einberufen werden, um *allen* Mitgliedern der Gemeinde – nicht nur potentiellen Pastoren – zu helfen, das heißt, Klarheit über ihre Berufung und ihren Beruf zu finden.

Es gibt noch viele andere Berufe, die ich nennen könnte, und viele Fragen, die die genannten Berufe betreffen. Computertechnologie, Recht und Gesetz, Wissenschaft und viele andere Bereiche müssen im Licht des besprochenen Grundsatzes untersucht werden.

Als Gläubige stellen wir menschliche Werte über wirtschaftliche Werte. Für den Christen ist das, was unter dem Strich herausspringt, niemals das Entscheidende. Ein Angestellter ist mehr als nur ein Kostenfaktor. Die menschlichen Bedürfnisse nehmen einen höheren Rang ein als die finanziellen Erfordernisse.

Geschäftsleute sehen sich vielen schwierigen Fragen gegenüber.

Der Verzinsung des Kapitals muß viel Aufmerksamkeit geschenkt werden, denn kein Geschäft kann lange überleben, wenn die Bücher nur rote Zahlen aufweisen. Ein Konkurs hilft niemandem. Die Gewinne müssen jedoch zusammen mit anderen, genauso wichtigen Faktoren bewertet werden.

Der Grundsatz, den menschlichen Wert über den wirtschaftlichen Wert zu stellen, wird sich in der Organisation eines Unternehmens auswirken. Einige Unternehmen sind zum Beispiel so organisiert, daß periodische Arbeitslosigkeit entstehen muß. Wenn wir dies als ein menschliches Problem erkennen, so können wir größere Anstrengungen machen, um im Blick auf die Anstellungsverträge mehr Kontinuität zu erreichen.

Viele amerikanische Unternehmen sind so aufgebaut, daß ihre Angestellten häufig wechseln. Manche Firmen tun dies, um die Löhne niedriger halten zu können. Japanische Unternehmen andererseits pflegen so organisiert zu sein, daß ihre Mitarbeiter lange bleiben. Die Frage der Mobilität und Flexibilität ist kompliziert und unterliegt in den verschiedenen Kulturkreisen verschiedenen Faktoren. Veränderte Voraussetzungen können große Unterschiede hervorrufen.

Wenn wir auf eine längere Beschäftigungsdauer hinarbeiten, wird sich das in unserer Lohnpolitik, dem betrieblichen Sozialwesen und den Pensionskassen niederschlagen. Noch bedeutungsvoller ist aber, daß so freundschaftliche Beziehungen und gegenseitige Hilfe höhere Priorität erhalten.

Das japanische Modell einer Personalpolitik mit langer Beschäftigungsdauer hat gezeigt, daß nicht unbedingt die Gewinne darunter leiden müssen – das Gegenteil scheint der Fall zu sein. Aber auch wenn es nicht so wäre, müßten Christen die menschlichen Bedürfnisse in ihre Überlegungen mit einbeziehen.

Als Gläubige halten wir daran fest, daß es im Arbeitgeber-Arbeitnehmerverhältnis für beide Seiten notwendig ist, sich in die Lage des anderen hineinzuversetzen. Machen wir uns nichts vor: Arbeitgeber und Arbeitnehmer üben beide Macht aus. Arbeitgeber haben die Macht, einzustellen oder zu kündigen, die Löhne anzuheben oder zu drücken; sie bestimmen die zusätzlichen Vergünstigungen und die Arbeitsbedingungen. Der Arbeitnehmer hat die Macht, das Arbeitsverhältnis zu unterlaufen oder zu fördern; in einigen Fällen kann er sogar den effektiven Betriebsablauf untergraben. Arbeitgeber müssen sich in die Unsicherheit des Arbeitnehmers *einfühlen.* Sehr oft fühlen sich die Arbeitnehmer entmenschlicht und ausgenutzt – und oft sind sie es auch. Die Automation, die dem Betrieb ein rationelleres Arbeiten ermöglichen soll, kann das ganze Unternehmen unpersönlich werden lassen.

Arbeitgeber, die als Christen handeln, können sich mit ihren Arbeitnehmern identifizieren und sich in deren Rolle versetzen. Sie können versuchen nachzuempfinden, wie es ist, wenn ein anderer ihre Zukunft bestimmt. Kauft man einen neuen Kühlschrank, wenn Entlassungen bevorstehen? Baut man ein weiteres Schlafzimmer an, wenn eine Versetzung möglich ist? Indem sie sich solche Fragen stellen, gewinnen die Arbeitgeber ein Bild von der Situation der Arbeitnehmer.

Dies bedeutet nicht, daß schmerzliche Entscheidungen nicht getroffen werden könnten. Arbeitgeber müssen weiterhin Einnahmen, Kosten und Produktivität berücksichtigen. Entscheidungen mögen sehr kaltherzig aussehen, aber wenn sie im Kontext einer ständigen Identifikation mit der Verletzlichkeit des Arbeitnehmers getroffen werden, kann ein Maß an Milde die Situation erfüllen, durch das falsche und schädigende Entscheidungen häufig vermieden werden.

Andererseits müssen die Arbeitnehmer die Isolation der Arbeitgeber *fühlen*. Führungsaufgaben und Verantwortung grenzen einen Menschen in vieler Hinsicht ab. Jeder weiß, daß die Kritik der Preis der Führung ist, aber deshalb tut sie nicht weniger weh. Das alte amerikanische Sprichwort, daß Stöcke und Steine Knochen brechen, aber Spitznamen niemals weh tun, ist einfach nicht wahr.

Indem sich die Arbeitnehmer in die Rolle der Arbeitgeber versetzen, stellen sich Fragen anders da. Entscheidet man anders, wenn man die Verantwortung für das Wohl der ganzen Firma trägt? Wie lebt man, wenn man rund um die Uhr für das Geschäft da ist und nicht nur von acht bis fünf? Auf welche Weise beeinträchtigen Ansehen und Reichtum die Freuden des Lebens?

Wer sich bemüht, die Schwierigkeiten der Arbeitgeber zu verstehen, darf immer noch Kritik üben. Kritik ist für den Arbeitgeber notwendig. Wenn eine althergebrachte Praxis nach reiflicher Überlegung in Frage gestellt wird, kann das zu ganz neuen, kreativen Ideen führen. Wenn wir uns erst einmal in die Einsamkeit unserer Vorgesetzten hineinversetzt haben, wird unsere Kritik durch Verständnis gemildert sein.

Als Gläubige lehnen wir es ab, nichtige Dinge zu kaufen oder zu verkaufen. Modeerscheinungen kommen und gehen; es gibt keinen Grund, warum der Jünger Jesu sich an ihnen beteiligen sollte.

John Woolman, der ein Einzelhandelsgeschäft hatte, schrieb über seine Probleme. 1756 notierte er in seinem Tagebuch: »Es war meine generelle Praxis, wirklich nützliche Dinge zu kaufen und zu verkaufen. Mit Dingen, die hauptsächlich die Eitelkeit der Leute befriedigten, tat ich mich schwer; selten handelte ich mit ihnen; und dann merkte ich immer, daß sie mich in meinem Christsein schwächten.«[18]

Wir lehnen es ab, mit unnötigen Dingen zu handeln, weil wir das menschliche Leben hoch bewerten. Es ist falsch, die Ressourcen der Welt für Nebensächlichkeiten zu verbrauchen, wenn Menschen ernährt, gekleidet und gebildet werden müssen. Wir bewerten Menschen höher als auffällige Kleider und protzige Häuser. Solange noch das Evangelium gepredigt werden muß, solange noch Kinder ernährt werden müssen, können die Christen es sich nicht leisten, an der »Zurschaustellung der Nichtigkeit« dieser Welt teilzunehmen.

Es ist jedoch nicht möglich, eine klare Linie zwischen unnötigen und unerläßlichen Dingen zu ziehen. Was für einen Menschen ein unnötiger Luxus ist, bedeutet für den anderen eine Notwendigkeit. Was zu einer Zeit überflüssig ist, wird in einem anderen Kontext unerläßlich.

Obwohl diese Schwierigkeiten tatsächlich existieren, sollten sie nicht die Tatsache verdrängen, daß viele Fragen völlig klar sind. In vielen Fällen benötigen wir nicht mehr Einsicht, sondern mehr Kraft, um dem zu folgen, was wir schon wissen. Wir können uns schnell von vielen Dingen trennen, die noch aus dem alten Leben stammen. In den wenigen Fällen, wo wir ehrliche Fragen haben, können wir Gottes Führung erbitten; er gibt seine Weisheit gerne. Wir können auch Mitglieder der Gemeinde bitten, den Willen des Herrn für uns zu erfragen. Oft können sie uns ein Wort des Herrn vermitteln. Natürlich müssen wir mit den vielen Problemen, die das Geld betreffen, ringen und dabei die Bedürfnisse, Möglichkeiten und Verpflichtungen, die unsere Welt ausmachen, in einer kreativen Spannung halten. Nur ein Narr stellt sich vor, daß es anders sein könnte oder sollte.

Als Gläubige lehnen wir es ab, unseren Nächsten zu übervorteilen. Es ist keine leichte Aufgabe, diesen Grundsatz auf dem harten Amboß des Geschäftslebens zu schmieden, aber wir müssen ihn schmieden. Und wieder sind viele Situationen, denen wir begegnen, völlig unzweideutig. Vor einiger Zeit verkauften meine Frau und ich ein Auto, das ständig Probleme mit dem Vergaser hatte. Wir waren uns beide einig, daß wir jeden möglichen Käufer darauf hinzuweisen hätten. Wir wollten ihm raten, den Wagen in einer Werkstatt schätzen zu lassen. Wahrscheinlich verkauften wir das Auto für wesentlich weniger, als wir hätten erzielen können, aber Ehrlichkeit und Freundschaft haben eben ihren Preis. Es kommt darauf an, klare Aussagen zu machen, ohne den Versuch, die Wahrheit zu verschönern oder zu verdunkeln.

In vielen geschäftlichen Angelegenheiten ist ein Vertrag eine gute Sache, um sicherzustellen, daß keiner übervorteilt wird. Ein Vertrag bewirkt verschiedene Dinge. Er gibt eine Vereinbarung schriftlich wieder, so daß mögliche Mißverständnisse sich auf ein Minimum reduzieren. Die Rechtsanwälte, die uns bei der Erstellung von Verträgen helfen, können oft potentielle Probleme erkennen, die uns entgehen, weil wir nicht juristisch geschult sind. Ein Vertrag bewirkt auch, daß wir uns selbst darüber klarwerden, was wir tun.

Deshalb sind Verträge gut, aber Vertrauen ist besser. Verträge zeigen, daß der Mensch gefallen ist und zur Sünde neigt. Vertrauen verweist auf die Gnade und lenkt uns in Richtung Gerechtigkeit. Eine der schlimmsten Seiten des Vertrages ist, daß er Mißtrauen hervorrufen kann, was nicht selten zu Klagen vor Gericht führt. Paulus riet den Christen davon ab, bei Auseinandersetzungen die Gerichte in Anspruch zu nehmen, und wir täten gut daran, es auch so weit wie möglich zu vermeiden (1. Kor. 6,1–11).

Das Vertrauen hingegen baut die Gemeinschaft auf. Wenn wir anderen vertrauen, laufen wir natürlich Gefahr, daß sie uns übervorteilen. Beachten Sie jedoch, daß ich diesen Grundsatz nicht unserer Sicherheit wegen, sondern für die Sicherheit des anderen angeführt habe. Wir lehnen es ab, den Nächsten jemals zu übervorteilen – aber das ist keine Garantie, daß keiner versuchen wird, uns zu übervorteilen. Das *wird* uns passieren. Weil das Vertrauen eine große Kraft besitzt, Gemeinschaft aufzubauen, ist es jedoch das Risiko wert. Außerdem, um Paulus zu zitieren: »Warum laßt ihr euch nicht . . . Unrecht tun? Warum laßt ihr euch nicht . . . übervorteilen?« (1. Kor. 6,7). Und warum nicht? Schließlich handelt es sich ja nur um Geld, und es gibt so viele Dinge, die viel wichtiger sind als Geld.

Als Christen ist unser Wort so gut wie ein Pfand. Andere mögen uns übervorteilen, aber vielleicht kann unsere Bereitschaft, eher betrogen zu werden als die Gemeinschaft aufzukündigen, ein Zeugnis sein für einen besseren Weg.

Diese sechs Grundsätze könnten ein Anfang sein, um mehr und mehr die Rolle des Christen im Geschäftsleben zu verstehen:

- Als Gläubige halten wir daran fest, daß die Arbeit gut und notwendig ist.
- Als Gläubige unterstützen wir die Arbeit, die das menschliche Leben fördert, und vermeiden die Arbeit, die das menschliche Leben zerstört.
- Als Gläubige stellen wir menschliche Werte über wirtschaftliche Werte.
- Als Gläubige halten wir daran fest, daß es im Arbeitgeber-Arbeitnehmerverhältnis für beide Seiten notwendig ist, sich in die Lage des anderen hineinzuversetzen.
- Als Gläubige lehnen wir es ab, nichtige Dinge zu kaufen oder zu verkaufen.
- Als Gläubige lehnen wir es ab, unseren Nächsten zu übervorteilen.

Einigkeit an der Krippe

Wir haben gesehen, daß die Bibel sowohl eine dunkle als auch eine helle Seite des Geldes betont. Der Graben zwischen den beiden Seiten mag tief erscheinen; wir haben uns bemüht, ihn zu schließen.

Schauen Sie sich die Menschen an, die das Kind in der Krippe von Bethlehem anbeten: einfache Hirten und reiche Sterndeuter. Hier sehen wir, wie Armut und Reichtum an der Krippe zusammenkommen. Die königlichen Gaben Gold, Weihrauch und Myrrhe werden reichlich dem messianischen König zur Verfügung gestellt. Die Hirten, die vom finanziellen Wohlstand ausgeschlossen sind, schenken dem Kind ihre Gegenwart und Anbetung. Beide Gruppen sind gerufen: die Ärmsten der Armen und die Reichsten der Reichen. Beide Gruppen kommen, beide knien nieder, beide bringen Christus ihre Anbetung.

5. Das Gelübde der Einfachheit

Einfachheit kommt aus der aufrichtigen Seele.

François Fénelon

In den letzten drei Kapiteln haben wir ein schwieriges Thema behandelt: unseren Reichtum. Wir haben gelernt, unseren Widerstand zu überwinden, unseren Reichtum zu bejahen und ihn in einer neuen Freiheit und Freude mit anderen zu teilen.

Unsere Betrachtung des Geldes führt uns zu einem unausweichlichen Schluß: Wir, die wir Jesus Christus folgen, sind zu einem Gelübde der Einfachheit berufen. Dieses Gelübde ist nicht nur etwas für ein paar besonders fromme Christen, sondern für alle. Es ist kein Angebot, welches wir je nach unserer persönlichen Neigung annehmen oder ablehnen könnten. Alle, die Christus als Herrn und Heiland bekennen, sind verpflichtet, dem zu folgen, was er sagt. Was Jesus in Sachen Geld von seinen Jüngern verlangt, kann am besten in dem einen Wort *Einfachheit* zusammengefaßt werden. Die Einfachheit versucht, den vielfältigen Lehren unseres Herrn über das Geld gerecht zu werden: hell und dunkel, Geben und Nehmen, Vertrauen, Zufriedenheit, Glaube.

Einfachheit bedeutet: ungeteiltes Herz und nur ein Ziel. Wir haben nur ein Verlangen: Christus in allen Dingen zu gehorchen. Wir haben nur ein Ziel: Christus in allen Dingen zu verherrlichen. Wir können Geld nur für eine Sache verwenden: sein Reich auf der Erde zu fördern. Jesus sagt: »Wenn dein Auge lauter ist, so wird dein ganzer Leib licht sein« (Matth. 6,22).

Einfachheit bedeutet: Freude an Gottes guter Schöpfung. Oscar Wilde sagte einmal, daß die Leute die Sonnenuntergänge nicht schätzen, weil sie nicht dafür bezahlen können. So ist das mit uns nicht! Wir freuen uns an allen freien Gaben der guten Erde: Sonnenuntergang und Sonnenaufgang, Land und Meer, Farben und Schönheit überall.

Einfachheit bedeutet: Zufriedenheit und Vertrauen. »Sorgt euch um nichts«, rät Paulus (Phil. 4,6). »Nichts haben, und doch alles haben« (2. Kor. 6,10). »Ich habe gelernt, mir genügen zu lassen, wie's mir auch geht« (Phil. 4,11). So lebte Paulus, so leben wir.

Einfachheit bedeutet: von der Gier frei sein. Das Bekenntnis des Paulus ist auch das unsrige: »Ich habe von niemandem Silber oder

Gold oder Kleidung begehrt« (Apg. 20,33). Wir »lechzen nicht mehr nach den Gütern anderer«, wie es Johannes Calvin ausdrückte![19]

Einfachheit bedeutet Bescheidenheit und Mäßigung in allen Dingen. Paulus sagt, wir sollen »besonnen, gerecht, fromm, enthaltsam« sein (Tit. 1,8). Und so sind wir. Unser Leben ist durch eine freiwillige Enthaltsamkeit mitten im extravaganten Luxus gekennzeichnet. Wir lehnen es ab, der Eleganz zu frönen und mit Kleidern oder Lebensstil zu protzen. Der Gebrauch unserer Mittel wird immer durch die menschliche Not gemäßigt.

Einfachheit bedeutet: die materiellen Dinge dankbar annehmen. Gott verheißt durch Jesaja: »Wollt ihr mir gehorchen, so sollt ihr des Landes Gut genießen« (Jes. 1,19). Wir sind keine fanatischen Asketen, die ein Land voll Milch und Honig nicht ausstehen können. Vielmehr freuen wir uns über diese gnädigen Gaben Gottes. Sich alles zu versagen, ist keine gute Sache, weil es ein Zeichen von Zwiespältigkeit ist und nicht von Einfachheit.

Einfachheit bedeutet: Geld gebrauchen, ohne es zu mißbrauchen. In der Kraft des Heiligen Geistes besiegen wir die Macht des Geldes. Wir nehmen es ein und verwenden es im Dienste Christi für sein Reich. Wir wissen, daß unser Wohlbefinden nicht vom Reichtum abhängt. So können wir mit allen Dingen ungezwungen umgehen – wir besitzen, ohne besessen zu sein; wir haben, ohne krampfhaft festhalten zu müssen. Wir benutzen das Geld in den Grenzen, die ein geistlich geschulter Blick erkennt, und wir verwalten das Geld zur Ehre Gottes und zum Wohl der ganzen Menschheit.

Einfachheit bedeutet: für andere dasein. Weil wir von dem Zwang befreit sind, alles größer und besser haben zu müssen, besitzen wir Zeit und Energie, um auf die menschlichen Probleme einzugehen. Einige, wie zum Beispiel die Pastoren, sind freigestellt, um ihre ganze Zeit für die Verkündigung des Wortes des Lebens einzusetzen. Andere werden bestimmte Zeiten für besondere Aufgaben im Reich Gottes freihalten.

Einfachheit bedeutet: fröhlich und großzügig geben. Wir geben uns, und wir geben von dem Ertrag unserer Arbeit. »Sie gaben sich selbst«, sagte Paulus von den Gemeinden in Mazedonien (2. Kor. 8,5). Das Geben ist für unser Verhältnis zum Geld von so großer Bedeutung, daß ich diesen Aspekt der Einfachheit noch genauer betrachten möchte.

Nahezu überall, wo in der Bibel vom Geld die Rede ist, wird auf irgendeine Weise auch das Geben erwähnt. Ob wir an den Zehnten denken, das Gesetz der Nachlese, das Prinzip des Sabbatjahres, die Geschichte von Zachäus oder vom reichen Jüngling, das Gleichnis vom guten Samariter, das Gleichnis vom reichen Kornbauern oder an andere Texte, immer wird das Geben stark betont.

Wenn wir das biblische Zeugnis ernst nehmen, scheint eine der besten Verwendungsmöglichkeiten für das Geld zu sein, daß wir es weggeben. Der Grund dafür ist offensichtlich: Das Geben ist eine unserer Hauptwaffen, um den Götzen Mammon zu besiegen. In der Welt des Handels und des Wettbewerbs mag das Geben anstößig sein. Anders im Blick auf die Sache Christi. Jacques Ellul bemerkt: »Wir haben ganz klare Anzeichen dafür, daß das Geld, soweit es das christliche Leben betrifft, zu dem Zweck gemacht ist, weggegeben zu werden.«[20] Deshalb sind die folgenden Richtlinien ein Versuch, uns bei unserem Geben zu helfen.

Erstens, lassen Sie uns mit fröhlichem und großzügigem Herzen proportional geben, beginnend mit dem Zehnten unseres Einkommens. Weder Jesus noch seine Apostel begrenzten das Geben auf den Zehnten – sie gingen darüber hinaus. In allen einschlägigen Texten stechen Großzügigkeit und Opferbereitschaft stark hervor. Dies gilt sowohl für die arme Witwe, die ihr Scherflein gab, als auch für Barnabas, der der ersten Gemeinde ein Stück Land schenkte (Mark. 12,41–44; Apg. 4,36f).

Deshalb ist der Zehnte als Grundsatz des Alten Testaments ein Standard, den wir nicht unterschreiten sollten, außer in seltenen Fällen. Es geht nicht um ein starres Gesetz, sondern um einen Anfang im Blick auf die Ordnung unserer Finanzen.

Man muß kein Finanzgenie sein, um 10 Prozent des Bruttoeinkommens ausrechnen zu können, aber es bedarf einer feinen Sensibilität für den Geist Gottes, um zu erkennen, was proportionales, das heißt »verhältnismäßiges« Geben bedeutet. Indem sie mit dieser Sache rang, schrieb Elizabeth O'Connor: »Im Verhältnis zu was? Im Verhältnis zu dem angesammelten Reichtum der Familie? Im Verhältnis zum Einkommen und den Anforderungen, die daran gestellt werden und die von Familie zu Familie unterschiedlich sind? Im Verhältnis zu dem Gefühl der Sicherheit und dem Grad der Angst, in dem man lebt? Im Verhältnis zur Schärfe unserer Wahrnehmung derer, die leiden? Im Verhältnis zu unserem Gerechtigkeitssinn und

Gottes Eigentumsrechten an allem Reichtum? Im Verhältnis zu unserem Verständnis der Verpflichtung, die Welt für die zu bewahren, die nach uns kommen? Und so weiter und so weiter. Die Antwort ist natürlich: Im Verhältnis zu all diesen Dingen.«[21]

Damit wir besser erfassen können, was verhältnismäßiges Geben bedeuten kann, schlug Ron Sider das Konzept des graduellen Zehnten vor.[22] Das geht ganz einfach: Man entscheidet sich für einen bestimmten Lebensstandard und gibt 10 Prozent von dem Betrag, den man dafür benötigt. Dann gibt man für jeden Tausender zusätzlichen Einkommens 5 Prozent mehr. Bei dieser Regelung geben wir 100 Prozent von allem zusätzlichen Einkommen weg, wenn wir achtzehntausend Dollar über dem Einkommen für unseren Lebensstandard erreicht haben.

Ich kenne einen Mann, der eine andere Lösung gewählt hat. Er besitzt ein Unternehmen und zahlt sich selbst ein Gehalt, mit dem er den Lebensunterhalt auf dem Standard, den er für sich bestimmt hat, bestreiten kann. Von diesem Gehalt gibt er 15 Prozent. Weiter gibt er 25 Prozent von allen Gewinnen, die das Unternehmen über sein Gehalt hinaus abwirft. Außerdem hat er Einkommen aus Buch- und Filmrechten und Honoraren für Vorträge; dieses Geld gibt er zu 100 Prozent weg. Ich weiß von einem, der in der Lage ist, von 10 Prozent seines Einkommens zu leben und der tatsächlich 90 Prozent weggibt.

Aber lassen Sie sich bitte von diesen Beispielen nicht bange machen. Sie sind nur Veranschaulichungen dafür, wie in einer Wohlstandsgesellschaft das verhältnismäßige Geben Gestalt gewinnen kann. Viele von uns müssen kleinere und bescheidenere Schritte tun. Einige haben sich verpflichtet, für jeden Dollar, den sie zur Düngung des Rasens ausgeben, einen Dollar für Düngemittel zur Nahrungsmittelproduktion in der Dritten Welt zu spenden. Andere möchten vielleicht den gleichen Betrag, den sie für das Essen in Restaurants ausgeben, für Hungerhilfe geben oder eine Hilfsorganisation mit einem Betrag in Höhe der Ausgaben für ihre Garderobe unterstützen. Der Grundgedanke ist, daß wir für die Nöte der anderen sensibel bleiben, während wir unsere Anschaffungen machen.

Vielleicht paßt keine dieser Ideen zu Ihnen. Viele Leute meinen, sie seien finanziell so angespannt, daß ihnen schon der Gedanke, noch mehr zu geben, lächerlich erscheint. Und doch können viele von uns noch viel mehr tun, wenn sie beginnen, über neue, kreative Wege nachzudenken.

Ein Wort der Warnung: Einige Leute müssen *weniger* geben, als sie es jetzt tun, wenn sie Gott treu bleiben wollen. Es mag sein, daß Sie mehr für Ihre Kinder oder Ihre Eltern oder Ihren Ehepartner – oder sogar für sich selbst – sorgen sollten. Stehlen Sie sich nicht mit religiösen Vorwänden von Ihren Verpflichtungen davon. Jesus fand sehr starke Worte gegen eine solche Handlungsweise (Mark. 7,9–13).

Zweitens, lassen Sie uns mit fröhlichem und großzügigem Herzen »kalkuliertes« Geben und »gewagtes« Geben in einer kreativen Spannung halten. Es gibt eine Art des Gebens, bei der die Arbeit von Organisationen und Personen sorgsam bedacht werden, und es gibt eine andere Art, bei der ohne weitere Überlegung gegeben wird. Beide Arten des Gebens sind wichtig.

Bei einem guten Teil unserer Gaben sollten wir mit Bedacht und verantwortlich vorgehen. Wenn wir Organisationen unterstützen, müssen viele Fragen angeschnitten werden. Hat die Organisation, der ich Mittel gebe, in der Vergangenheit das Geld verantwortlich benutzt? Wieviel geht in die Verwaltungskosten und wieviel gelangt zu dem Projekt, das ich unterstütze. Hat die Organisation einen guten Aufsichtsrat, der die Verwendung des Geldes überwacht? Gibt es eine jährliche Buchprüfung? Wird die Organisation von einem unabhängigen Gremium empfohlen?

Wenn wir an einzelne Personen geben, müssen eine Reihe von anderen Fragen bedacht werden. Ist meine Gabe hilfreich oder hinderlich? Wieviel sollte dieser Person richtigerweise gegeben werden? Wird ein Budget geführt? Soll es eine einmalige Gabe sein oder eine regelmäßige monatliche Zuwendung? Welche anderen Einkommensquellen hat diese Person oder sollte sie haben? Kann ich diesem Menschen Geld geben, ohne ihn zu überwachen?

Zu viel Überlegung ist jedoch eine Gefahr für unser Geben. Die Gefahr besteht darin, daß wir unterschwellig bestrebt sind, die Fäden in der Hand zu halten. Die warme Offenherzigkeit, die einmal unser Geben charakterisiert hat, weicht mehr und mehr einer harten, kontrollierenden Hand. Vorsichtiges und verantwortliches Geben muß dann zur Rechtfertigung einer geizigen Haltung herhalten.

Um diesen Hunger nach Macht, der unsere Seele zerstört, zu überwinden, müssen wir auch überschwenglich geben können, so wie jene Frau in Matthäus 26,6–13. Großzügig und ohne eine Spur von Berechnung zerbrach sie ein Alabastergefäß und goß seinen kostbaren Inhalt auf das Haupt Christi. Den Jüngern erschien das als Verschwendung, für Jesus war es eine schöne Tat.

Es ist für unsere Seele einfach wichtig, daß wir manchmal alle

Vorsicht über Bord werfen und geben und geben. Wir müssen es wagen, einzelnen Personen zu geben, und das nicht, weil sie bewiesen haben, daß sie mit Geld umgehen können, sondern weil sie es brauchen. Wenn wir das tun, geben wir gleichzeitig Liebe und Vertrauen, und wir befreien uns von dem Krampf des Festhaltens, der unseren geistlichen Ruin bedeutet.

Drittens, lassen Sie uns mit fröhlichem und großzügigem Herzen die Personen und Organisationen suchen, die nicht jeder kennt, und ihnen geben. Wir neigen oft dazu, die Zwecke zu unterstützen, die schon tausende von Förderern haben. Unter den Jüngern Christi sollte das aber nicht so sein. Wir sollten nach denen suchen, die keine Privilegien genießen, denen nichts vererbt wird, und sie unterstützen.

Lassen Sie uns die politisch Uninteressanten entdecken, von denen es nichts zu berichten gibt, und lassen Sie uns denen helfen. Man findet sie weder im Fernsehen noch in der Zeitung oder in Zeitschriften. Man findet sie, wenn man betend »die Menschlichkeit liest«. Bitten Sie Gott, daß er Ihnen Augen und Ohren geben möge für die Kleinen im Reich Gottes. Das sind diejenigen, an denen andere vorübergehen, ohne weiter über sie nachzudenken.

Wir benötigen eine prophetische Sicht und dürfen nicht nur reagieren, wenn es darauf ankommt, Gottes Diener zu unterstützen. Georg Müller unterstützte J. Hudson Taylor, lange bevor dieser als ein Pionier auf dem Missionsfeld berühmt wurde. Es gab keine enthusiastischen Leitartikel in christlichen Zeitschriften über Taylors seltsamen Vorschlag, mit einer Armee von Missionaren in das Innere Chinas vorzustoßen. Aber Müller bemerkt, daß dieser junge Mann im Innersten bereit war, Gottes Willen kompromißlos zu folgen. Dieser prophetische Blick, den Müller hatte, bedarf einer geistlichen Wahrnehmung, die aus der engen Gemeinschaft mit Gott und dem Mut, überall im Leben Gottes Wirken zu entdecken, geboren wird.

Wie kommen wir – möglichst unabhängig von Medienpropaganda – dahinter, wo das Reich Gottes der Förderung bedarf? Beginnen Sie damit, jeden Missionar, dem Sie begegnen, zu sich nach Hause einzuladen. Lernen Sie von ihnen und erweitern Sie ihre eigene Sicht von einer Mission, die die kulturellen Grenzen überschreitet. Diese treuen Arbeiter sind eine enorme Quelle von Weisheit und Erfahrung. Oft bleiben sie unbeachtet, weil wir ihnen einen Platz zuweisen, für den sie am wenigsten gerüstet sind – das Rednerpult. Wenn Sie sie aber in Ihr Haus einladen und sie fragen, wo und wie

Gottes Werk vorangeht, so verwandeln sich diese ruhigen, sanften Menschen sofort in feurige Redner.

Indem Sie durch Ihren Tag gehen, hören Sie den Leuten betend zu – Ideen und Bedürfnisse kommen an den eigenartigsten Stellen zum Vorschein. Versammeln Sie sich in kleinen Gruppen und fragen Sie: Was tut Gott in unserer Welt? Bitten Sie diejenigen mit einer prophetischen Sicht um Hilfe, damit Sie Ihren Weg erkennen, damit Sie wissen, wohin er führt und wie er zu bewerten ist. Achten Sie an Ihrem Urlaubsort mehr auf die Bemühungen oft sehr kleiner Gruppen, die dort für das Reich Gottes arbeiten, als auf die Qualität Ihres Hotels. Mit diesen und noch vielen anderen Möglichkeiten können wir versuchen, die unbesungenen Helden und die unbekannten Orte zu finden, wo der Kampf am härtesten tobt.

Viertens, lassen Sie uns mit fröhlichem und großzügigem Herzen geben, ohne damit nach Macht zu streben. Wir müssen andere Menschen nicht kontrollieren, bestimmen, beeinflussen. Umsonst haben wir empfangen, umsonst geben wir.

Für die Urgemeinde war das Geld kein Instrument der Macht, sondern der Liebe. Alle schlauen Tricks waren verschwunden. Und wenn jemand das Spiel mit der finanziellen Macht versuchte, so wurde die Sünde unverzüglich offengelegt und verurteilt (Apg. 5,1–11). So sollte es unter uns auch geschehen.

Als Jünger lehnen wir die Möglichkeiten der Manipulation durch Geld ab. Wir benutzen das Geld nicht, um eine Position zu erlangen oder uns in den Vordergrund zu spielen. Wir machen keine Beziehungen geltend und verpflichten uns niemandem durch Geld. Wir lehnen es ab, mit dem Geld Böses zu erreichen, aber wir bestätigen, mit ihm Gutes zu tun.

Wenn die Gemeinde ihre Mitarbeiter selbst besoldet, müssen z.B. unsere Pastoren wissen, daß wir sie unterstützen, auch wenn sie Dinge sagen, die uns nicht gefallen. So ermutigen wir sie, ihren prophetischen Dienst auszuüben. Sonst scheuen sie sich davor, unpopuläre Worte auszusprechen und sich unwillkommener Programme anzunehmen, aus Sorge, die Arbeit der Kirche könnte finanzielle Einbußen erleiden. Sie müssen wissen, daß unser Geben nicht von der letzten Meinungsumfrage bestimmt wird. Wir werden die Gemeinde finanziell nicht schlechter stellen, nur weil wir mit dieser oder jener Entscheidung nicht einverstanden sind.

Es mag natürlich einmal angebracht sein, die Beiträge zu drosseln, weil wir die Richtung, die die Gemeinde eingeschlagen hat, nicht mehr mitverantworten können, aber bis dahin ist in der Regel ein langer Weg. Der normale Ablauf ist so, daß wir freizügig geben, ohne im einzelnen bestimmen zu müssen, wie die Gemeinde das Geld verwendet. Ich kann mir gut vorstellen, daß es für die arme Witwe viele Gründe gegeben hätte, ihr Scherflein nicht in den Tempelschatz zu geben. Und doch tat sie es, und Jesus ehrte diese Tat (Mark. 12,41–44).

Fünftens, lassen Sie uns mit fröhlichem und großzügigem Herzen nicht nur unser Geld, sondern auch uns selbst geben. »Sie gaben sich selbst«, schrieb Paulus (2. Kor. 8,5). Das müssen wir auch tun.

Ich kenne jemanden, der immer großzügig von seinen Mitteln gegeben hat. Jetzt versucht er, mehr von sich selbst zu geben. Er erkannte, daß er eine engere persönliche Beziehung zu den Armen brauchte. Anstatt nur Schecks für Organisationen zu schreiben, die unter den Armen arbeiten, ging er eine Verpflichtung für eine Familie ein, eine von Drogen und den damit zusammenhängenden Problemen zerrüttete Familie. Aber dank der Hilfe dieses Mannes ist es gelungen, dem Ehemann eine Arbeitsstelle zu verschaffen. Die Familie hat gelernt, nach einem monatlichen Budget zu leben und nach einem wöchentlichen Speiseplan zu essen. Mein Freund trifft sich jede Woche mit dieser Familie, um mit ihr den Haushaltsplan zu besprechen und Ziele abzustecken und zu bewerten. Er mußte auch einige von seinen privaten Mitteln in die Familie investieren (was bei der Steuer nicht abzugsfähig ist). Diese Art des Gebens ist viel teurer als einen Scheck auszustellen. Wenn man sich jedoch zusammen mit seinem Geld gibt, so kann das eine geradezu dramatische Wirkung haben.

Ich kenne einen anderen Mann, der seine Mittel zur Gründung einer christlichen Filmgesellschaft, eines Verlagshauses und eines Seminars verwandte. Diese Projekte kosten ihn einen enormen Aufwand an Zeit und Energie. Er führt sie aber durch, weil er sich und sein Geld geben will.

Diese beiden Beispiele scheinen mehr zu enthalten, als die meisten von uns tun können. Aber es gibt viele einfache und bescheidene Wege, wie wir uns selbst geben können. In der Apostelgeschichte lesen wir von Tabita, die für die Witwen des Dorfes »Röcke und Kleider« machte. Lukas beschreibt sie so: »Die tat viele gute Werke und gab reichlich Almosen« (Apg. 9,36–43). Vielleicht können wir auch Wege entdecken, wie wir uns selbst geben können, indem wir auf die Bedürfnisse der Menschen, die um uns leben, eingehen und zu ihnen gute Werke tun.

Sechstens, lassen Sie uns mit fröhlichem und großzügigem Herzen Ratgeber suchen, die uns bei unserem Geben helfen können. Als verantwortliche Haushalter suchen wir uns die Hilfe der besten Experten, die uns bei spontanen Gaben in Bargeld, beim regelmäßigen Geben, in Fragen des Testamentes usw. so anleiten, daß unser ganzer Besitz in der richtigen Perspektive gesehen wird. Dieses kann locker in unserem Hauskreis oder bei gelegentlichen Besuchen oder in aller Form durch damit beauftragte Finanzberater geschehen.

Eine Warnung muß jedoch ausgesprochen werden. Die meisten Finanzberater sind von Natur aus konservativ und fachlich orientiert. Ihr Fachwissen über die Finanzwelt ist unabdinglich, aber – für den Gläubigen – können Tatsachen und Zahlen nie das letzte Wort haben. Ein befreiter und deshalb frei handelnder Geist ist in dieser Sache unerläßlich. Sehr wenige Anwälte und Treuhänder – auch solche mit einer christlichen Orientierung – verstehen etwas von der geistlichen Natur des Geldes und der sorglosen Haltung, die unser Leben charakterisieren soll. Und deshalb können wir für ihren Rat dankbar sein, aber er darf uns nicht binden.

Denken Sie daran, wie wichtig das Sammeln von Schätzen im Himmel ist. Wie in jeder anderen ernsten Angelegenheit, so wollen wir auch hier unser Bestes tun. Den meisten von uns fließen während ihres Arbeitslebens hohe Summen durch die Hände. Als Haushalter haben wir die Verantwortung, sie so einzusetzen, daß sie den größtmöglichen Nutzen für Christus und sein Reich erbringen. Jeder von uns muß dabei selbst die Prioritäten setzen, aber Berater können uns helfen, unseren Weg zu finden.

Mit diesen Anmerkungen will ich in keiner Weise die Verwendung des Geldes für die eigene Familie herunterspielen. Ganz im Gegenteil! Ich meine, eine der besten Investitionen, die man zur Förderung des Reiches Gottes auf Erden machen kann, ist die Investition in die eigenen Kinder. Bereichernde Erfahrungen, die ihren Blick erweitern und sie sensibel machen, lohnen den Aufwand immer.

Siebtens, lassen Sie uns mit fröhlichem und großzügigem Herzen ein Testament machen, das zeigt, daß uns das Reich Gottes am Herzen liegt. Es ist verständlich, daß man sich davor scheut, sein Testament zu machen. Es bringt uns unmißverständlich ins Bewußtsein, daß unser Leben begrenzt ist, und zwingt uns dazu, unseren Besitz aufzuschlüsseln; beides Realitäten, die wir lieber vermeiden. Kein Testament zu machen bedeutet aber, mit den uns anvertrauten Mitteln verantwortungslos umzugehen. Wir leugnen unseren Reichtum so hartnäckig und vollkommen, daß die meisten von uns erstaunt wären, zu sehen, welchen ansehnlichen Betrag wir bei unserem Heimgang verfügbar machen könnten. Ich sage »könnten«, denn ohne ein Testament sind diese Mittel für das Werk Gottes verloren.

Wenn Sie noch kein Testament gemacht haben, so bereiten Sie es vor, bevor Sie dieses Kapitel zu Ende gelesen haben. Entschuldigen Sie sich nicht damit, daß sie zu jung seien oder daß Sie zu wenig besäßen. Beide Aussagen sind falsch. Machen Sie deshalb ihr Testament sofort.

Die Gemeinden könnten einen unermeßlichen Dienst tun, wenn sie zu diesem Thema Informationsabende anbieten würden. Das wäre der bestmögliche Raum, um sowohl über unser Vermögen als auch über unseren unausweichlichen Tod zu sprechen. Grundsätzliche und praktische Fragen können dort zur Sprache kommen. Soll ich all meine Mittel meinen Kindern hinterlassen oder nur einen Prozentsatz davon? Welche Organisationen könnte ich in mein Testament aufnehmen, um die Sache Christi am besten voranzubringen? Wie kann ich bei meinem Tod die Armen auf eine Weise beschenken, die mir im Leben versagt ist?

In unserem Testament haben meine Frau und ich natürlich unsere Kinder bedacht. Aber wir haben auch Bildungsinstitutionen, Missionsgesellschaften, Hilfsorganisationen und Gemeinden eingeschlossen. Viele haben weitaus mehr getan. Einige haben ein unantastbares Zeugnis hinterlassen. Ein wohlhabender Mann schrieb in sein Testament: Wenn ich meinen Erben keinen weltlichen Reichtum hinterlassen hätte, aber den Glauben an Jesus Christus, dann wären sie die reichsten Menschen. Und umgekehrt: Wenn ich meinen Erben allen weltlichen Reichtum hinterlassen hätte, aber den Glauben an Jesus Christus nicht, so wären sie die ärmsten Menschen.

Bitte glauben Sie mir, man muß keine Angst vor einem Testament haben. Man kann mit so wenig Anstrengung so vielen helfen, daß ich mir keinen legitimen Grund vorstellen kann, die Ausfertigung aufzuschieben.

Geben ist ein fröhlicher und großzügiger Dienst, zu dem wir alle berufen sind. In Zeiten der Verfolgung geben die Christen ihr Leben; in Zeiten des Wohlstandes geben die Christen die Früchte ihrer Arbeit. Jemand hat gesagt, daß die erste christliche Gemeinde froh war, ihren ganzen Besitz in einen ständigen Fluß wohltätiger Gaben zu verwandeln. Wie herrlich wäre es, wenn das auch eine Beschreibung für uns sein könnte!

Indem wir das Geben lernen und darin wachsen, möchte ich ein Wort der Warnung anfügen. Geld ist wie Gras, das sich ausbreitet und wieder Wurzeln schlägt. Wir meinen, wir hätten es entthront und aus ihm einen untergebenen Diener gemacht. Aber gerade dann versucht es, einen Umsturz herbeizuführen. Im Wesen des Geldes scheint eine rebellische Natur zu sitzen.

Jahrelang erzielte einer meiner Freunde viel mit Geld – er verdiente es und gab es. Vor ein paar Jahren entschloß er sich, mit seinen Gaben eine Kapitalgesellschaft zu gründen. Er kaufte ein Stück Land für, sagen wir, fünftausend Dollar und verkaufte es später für vielleicht zehntausend. Dadurch konnte er zweimal so viel geben, wie es ihm sonst möglich gewesen wäre. Er arbeitete mit Geld, um für Christus und sein Reich einen größeren Gewinn zu erzielen.

Mit der Zeit entdeckte er jedoch, daß er von einer Investitionsmentalität eingefangen wurde – einer Art frommer Gier. Das warmherzige Geben trocknete aus, es wurde ein zweckgebundenes Geben. Außerdem bedeutete das Spenden von Kapitalgewinnen mit langer Anlagezeit, daß er den Besitz wenigstens für ein Jahr halten mußte, und er sagte mir: »In dem Jahr, in dem du wartest, beginnst du, das Geld liebzugewinnen.« Er arbeitet immer noch die geistliche Unfruchtbarkeit auf, die aus diesem Prozeß hervorgegangen ist.

Mein Freund begann seinen Dienst mit sehr ehrenwerten Absichten. Glücklicherweise war er empfindsam genug, zu merken, wann das Geld wieder seine Macht spüren ließ. Bei einem solch gefährlichen Dienst müssen wir gut gerüstet und wachsam sein. Geld – der ungerechte Mammon – ist ein Gift, und wie bei allem Gift, ist es nur dann ein Segen, wenn es richtig und mit großer Vorsicht angewandt wird.

Kinder und Geld

Als Jünger Christi haben wir die Aufgabe, unsere Kinder und die Kinder in unserer Gemeinde über das Geld zu unterrichten. Wir können sie nicht vor dem Geld verstecken, denn es durchdringt ohnehin die ganze Atmosphäre, in der sie leben. Einige Eltern empfinden es als peinlich, mit ihren Kindern über Sexualität zu sprechen, aber das ist nichts verglichen mit unserem Widerstand, offen die Frage des Geldes anzugehen.

In Wahrheit lernen unsere Kinder natürlich von uns ständig einiges über das Geld. Schon unser Widerstand, darüber zu sprechen, ist für sie eine Lehre. Wer wir sind und wie wir unseren täglichen Geschäften nachgehen, ist für sie lehrreich. Unsere Kinder werden wohl oder übel im Blick auf das Geld alles von uns lernen.

Sollte ich das Geld fürchten?

Sollte ich das Geld lieben?

Sollte ich das Geld respektieren?

Sollte ich das Geld hassen?

Sollte ich das Geld benutzen?

Sollte ich Geld borgen?

Sollte ich über das Geld Buch führen?

Sollte ich alles für das Geld opfern?

Antworten auf alle diese Fragen erhalten die Kinder, indem sie uns beobachten. Albert Schweitzer bemerkte einmal: »Es gibt nur drei Wege, um ein Kind zu lehren. Der erste ist: durch das Vorbild, der zweite: durch das Vorbild, der dritte: durch das Vorbild.«[23] Wenn wir von der Geldliebe frei sind, werden unsere Kinder das merken. Wenn ängstliche Besorgnis unsere automatische Reaktion in Sachen Geld ist, werden wir sie Unruhe und Angst lehren.

Die Kinder müssen sowohl über die helle als auch die dunkle Seite des Geldes unterrichtet werden. Sonst hat es kaum einen Wert, ihnen zu zeigen, wie man einen Haushaltsplan entwirft oder einen Scheck ausstellt.

Es ist nicht schwer, den Kindern die helle Seite des Geldes zu zeigen. Sie lernen schnell, daß man damit viele gute Sachen erwerben kann. Wir helfen ihnen auch zu sehen, daß das Geld anderen Menschen Segen bringen kann. Wir beauftragen sie mit Arbeiten, zahlen ihnen ein Taschengeld, lehren sie, den Zehnten zu geben, zu sparen und das Geld weise zu nutzen. Mit der Zeit geben wir ihnen mehr und mehr Freiheit und Verantwortung, so daß sie es lernen, mit Geld umzugehen. Diese Dinge – und viele andere – stehen über die helle Seite des Geldes auf dem Lehrplan.

Es ist schwieriger, den Kindern die dunkle Seite des Geldes zu zeigen. Daß man für Geld fast alles kaufen kann, verwirrt die Kinder. Kinder aus armen Verhältnissen leiden darunter, zuwenig zu haben, und können sich nicht vorstellen, daß zuviel Geld auch Böses mit sich bringen kann. Kinder aus wohlhabenderen Verhältnissen können ihre weniger glücklichen Freunde zuweilen demütigen, ohne dabei zu ahnen, daß sie unter Umständen genauso unglücklich dran sind. Die Idee, daß Geld eine geistige Macht ist, die den Menschen versklaven will, erscheint ihnen lächerlich.

Aber wir müssen es ihnen beibringen. Und noch mehr, wir müssen für ihre Befreiung von der Herrschaft des Geldes beten. Das ist keine leichte Sache. Geld ist nicht nur ein Ding, es ist eine Macht. In dem Moment, in dem wir unsere Kinder dem Geld und seinem Einfluß aussetzen – und das müssen wir – sollten wir für ihre Bewahrung beten.

Wie kann das Lehren aussehen? Wenn sich die Kinder über Geld streiten, können wir ihnen bei dieser Gelegenheit helfen, die Macht des Geldes zu erkennen. Wir können ihnen wahre Armut zeigen und mit ihnen die Gründe für die Ungerechtigkeit in der Welt bedenken. Wir lehren sie durch Wort und Tat, daß das Geld weder Achtung noch Verachtung verdient. Wir verehren das Geld nicht, aber wir lehnen es auch nicht ab. Geld ist nützlich, sogar notwendig, aber Hochachtung und Bewunderung zollen wir ihm nicht. Kurz gesagt, wir zeigen den Kindern, wie man das Geld gebraucht, ohne ihm zu dienen (z.B. Luk. 16,9 und Matth. 6,24).

Dieser Unterschied ist den Kindern schwer zu vermitteln, vor allem deshalb, weil ihn so wenige Erwachsene kennen. In unserer Zeit weiß man über eine bewußt eingeübte und kontrollierte Lebensgestaltung so wenig, daß nur Kategorien wie Besessenheit und Abstinenz am Platz zu sein scheinen. Entweder lehnen wir eine Sache grundsätzlich ab, oder wir bejahen sie ohne Vorbehalte. Deshalb ist der Dogmatismus heutzutage so verbreitet – ob in Religion, Politik oder Wirtschaft.

Genau aus diesem Grund sind wir verpflichtet, die Kinder den *Gebrauch ohne Mißbrauch* in allen Bereichen des Lebens zu lehren. Wir machen es ihnen vor, daß es möglich ist, ein einziges Fernsehprogramm anzuschauen und dann den Apparat auszuschalten; zu essen, was für eine gesunde Ernährung notwendig ist, und dann aufzuhören; sich an guter Musik zu erfreuen und dann die Stille zu genießen.

Wenn die Kinder an uns sehen, daß es möglich ist, in den menschlichen Leidenschaften Zurückhaltung zu üben, dann kann auch die Vorstellung vermittelt werden, daß Geld der Diener und nicht der Herr ist.

Darüber hinaus müssen die Kinder lernen, wie man über die geistige Macht des Geldes Autorität gewinnt. Wir müssen ihnen helfen, in vielen praktischen Fragen Antworten zu finden. Welches Verhalten besiegt die Selbstsucht? Wie betet man wirksam gegen die Gier? Wie befreit man sich von Zwängen, so daß Großzügigkeit und Mitgefühl unsere Haltung bestimmen?

Vor allem sollten wir jedoch die Kinder lehren, den Götzen Geld zu entweihen, ohne das Geld als solches abzulehnen. Ein Weg ist zum Beispiel, das Motto »mehr ist besser« zu entlarven und völlig abzulehnen. An dieser Stelle sind wir als Eltern gefordert. Ein Kind neigt gefühlsmäßig zu der Meinung, daß wenn ein Spielzeug Spaß bringt, zwei oder drei Spielzeuge noch mehr Spaß bringen würden. Wir aber wissen, daß dies nicht unbedingt der Fall ist. Deshalb müssen wir hier hart bleiben, in dem Bewußtsein, daß »nein« eine gute Antwort ist. Genug ist genug, das sollten wir uns und unseren Kindern sagen. Wir kaufen etwas, weil wir es brauchen, nicht weil wir es wollen, und unsere Kinder müssen den Unterschied kennenlernen.

Das Geld verdient keinen Respekt. Es verdient, in der Kraft des Geistes überwunden zu werden. Wenn der Geldbeutel erst einmal bekehrt ist, kann er in den Wegen Christi benutzt werden, ohne daß man ihm dient.

Großzügigkeit, Großmut und Schalom

Die dunkle Seite des Geldes führt unweigerlich zur Gier, diese führt zur Sucht und diese zur Gewalt. Die helle Seite des Geldes führt unweigerlich zur Großzügigkeit, diese führt zur Freiheit und diese führt zum Schalom.

Die große Frage unserer Zeit ist, wie man von der Gier zur Großzügigkeit kommt, von der Sucht zur Freiheit, von der Gewalt zum Schalom. Das Gelübde der Einfachheit gibt die Richtung an. Die Einfachheit gibt uns die richtige Perspektive und den Mut, um gegen Gier, Sucht und Gewalt anzugehen. Die Einfachheit gibt uns den Rahmen, um Großzügigkeit, Freiheit und Schalom zu erfahren. Franz von Sales riet: »Ich empfehle dir heilige Einfachheit . . . In allem liebe die Einfachheit.«

Teil II: Sex

6. Sexualität und geistliches Leben

> *Sexualität und geistliches Leben sind keine Feinde sondern Freunde.* Donald Goergen

Es ist wirklich eine Tragödie, daß in der christlichen Geschichte die Sexualität vom geistlichen Leben abgetrennt wurde. Dies ist umso bedauerlicher, als die Bibel eine hohe Achtung vor der menschlichen Sexualität hat. Lassen Sie uns durch einige biblische Fenster auf die menschliche Sexualität schauen.

Mann und Frau

In 1. Mose 1 steht eine kurze, aber herrliche Aussage über die Bedeutung der menschlichen Sexualität. Die Erzählung beginnt damit, daß Gott durch sein Schöpferwort das Universum schafft. Und dieses Universum, seine Schöpfung, ist gut, sehr gut.

Die Menschen sind der Gipfel der Schöpfung Gottes. In einfachen und doch edlen Worten wird uns gesagt, daß sich die Erschaffung des Menschen von der anderen Schöpfung abhebt, denn sie geschah nach dem *imago Dei*, dem Bild Gottes. Es fällt auf, wie eng unsere menschliche Sexualität mit dem *imago Dei* verbunden ist: »Und Gott schuf den Menschen zu seinem Bilde, zum Bilde Gottes schuf er ihn; und *schuf sie als Mann und Weib*« (1. Mose 1,27). So fremd uns das auch vorkommen mag, unsere Sexualität, unser Mannsein und Frausein, hängt irgendwie mit unserer Erschaffung nach dem Bilde Gottes zusammen.

Karl Barth hat als erster bedeutender Theologe auf die Folgerungen hingewiesen, die sich aus diesem erstaunlichen Zeugnis der Schrift ergeben, daß die menschliche Sexualität in dem *imago Dei* begründet liegt. Nach dem Bilde Gottes geschaffen zu sein, meint nach Barth im Grunde eine Beziehung, und die Beziehung zwischen

Mann und Frau ist der menschliche Ausdruck unserer Beziehung zu Gott.

Unsere menschliche Sexualität – unser Mannsein und Frausein – ist nicht eine eher zufällige Vorkehrung der Gattung Mensch, nicht nur ein geeigneter Weg, den Fortbestand der Menschheit zu gewährleisten. Nein, sie gehört zu den Wesensmerkmalen wahrer Menschlichkeit. Wir existieren als Mann und Frau innerhalb einer Beziehung. Unsere Geschlechtlichkeit, unsere Fähigkeit, zu lieben und geliebt zu werden, ist tief mit unserer Erschaffung nach dem Bilde Gottes verbunden. Welch eine hohe Sicht der menschlichen Sexualität!

Im übrigen erweitert die biblische Betonung der Beziehung unser herkömmliches Verständnis der menschlichen Sexualität. Das Problem der Sex-Bars und der pornographischen Literatur unserer Zeit ist nicht, daß sie die Sexualität zu stark betonen, sondern daß sie sie nicht genug betonen. Sie eliminieren die Beziehung völlig und begrenzen die Sexualität auf den schmalen Bereich des Genitalen. Sie haben Sex entleert.

Wieviel reicher und voller ist doch die biblische Perspektive! Bei einer Tasse Kaffee plaudern, sich über ein gutes Buch unterhalten, zusammen einen Sonnenuntergang zu sehen – das gehört eben auch zur Sexualität, denn Mann und Frau befinden sich in einer intimen Beziehung. Natürlich ist genitaler Sex ein Teil des Ganzen, aber die menschliche Sexualität ist eine weitaus umfassendere Realität als eben nur der Koitus.

Sie waren nackt und schämten sich nicht

Gott rief die ganze Schöpfung durch sein bloßes Wort ins Leben, mit Ausnahme des Menschen.* Um Adam zu schaffen, nahm Gott den Staub der Erde und blies ihm Leben ein (1. Mose 2,7). Und jene Vereinigung von irdischem Staub und göttlichem Atem stellt eine der schönsten Beschreibungen der menschlichen Natur dar. Gott rief Eva nicht durch sein bloßes Wort ins Leben, als wäre sie Teil einer nicht-menschlichen Wirklichkeit; er bildete sie auch nicht aus Staub und seinem Atem, als wäre sie ein Geschöpf ohne Beziehung zum Mann. Gott benutzte Adams Rippe, um ihre gegenseitige Abhängigkeit zu betonen. »Bein von meinem Bein und Fleisch von meinem

---

* Nach Karl Barth haben wir in 1. Mose 2,18–25 geradezu einen Kommentar zu 1. Mose 1,27 vor uns.

Fleisch«, so drückte es Adam aus. Die beiden waren gewissermaßen ineinander verwoben, voneinander abhängig, miteinander verflochten: keine grimmige Rivalität, keine hierarchische Überlegenheit, keine unabhängige Selbständigkeit. Was für ein schönes Bild.

Als nächstes begegnet uns das Bekenntnis zur Treue, Grundlage der reifen Ehe: »Darum wird ein Mann seinen Vater und seine Mutter verlassen und seinem Weibe anhangen, und sie werden sein ein Fleisch« (1. Mose 2,24). Das ist wirklich eine außerordentliche Aussage. In der stark patriarchalisch ausgerichteten Kultur ist es etwas ganz Besonderes, daß der biblische Schreiber von »verlassen« und »anhangen« spricht. Dann beschreibt die Bibel die Verbindung beider als real »*ein* Fleisch«, eine Wendung, deren volle Bedeutung Jesus neu herausgestellt hat.

Schließlich geht die Szene mit diesen erfrischenden Worten zu Ende: »Und sie waren beide nackt, der Mensch und sein Weib, und schämten sich nicht« (1. Mose 2,25). Hier haben wir das idyllische Bild von zweien, deren Sexualität vollständig in ihr Leben integriert war. Sie schämten sich nicht, weil sie heil waren. Sie lebten in organischer Einheit miteinander und mit der ganzen Schöpfung. Jemand hat gesagt: »Es gibt zwei Situationen, in denen sich Leute nicht schämen: Die erste – in einem Zustand der Ganzheit. Die andere – in einem Zustand der Illusion.«[24]

Bereits vor dem Sündenfall gab es eine Erotik, und zwar ohne Schamgefühle. Der Fall schuf den Eros nicht, er pervertierte ihn nur. In der Schöpfungsgeschichte sehen wir, wie Mann und Frau sich zueinander hingezogen fühlen, nackt und ohne Scham. Sie wissen, daß ihr Mannsein und Frausein wie auch ihre leidenschaftliche Zuneigung von Gott gemacht sind. Ihre Unterschiedlichkeit vereint sie auch; sie sind Mann und Frau, aber auch ein Fleisch. Die beiden aufeinander bezogen, sich liebend – warum sollten sie sich schämen? Ihre Sexualität ist von Gott geschaffen.

Wir kennen das tragische Ende der Geschichte, wie der Mann und die Frau Gottes Wege ablehnen. Und der Sündenfall vergiftete alles. Er sprengte die Beziehung zwischen Gott und Adam und Eva. Er verdarb sogar das Eheverhältnis. In der Sprache des Fluches heißt es: »er (dein Mann) soll dein Herr sein« (1. Mose 3,16). Man darf nicht außer acht lassen, daß die Herrschaft der Männer über die Frauen, die unsere Geschichtsbücher füllt und heute heiß diskutiert wird, nicht ein Teil der guten Schöpfung Gottes ist, sondern ein Ergebnis des Sündenfalles – daher die Spannung, der Konflikt, die Hierarchie.

Das Ergebnis für die menschliche Sexualität war, wie Karl Barth es ausdrückt, ein Schwanken zwischen einer bösen Erotik auf der einen Seite und einer bösen Abwesenheit der Erotik auf der anderen. Das christliche Zeugnis ist jedoch, daß mit dem gegenwärtigen Kommen des Reiches Gottes wir (zu einem gewissen Grade) fähig sind, am flammenden Schwert vorbei in das Paradies Gottes einzutreten und in geheilten erotischen Beziehungen zu leben.* In Christus bejahen wir unsere volle Sexualität und verlassen durch die Macht des Evangeliums ihre Perversion.

Gefeierte Liebe

Wenn in 1. Mose unsere Sexualität bestätigt wird, im Hohenlied wird sie gefeiert. Karl Barth nannte das Hohelied einen ausgedehnten Kommentar zu 1. Mose 2,25 – »Und sie waren beide nackt, der Mensch und sein Weib, und schämten sich nicht.« Nirgendwo anders in der Bibel wird die menschliche Sexualität derart überschwenglich gefeiert. Daß sich das Hohelied überhaupt in der Schrift befindet, ist ein hervorragender Beleg dafür, daß Israel die Dinge des Lebens nicht künstlich in heilig und weltlich aufteilte.

Welche wundervollen Einblicke in den Eros – so wie er sein sollte – das Hohelied doch bietet! Hier ist Sinnlichkeit ohne Ausschweifung, Leidenschaft ohne Promiskuität, Liebe ohne Gier. Ich möchte vier große Themen aus diesem Buch herausstellen.

Das erste ist die Intensität der Liebe.

Der Sänger scheut keine Mühe, türmt Superlativ auf Superlativ, um das Besondere ihrer Liebe zu zeigen: »Er erquickt mich mit Traubenkuchen und labt mich mit Äpfeln; denn ich bin krank vor Liebe«, ruft die Frau (Hoheslied 2,5). An einer anderen Stelle beschreibt der Sänger, wie die Frau im Bett liegt und nach ihrem Liebsten verlangt. Sie steht mitten in der Nacht auf, irrt durch die verlassenen Straßen und sucht den, »den meine Seele liebt« (3,2); sie spricht sogar die Wächter an und bittet sie, ihr zu sagen, wo sich ihr Liebster aufhält; schließlich: »da fand ich, den meine Seele liebt. Ich hielt ihn und ließ ihn nicht los« (3,4) – eine offenherzige Beschreibung intensiver Liebe, tatsächlich Eros frei von Scham.

---

* Mit der Einschränkung »zu einem gewissen Grade« wird anerkannt, wie komplex und tragisch die menschliche Situation ist. Obwohl das Reich Gottes »schon hier« ist, ist es auch »noch nicht« da. Obwohl wir in vielen Bereichen des Lebens die heilende Hand Gottes schon erlebt haben, stehen andere mehr unter dem »noch nicht«, und wir hoffen auf eine sich fortsetzende Erlösung durch den Herrn. Dies gilt für die Sexualität, wie es auch für alle anderen Bereiche des Lebens gilt.

Zusammen mit der Intensität der Liebe gilt es die Zurückhaltung in der Liebe zu sehen. Hier gibt es keine wüste Orgie, kein Grapschen und Bepatschen. Liebe ist etwas zu Hohes, Sexualität etwas viel Tiefergehendes, als daß derart geiles Verhalten in einem Atemzug damit genannt werden könnte.

Im 8. Kapitel erinnert sich die Frau daran, was ihre Brüder über sie sagten, als sie noch ein Kind war: »Unsere Schwester ist klein und hat keine Brüste.« (Das heißt, sie ist noch nicht erwachsen.) »Was sollen wir mit unsrer Schwester tun, wenn man um sie werben wird? Ist sie eine Mauer, so wollen wir ein silbernes Bollwerk darauf bauen. Ist sie eine Tür, so wollen wir sie sichern mit Zedernbohlen« (8,8–9). Sinngemäß fragen die Brüder hier, um sie zu schützen: »War unsere Schwester eine Mauer? Erhielt sie sich rein? Hielt sie ihre erotischen Leidenschaften unter Kontrolle, um sich für ihren treuen, bleibenden Liebsten aufzuheben? Oder war sie eine Tür? Wurde ihr durch kurzfristige Liebhaber Gewalt angetan?«

Voll erwachsen, kann die Frau ihrem Liebsten froh bestätigen: »Ich bin eine Mauer, und meine Brüste sind wie Türme« (8,10). Sie hatte sich nicht in wilder Leidenschaft hingegeben.

Auch der Mann hatte Zurückhaltung geübt. In Kapitel 6 erinnert er sich an viele Gelegenheiten, bei denen er sich als sexueller Draufgänger hätte zeigen können. Es liegt wohl ein wenig hebräische Übertreibung darin, wenn er sechzig Königinnen, achtzig Konkubinen und »Jungfrauen ohne Zahl« anführt, die er alle hätte haben können. Und doch sagte er nein zu ihnen allen, denn »*eine* ist meine Taube, meine Reine« (6,8f).

Die Liebe ist im Hohenlied auch darin zurückhaltend, daß sie nicht gehetzt werden will. Dies wird gut von dem Kehrreim ausgedrückt, der sich wie ein roter Faden durch das ganze Buch zieht: »Ich beschwöre euch, ihr Töchter Jerusalems, . . . daß ihr die Liebe nicht aufweckt und nicht stört, bis es ihr selbst gefällt« (3,5; 5,8; 8,4). Und wenn es für das alte Israel wichtig war, diesen Rat zur Geduld und Zurückhaltung zu hören, wieviel wichtiger ist er für unsere Gesellschaft, die sogar Kinder zu Sexsymbolen macht.

Welch eine schöne Verbindung – Intensität und Zurückhaltung. Die erotische Leidenschaft wird gefeiert, aber sie hat auch einen exklusiven Charakter. Keine Stelle verdeutlicht das besser als die Hochzeitsszene. Der Mann beschreibt seine zukünftige Braut als »verschlossenen Garten, eine verschlossene Quelle« (4,12). Sie hatte nein gesagt zu Sex nach Laune; sie hatte ihren Garten verschlossen gehalten. Aber dann, in der Hochzeitsnacht, ruft die Frau aus: »Steh auf, Nordwind, und komm, Südwind, und wehe durch meinen Garten, daß der Duft seiner Gewürze ströme! Mein Freund komme in seinen Garten und esse von seinen edlen Früchten« (4,16). Intensität der Liebe – Zurückhaltung der Liebe.

Ein drittes Thema, daß das Hohelied durchzieht, ist die Gegenseitigkeit der Liebe. Nirgends in diesem Buch finden Sie die langweilige Geschichte, in der der Mann handelt und auf die Frau eingewirkt wird, er sich aktiv, sie sich passiv verhält – ganz im Gegenteil! Beide sind intensiv dabei, beide ergreifen die Initiative, beide geben und nehmen. Es scheint, als wenn der Fluch der Herrschaft des Mannes, der aus dem Sündenfall stammt, durch die Gnade Gottes überwunden ist.

Sogar die literarische Struktur des Buches unterstreicht, daß die Liebe etwas Wechselseitiges ist. Der Mann spricht, die Frau spricht, der Kehrreim erklingt. Ein offenherziger Dialog findet statt. Die Frau ist offen und schämt sich nicht, ihrer Liebe und Leidenschaft Ausdruck zu verleihen: »Mein Freund ist mir ein Büschel Myrrhen, das zwischen meinen Brüsten hängt«, »Mein Freund gleicht einer Gazelle oder einem jungen Hirsch« (1,13; 2,9).

Stärker noch als in 1. Mose, wo nacheinander von der Zuneigung des Mannes zu seiner Frau (2,24) und dem Verlangen der Frau nach ihrem Mann (3,16) die Rede ist, wird hier die gegenseitige Zuneigung der Liebenden betont. Indem sie sich lieben, gegenseitig lieben, geben und empfangen beide fortwährend.

Das letzte Thema, das es zu beachten gilt, ist die Beständigkeit der Liebe – keine Spur von Promiskuität, kein Weglaufen angesichts von Schwierigkeiten oder Langeweile. Am Ende des Liedes ruft die Frau aus: »Lege mich wie ein Siegel auf dein Herz, wie ein Siegel auf deinen Arm. Denn Liebe ist stark wie der Tod und Leidenschaft unwiderstehlich wie das Totenreich. Ihre Glut ist feurig und eine Flamme des Herrn, so daß auch viele Wasser die Liebe nicht auslöschen und Ströme sie nicht ertränken können. Wenn einer alles Gut in seinem Haus um die Liebe geben wollte, so könnte das alles nicht genügen.« (8,6–7)

Ihre Liebe ist beständig und stark. Sie ist bei weitem mehr als die zwischen heiß und kalt schwankende erotische Leidenschaft. Sie ist so stark wie der Tod; für keinen auch noch so hohen Preis ist sie zu haben.

Solche Worte der Beständigkeit und Treue erinnern uns in der Tat an die Liebeshymne des Apostel Paulus in 1. Korinther 13 – »Die Liebe hört niemals auf.«

Die intensive und zurückhaltende, wechselseitige und beständige Liebe – wertvolle Perspektiven zur menschlichen Sexualität.

Jesus und die Sexualität

Jesus nahm gegenüber der Sexualität eine bejahende Haltung ein. Die direkten Lehraussagen Jesu zur Sexualität sind nicht sehr zahlreich, hauptsächlich wohl deshalb, weil er mit den Einsichten des Alten Testaments übereinstimmt und es nicht nötig war, diese weiter auszuführen. Was wir jedoch von ihm besitzen, unterstreicht seine hohe Sicht von Sexualität und Ehe.

Die Schriftgelehrten und Pharisäer lehrten, das man richtig lebe, solange man keinen Ehebruch verübte. Jesus aber sah hinter die Äußerlichkeiten des Gesetzes auf den inneren Geist, in dem die Menschen leben: »Ich aber sage euch: Wer eine Frau ansieht, sie zu begehren, der hat schon mit ihr die Ehe gebrochen in seinem Herzen« (Matth. 5,28).

Begierde ergibt schlechten Sex, denn sie verneint die Beziehung. Begierde macht aus der anderen Person ein Objekt, eine Sache, eine Nichtperson. Jesus verwarf die Begierde, weil sie den Sex unter ihrem Wert sucht, weil sie ihn zu weniger macht, als vom Schöpfer gewollt. Für Jesus war die Geschlechtlichkeit des Menschen zu gut, zu wertvoll, zu heilig, als daß sie billigen Gedanken anheimfallen dürfte.

Jesus zeigte auch eine hohe Meinung von der Ehe.* In Matthäus 19 lesen wir, wie die Pharisäer versuchten, Jesus eine Falle zu stellen. Sie wollten ihn in die damals aktuelle Debatte über die Scheidungsgründe verwickeln. Jesus antwortete durch den Hinweis auf die Schöpfungsgeschichte, daß nämlich die Eheleute »ein Fleisch« seien, und fügte hinzu: »So sind sie nun nicht mehr zwei, sondern ein Fleisch. Was nun Gott zusammengefügt hat, das soll der Mensch nicht scheiden!« (Matth. 19,6). In diesen Worten Jesu stoßen wir auf das große Geheimnis der Vereinigung von zwei Leben zu »einem Fleisch«. Es geht um die Verschmelzung von zweien, ohne daß die Individualität zerstört wird, zu einer Einheit. Die beiden werden ein Fleisch. Wir haben es mit einem geheimnisvollen Wunder zu tun, einer geistlichen Realität, auf die wir immer wieder zurückkommen müssen.

---

* Jesus gab auch dem Leben der Ledigen seinen Wert. Wir werden diesen Aspekt seiner Lehre in Kapitel 7 betrachten.

Paulus und die Sexualität

Der Apostel Paulus ehrte die Ehe in besonderer Weise, indem er sie mit der Beziehung zwischen Christus und seiner Gemeinde verglich. Nach dem Zitat aus 1. Mose über das Verlassen des Mannes von Vater und Mutter und dem Anhangen an seinem Weibe, so daß sie ein Fleisch werden, fügt Paulus hinzu: »Dies Geheimnis ist groß; ich deute es aber auf Christus und die Gemeinde« (Eph. 5,32).

Ohne Frage äußert sich Paulus mit besonderem Wohlwollen und Eifer über den Wert des Ledigbleibens (1. Kor. 7). Aber sogar an dieser Stelle bejaht er ausdrücklich die Ehe und rät zu gegenseitiger sexueller Erfüllung: »Der Mann leiste der Frau, was er ihr schuldig ist, desgleichen die Frau dem Mann« (1. Kor. 7,3).

Was haben wir in diesem kurzen biblischen Überblick erkannt? Vom Alten zum Neuen Testament, von den Evangelien zu den Briefen haben wir den Ruf vernommen, unsere Sexualität zu feiern. Sie ist eng mit unserer geistlichen Identität verbunden. Geistliches Leben bereichert unsere Sexualität und gibt ihr die Richtung an. Unsere Sexualität läßt unsere Frömmigkeit hier auf Erden ganzheitlich werden. Geistliches Leben und Sexualität wirken in einem auf das Reich Gottes ausgerichteten Leben harmonisch zusammen. Das ist das Zeugnis der Bibel.

Das Urteil der Geschichte

Ich wünschte, ich könnte so warmherzig über das Zeugnis der Kirche durch die Jahrhunderte schreiben. Zwei hauptsächliche Abweichungen von der biblischen Perspektive entwickelten sich bald nach der apostolischen Zeit. Die erste Ansicht war, daß körperliche Freuden schlecht seien, die zweite, daß der Geschlechtsverkehr auf die Zeugung beschränkt bleiben sollte. Man begann, die sexuelle Freude als Feind des geistlichen Lebens zu betrachten.

Wahrscheinlich hat niemand mehr dazu beigetragen, solche Lehren in der Kirche bedeutsam werden zu lassen, als Augustin. Zweifellos sind seine sexuellen Eskapaden als junger Mensch für seine negative Haltung gegenüber der Sexualität nach seiner Bekehrung mitverantwortlich. In *De civitate Dei* (Vom Gottesstaat) spricht er von der ehelichen Kinderzeugung als einem Tun, das »zwar von Natur durchaus schicklich ist, aber Hand in Hand geht mit einem andern, dessen man sich schämt«, dem Geschlechtsverkehr.[25]

Sogar in der Ehe sah er den Geschlechtsverkehr, außer zur Zeugung der Kinder, als eine läßliche (d.i. entschuldbare) Sünde an. »Augustin ist nicht zum wenigsten dafür verantwortlich, daß in unsere Kultur die immer noch weit verbreitete Idee eingedrungen ist, das Christentum halte die Sexualität für etwas besonders mit dem Bösen Beflecktes.«[26]

Viele Theologen gingen jedoch noch weiter als Augustin. Einige wiesen warnend Eheleute darauf hin, der Heilige Geist verlasse das Schlafzimmer immer dann, wenn sie Geschlechtsverkehr ausübten. Eine Yves von Chartres riet den Frommen, sich vom Geschlechtsverkehr zu enthalten: am Donnerstag in Erinnerung an die Gefangennahme Christi, am Freitag in Erinnerung an seine Kreuzigung, am Samstag zu Ehren der Jungfrau Maria, am Sonntag zum Gedenken der Auferstehung Christi und am Montag aus Respekt vor den Seelen der Verstorbenen.[27]

Die protestantischen Reformatoren akzeptierten die menschliche Sexualität weit mehr, waren aber um die Begierde in einer gefallenen Welt besorgt und verlangten deshalb sexuelle Zurückhaltung sowohl innerhalb wie außerhalb der Ehe. Einige vertraten jedoch einen positiveren Ansatz. Jeremy Taylor ermutigte Eheleute zum Geschlechtsverkehr, »um die Sorgen und Traurigkeiten, die ein Haushalt mit sich bringt, zu erleichtern und lösen oder um einfach miteinander zärtlich zu sein.«[28] Entgegen der landläufigen Meinung hatten die Puritaner eine recht gesunde und positive Einstellung zur Sexualität. Sie betrachteten den Geschlechtsverkehr als für die Ehe notwendig und ermutigten dazu als zu einer Gabe Gottes.

Insgesamt müssen wir jedoch feststellen, daß die Kirche die Hochachtung der Bibel vor der Geschlechtlichkeit des Menschen nicht aufrecht erhalten hat. Wie tragisch ist es doch, daß die Kirche die Erotik frei von Scham der Schöpfungsgeschichte und die sinnliche Freude des Hohenliedes so oft ignoriert hat. Wie traurig ist es doch, daß die Bejahung der Sexualität und der Ehe im Neuen Testament so oft zu einer Verneinung unserer Sexualität verdreht wurde. Wir müssen zu einer mehr biblisch orientierten, christlicheren Haltung zurückfinden.

Verzerrte Sexualität

Obwohl die Bibel unsere Sexualität feiert, enthält sie auch Warnungen.* Wir leben nach dem Sündenfall und erkennen unsere Sexuali-

* Die Ansichten über die Sexualität, die wir gerade in der Kirchengeschichte verfolgt haben, entstammen teilweise dem Bemühen, die Warnungen der Schrift

tät oft nur wie hinter einer dunklen Scheibe. Unsere Aufgabe als Christen ist es, unseren Weg durch die Verzerrungen der Sexualität zur Ganzheit der Sexualität zu finden. Die Sünde hat die Sexualität auf vielerlei Weise verzerrt.

Pornographie ist eine Verzerrung. Daß die Pornographie nicht in absoluten Begriffen definiert werden kann, sollte ihre Existenz nicht verschleiern. Es liegen Welten zwischen den Bildern von unbekleideten Personen in der Sixtinischen Kapelle und in den Sexmagazinen, und jeder vernünftige Mensch kennt den Unterschied. Die Pornographie ist schädlich, weil sie den Sex gewöhnlich, uninteressant und langweilig macht. Kunst und Literatur nähern sich der Pornographie, je mehr sie unsere Sexualität von der ganzen Vielfalt menschlichen Handelns und Fühlens abtrennen. In der Pornographie sehen wir eine verstümmelte Sexualität, die sich nur mit dem Körper als Spielball der Begierde beschäftigt, und in entmenschlichender Weise Macht über andere ausübt. Pornographische Kunst entwürdigt und entmenschlicht, wahre Kunst erhebt und adelt.

Ein Aspekt des Geschäfts mit der Pornographie ist die Phantasiewelt, die sie schafft. Gestellte Fotos und das Wunder des Farbdrucks können so manchen Makel überdecken. Der raffinierte Film mit seinen sorgsam verpackten Reizen kann eine sonst glückliche Ehebeziehung vergleichsweise langweilig und eintönig erscheinen lassen. Welche Frau kann schon Tag für Tag mit den üppigen Brüsten, dem strahlenden Lächeln und den sinnlichen Beinen, die auf der Leinwand zu sehen sind, erfolgreich konkurrieren? Welcher Mann kann den schwellenden Bizeps und sonnengebräunten Körpern, die die modernen Medien vermitteln, Gleiches entgegensetzen?

Die Antwort lautet: Das kann niemand, auch nicht die Leute, die die falsche Show abziehen. Es ist eine Traumwelt – eine verführerische, betrügerische, künstliche Traumwelt. Der Sex des pornographischen Handwerks ist zu raffiniert, zu wunderbar, zu ekstatisch. Der Sex in der realen Welt ist eine Mischung von Zärtlichkeit und Mundgeruch, Liebe und Ermüdung, Ekstase und Enttäuschung. Wenn die Leute an die Traumwelt glauben, fangen sie an, die Mängel der realen Welt verächtlich zu betrachten. Sie machen sich tatsächlich auf, eine makellose Phantasiewelt zu suchen. Diese Scheinwelt ist zutiefst destruktiv, sowohl für die wahre Sexualität wie auch für das wahre geistliche Leben.

---

ernstzunehmen. Wer allerdings nur die Warnungen beachtet, wird unfähig, die positive, feiernde Seite der Sexualität recht zu würdigen.

All dies ist schon zerstörerisch genug, aber der destruktivste Aspekt der Pornographie ist vielleicht die verkappte Form von Macht, die sie darstellt. Harte Pornographie ist weitaus mehr als ein Nervenkitzel; sie ist gewalttätig und krank. Sie wendet sich, sadistisch und destruktiv, an die rohe Gewalt im Menschen.

Die *Begierde* ist auch eine Verzerrung der Sexualität. Wenn ich von Begierde spreche, so meine ich nicht den eher zufälligen Blick oder den flüchtigen Gedanken, sondern den Zustand, bei dem ein Mensch sich ständig in sexueller Erregung befindet. Begierde ist verselbständigte, unkontrollierte sexuelle Leidenschaft.

Durch die Sünde sind unsere sexuellen Bedürfnisse verzerrt. In einigen Fällen sind sie zwanghaft und alles verschlingend geworden. C. S. Lewis stellt die Verzerrung unseres sexuellen Instinkts plastisch dar: »Sie bekommen jede Menge Zuschauer für eine Striptease-Nummer, also wie sich ein Mädchen auf der Bühne auszieht. Nun stellen Sie sich vor, sie kämen in ein Land, wo sie ein Theater mit der folgenden Nummer füllen könnten: Ein verdeckter Teller wird auf die Bühne gebracht, langsam wird das Tuch gehoben und kurz bevor die Lichter ausgehen, kann jeder erkennen, daß sich auf dem Teller ein Lammkotelett oder ein Stück Schinken befindet – hätten Sie nicht auch den Eindruck, daß in dem Land etwas mit dem Verlangen nach Nahrung nicht stimmt?«[29] Lewis hat recht, es stimmt etwas nicht mit unserem sexuellen Verlangen, und für manche ist das eine gewaltige Last. Man fühlt sich ertappt, gequält und schuldig. Mit religiösen Platitüden ist diesen krankhaft entzündeten Instinkten nicht beizukommen.

Manche leiden unter der Begierde und schreien verzweifelt nach Erlösung, aber der Himmel scheint sich in Schweigen zu hüllen. Sie werden Tag und Nacht von sexuellen Versuchungen geplagt. Sie lehnen den Ehebruch aus christlicher Überzeugung ab, fühlen sich aber zu einem blassen Voyeurismus gezwungen, um ihre innere Begierde zu befriedigen. Aber anstatt Befriedigung zu erlangen, wird ihr Verlangen nur um so mehr entfacht, etwa wie wenn man einen hungernden Menschen an einer Bäckerei vorbeiführt. Dem Sichgehenlassen folgen Schuldgefühle und Gewissensbisse, worauf sich noch mehr Nachgiebigkeit und noch mehr Schuldgefühle und Gewissensbisse einstellen.

Wir dürfen all die, die von der Begierde geplagt sind, nicht schnell verurteilen, sondern sollten versuchen, sie zu verstehen. Die Versuchungen sind in unserer sex-getränkten Kultur sehr groß. Die Verzerrung unserer Sexualität zur Begierde kann ganz verworrene Wege einschlagen. Nur durch die Gnade Gottes und den liebevollen Beistand innerhalb einer christlichen Gemeinschaft kann es gelingen, unsere von der Begierde entzündete Sexualität wieder zu heilen.

Zu den sonderbaren Verzerrungen der Sexualität zählen auch *Sadismus* und *Masochismus*. Dem Sadisten macht es Freude, Schmerzen zuzufügen, dem Masochisten, sie zu empfangen. Beide sind von der warmen, gegenseitigen Sexualität des Hohenliedes weit entfernt. Ich spreche nicht von der sexuellen Erregung, die Paare durch einen harten Kuß oder Biß erfahren. Die Exzentrizität eines Ehepartners kann im Kontext einer verantwortlichen Liebe und Fürsorge ertragen werden.

Im Sadismus und Masochismus bewegt man sich nicht auf die verantwortliche Liebe und Fürsorge zu, sondern man entfernt sich davon. Der Schwerpunkt liegt eher auf dem Schmerz als auf dem Aufbau einer Beziehung. Lewis Smedes bemerkte dazu: »Hier fühlt ein Mensch den Schmerz nicht *innerhalb* einer sexuellen Beziehung, sondern er erfährt den Schmerz als den *Ersatz* für eine sexuelle Beziehung.«[30]

Im Extremfall steigert sich der Sadismus zu Vergewaltigung oder sogar Mord. Genau das, was geschaffen wurde, um Freude und Leben zu geben, bringt in seiner Verzerrung Unglück und Tod. Warum? Welch abscheuliche Verdrehung der Sexualität kann einen Menschen dazu bringen, einen anderen zu beherrschen, zu erniedrigen, ja zu zerstören? Niemand kann diese Fragen endgültig beantworten. Wir können nur sagen, daß die Verzerrungen der Sexualität tatsächlich dämonisch werden können. Sünde ist etwas reales, das Böse ist eine Wirklichkeit, die Mächte und Gewalten sind Realität und können uns sogar an den Rand der Hölle bringen.

Aber wir sollten den Stein nicht so schnell auf andere werfen. In uns allen lauert die Fähigkeit, zu entmenschlichen und zu zerstören. Wenn unsere Versuchungen auch nicht in der Form des Sadismus und Masochismus kommen, so kommen sie doch und können immer noch zerstören. Diese Realitäten sollten uns unter dem Kreuz demütig machen und dazu führen, daß wir füreinander um ein hohes Maß an Gesundheit und Heilsein beten.

Sexismus ist eine weitere Verzerrung unserer Sexualität. Im Grunde ist der Sexismus nur eine andere Seite des Sadismus. Er ist der Drang, über das andere Geschlecht zu herrschen, es zu unterdrücken, zu kontrollieren. Die Geschichte kennt traurige Beispiele dieser grausamen Herrschaft, die hauptsächlich von Männern über

Frauen ausgeübt wurde. Auch das Alte Testament gibt davon Bericht, daß in der damaligen Gesellschaft Frauen oft als Besitz des Mannes behandelt wurden und er sie nach Belieben beschützen oder entlassen konnte.

Die Anschauung von einem minderen Wert der Frau ist eine falsche und seelenzerstörende Doktrin. Wenn wir die vorgegebene Minderwertigkeit der Frau ablehnen, so müssen wir auch die als selbstverständlich vorausgesetzte Unterordnung der Frau ablehnen. Das Argument, die Frau sei zwar nicht weniger wert, aber eben anders als der Mann und ihm *deshalb* untergeordnet, ist nicht zwingend. Die Unterschiede sind offensichtlich, aber aus ihnen muß nicht unbedingt eine hierarchische Ordnung gefolgert werden.

Wir sollten nicht vergessen, daß »Herrschaft des Mannes *über* die Frau« nicht die ursprüngliche Sexualität vor dem Sündenfall umschreibt, sondern die unter dem Fluch aufgrund des Sündenfalles: »Und dein Verlangen soll nach deinem Mann sein, aber er soll dein Herr sein« (1. Mose 3,16). Sexismus ist Verzerrung der Sexualität, nicht ihr heiler Zustand. Dank der Kraft des Todes Christi und seiner Auferstehung sind wir nicht mehr unter dem Fluch – wir haben ihn überwunden und werden ihn überwinden.

Der Christ und die Homosexualität

Aus vielen Gründen möchte ich am liebsten das Thema Homosexualität auslassen, schon allein deshalb, weil das, was ich auf wenigen Seiten schreiben kann, völlig unzureichend bleiben muß. Außerdem wissen Heterosexuelle – und das liegt in der Natur der Sache – furchtbar wenig über die homosexuelle Erfahrung. Das gilt, auch wenn wir uns noch so sehr anstrengen, das homosexuelle Milieu zu verstehen, und noch so viele Bücher dazu lesen. Und dann ist die Homosexualität unter Christen augenblicklich ein derart heißes Eisen, daß, was auch immer gesagt wird, hart kritisiert werden wird – wohl aus gutem Grund. Diese Bedenken sind jedoch nicht schwerwiegend genug, um mich zum Schweigen zu veranlassen. Außerdem verursacht die Homosexualität heutzutage so viel Leiden und Schmerz, daß es das Risiko wert ist, wenn nur etwas Hilfreiches, vielleicht sogar Heilendes gesagt werden könnte.

Weil diese Frage so viele Menschen so tief verletzt hat, muß das erste Wort dem Mitgefühl und der Heilung gelten. Diejenigen, die in ihrer Neigung ganz klar homosexuell sind, fühlen sich oft mißverstanden, abklassifiziert, beschimpft und abgelehnt. Diejenigen, die glauben, daß die Homosexualität eine Beleidigung der biblischen Normen darstellt, fühlen sich von Konfessionen hintergangen, die die Homosexualität im kirchlichen Leben legalisieren wollen.

Es gibt eine dritte Gruppe, die von der gegenwärtigen Debatte über die Homosexualität verletzt worden ist. Ich meine diejenigen, die an ihrer eigenen sexuellen Identität leiden, jene, die von widerstreitenden sexuellen Wünschen zerrissen sind und sich fragen, ob sie vielleicht latente Homosexuelle seien. Vielleicht leiden sie am meisten. Sie sind verwirrt, weil die Kirche Widersprüchliches von sich gibt. Auf ihrer Rechten hören sie eine schrille Verurteilung der Homosexualität, und obwohl sie das Bemühen um Treue zur Bibel schätzen, hat sie oft der barsche, uninformierte, pharisäische Ton der Verlautbarungen abgestoßen. Auf ihrer Linken hören sie ein enthusiastisches Ja zur Homosexualität, und obwohl sie liebevolles Verständnis für die Unterdrückten schätzen, wundern sie sich, wie man mit der Bibel umspringt, um sie einer gefälligeren Position anzupassen.

Alle, die in dem kulturellen und kirchlichen Chaos über die Homosexualität gefangen sind, brauchen unser Mitgefühl und unser Verständnis. Wir müssen alle homosexuellen Menschen, die diskriminiert und verfolgt wurden, um Verzeihung bitten. Wir müssen all denen, die meinen, daß die Kirche ihren moralischen Rückhalt verliert, einfühlsam zuhören. Alle, die mit ihrer eigenen sexuellen Identität kämpfen, brauchen unser Verständnis, unseren Rat und unsere nüchterne moralische Beurteilung.

Gibt uns die Bibel in der Frage der Homosexualität irgendwelche Richtlinien? Ja, die Bibel ist völlig klar und eindeutig. Vom Anfang bis zum Ende sieht sie die heterosexuelle Verbindung als Gottes Willen für die Sexualität an und betrachtet die Homosexualität als eine Verzerrung dieser gottgegebenen Ordnung. Dies ergibt sich nicht nur aus den speziellen Texten in der Bibel zur Homosexualität, obwohl ich meine, daß sie in ihrer Ablehnung der homosexuellen Handlungen klar genug sind.* Der weitere biblische Kontext ist jedoch am überzeugendsten. Dieser Kontext stellt völlig klar, daß die heterosexuelle Verbindung die Norm ist. Gott schuf sie als »Mann und Frau«, damit sie »ein Fleisch« werden. Diese Überzeu-

---

* Siehe z.B. 3. Mose 18,22; 20,13; Römer 1,21–27; 1. Kor. 6,9 und 1. Tim. 1,10. Ich kenne die verschiedenen Versuche, diese Texte in einem neuen Licht umzuinterpretieren, und einige dieser Bemühungen sind recht anspruchsvoll. Ich finde sie jedoch nicht überzeugend.

gung unterliegt der ganzen biblischen Lehre über die menschliche Sexualität.

Man kann durchaus so argumentieren, daß die biblischen Schreiber nichts wußten von dem Unterschied zwischen homosexueller Begierde und homosexueller Liebe oder zwischen chronisch konstitutionellen Homosexuellen und jenen, die nur zur Homosexualität neigen. Aber man kann unmöglich behaupten, die Bibel sei in dieser Sache mehrdeutig. Die Homosexualität wird als »unnatürlich« und als eine Abkehr vom Willen Gottes abgelehnt. Die Ansicht, daß es sich bei der Homosexualität lediglich um eine besondere Form der normalen Sexualität handele, ist aus biblischer Sicht undenkbar.

Obwohl die biblische Einschätzung der Homosexualität klar ist, darf das uns nicht zu dem Schluß verleiten, Homosexualität sei einfach selbst gewollt. Die Idee, daß alle Homosexuellen sich frei die Form ihrer Sexualität aussuchen können und sich freiwillig für die homosexuellen Praktiken entscheiden, ist weder wissenschaftlich noch theologisch richtig. Sie ist auch nicht logisch. Homosexualität tritt in vielen Abstufungen auf und hat verschiedene Ursachen, von denen viele außerhalb der Kontrolle des einzelnen liegen. Ein Mensch mit einer Neigung von 20 bis 30 Prozent zur Homosexualität wird es viel leichter haben, sich zu einer vollen heterosexuellen Orientierung zu »bekehren« als ein Mensch mit einer Neigung von 80 bis 90 Prozent zur Homosexualität. Die Faktoren, die zur sexuellen Orientierung eines Menschen beitragen, sitzen oft tief und sind kompliziert. Deshalb wollen wir mit denen mitfühlen und bei ihnen stehen, die eine heterosexuelle Orientierung als fremd und schwierig empfinden, obwohl wir uns zu ihr als der christlichen Norm bekennen wollen.

Eine einfache sexuelle Anziehung zu einer Person des gleichen Geschlechts ist noch lange keine Homosexualität. Solch eine Anziehung kann durch verschiedene Dinge ausgelöst werden, Annahme, Zuneigung und Fürsorge zum Beispiel. Dies ist etwas ganz anderes als wahre Homosexualität.

Eine Frau ist nicht schon deshalb lesbisch zu nennen, weil sie sich von einer anderen Frau sexuell angezogen fühlt. Ein Mann ist nicht homosexuell, nur weil er durch einen anderen Mann erregt wird. Sexuelle Erregung ist im Kontext der Vertraulichkeit und Zuneigung nicht ungewöhnlich. Das ist weder abnormal noch selten. In unserer Zeit, wo der Sex so betont wird, ist es durchaus möglich, daß heterosexuelle Menschen generell so vom Sex ergriffen werden, daß sie ihn sowohl heterosexuell als auch homosexuell auszudrücken versuchen. Solche Triebe benötigen aber eine positive Kontrolle und Zurückführung.

Ein Mensch, der eine gleichgeschlechtliche Erregung erfahren hat, braucht sich nicht davor zu fürchten, daß er nun zu lebenslanger Homosexualität verurteilt sei. Diese Erfahrung ist recht häufig, muß aber entschlossen und richtig angegangen werden. Ein theologischer, soziologischer und psychologischer Rahmen ist notwendig, um die Sexualität in ihre Bahn zu lenken. Ein solcher Rahmen kann dazu benutzt werden, um den homosexuellen Praktiken ein entschlossenes Nein entgegenzusetzen, ähnlich, wie eine verheiratete Person einen christlichen Rahmen benutzt, um außerehelichen sexuellen Aktivitäten ein entschlossenes Nein entgegenzusetzen.

Sexualität ist wie ein gewaltiger Fluß, reich und tief und gut, solange er sich in seinem Flußbett bewegt. In dem Moment, in dem er über die Ufer tritt, wird er zerstörerisch, und in dem Moment, in dem der Sex über seine gottgegebenen Ufer tritt, zerstört er gleichermaßen. Es ist unsere Aufgabe, so klar wie möglich die Grenzen für unsere Sexualität zu definieren und alles in unserer Macht Stehende zu tun, um unsere sexuellen Regungen in jenen tiefen, reinen Strom zu lenken.

Bis jetzt habe ich mich mit denen beschäftigt, die auf gleichgeschlechtliche Partner *ansprechen*, aber nicht mit denen, die in einer fest etablierten Lebensweise gleichgeschlechtliche Partner *vorziehen*. Die letzteren nennt man konstitutionell Homosexuelle. So sehr sie es auch versuchen mögen, sie werden einfach nicht durch das andere Geschlecht erregt, und so sehr sie es auch versuchen mögen, sie können es scheinbar nicht vermeiden, von dem gleichen Geschlecht angeregt zu werden. Sozialwissenschaftler sagen uns, daß ungefähr fünf Prozent aller Männer und etwa halb so viele unter den Frauen einen chronischen Sexualtrieb zu Personen ihres eigenen Geschlechts besitzen. Was können wir denen sagen, die, soweit wir es feststellen können, chronisch konstitutionell Homosexuelle sind?

Zunächst muß gesagt werden, daß sich diese Menschen die Homosexualität nicht gewählt haben, wie sich auch ein Kind mit einem Klumpfuß diesen nicht gewählt hat. Beides sind Abweichungen von Gottes Intention, aber keines von beiden ist ein Grund, die Betroffenen deshalb zu tadeln. Wir leben in einer gefallenen Welt, und viele sind von den Folgen der Sünde betroffen, die die Menschheit plagen. Solche Menschen verdienen unser Verständnis und Mitgefühl, nicht unsere Verurteilung.

Aber obwohl die Homosexuellen nicht für ihre Homosexualität

verantwortlich sind, so sind sie doch dafür verantwortlich, was sie tun. Entscheidungen müssen getroffen werden, und Christen, die eine homosexuelle Orientierung in sich tragen, müssen diese Entscheidungen im Lichte der Wahrheit Gottes und der Gnade Gottes treffen.

Generell gibt es für Homosexuelle drei Möglichkeiten: Sie ändern ihre homosexuelle Orientierung, sie kontrollieren ihre homosexuelle Orientierung, oder sie üben ihre homosexuelle Orientierung aus.

Kann ein konstitutionell Homosexueller eine heterosexuelle Orientierung entwickeln? Diese Frage ist heiß umstritten. Nachprüfbares Beweismaterial ist sehr schwer zu finden. Viele der sogenannten Bekehrungen zur Heterosexualität betreffen wahrscheinlich Menschen, die wohl zur Homosexualität neigten, aber nicht tatsächlich konstitutionell homosexuell waren. Einige Studien geben Grund zur Hoffnung. Im *American Journal of Psychiatry* war zu lesen: »Die Daten ergeben beachtliches Beweismaterial für die Möglichkeit eines Wandels von exklusiver Homosexualität zu exklusiver Heterosexualität, was im Einklang steht mit den statistischen Möglichkeiten von Kinsey für einen solchen Wandel, den Daten von Masters und Johnson und den klinischen oder observierten Fallbeispielen solcher Wandlung.«[31]

Natürlich sollten wir einen naiven Optimismus vermeiden, die Hoffnung auf einen echten, bleibenden Wandel aber nie aufgeben. Diejenigen, die an einem Wandel in ihrer sexuellen Orientierung arbeiten, bedürfen unserer Unterstützung im Gebet und der Liebe der christlichen Gemeinschaft. Ihr Weg ist nicht leicht. Wir als Glieder der christlichen Gemeinde müssen ihnen in Zeiten von Frustration, Entmutigung und Versagen beistehen. Es ist unser Bemühen, unser Gebet, unsere Hoffnung, die das Leben verändernde Macht Gottes in ihre Situation zu bringen. Und wann immer das geschieht, können wir uns mit ihnen freuen. Wir müssen aber auch bereit sein, mit ihnen zu weinen.

Es gibt jene Menschen, die nach Gott geschrien und alles Menschenmögliche getan haben und doch keinen Wandel in ihrer sexuellen Orientierung erfahren. Auch wir, die wir mit ihnen ackerten, haben alles in unserer Macht Stehende getan, aber es scheint, als wenn alles nichts genützt hätte. Was dann?

Eine zweite Möglichkeit ist, das homosexuelle Verhalten zu kontrollieren. Um ihre moralische Integrität zu wahren, haben einige als Ausweg aus der Homosexualität die Ehelosigkeit gewählt. Diese

Menschen brauchen unsere herzliche Unterstützung und Ermutigung. Eine Änderung des Verhaltens, persönliche Disziplin und weise Entscheidungen sind notwendig. Die Gemeinde sollte solche Leute mit ernsthaftem Gebet umgeben, damit sie ihrer Berufung zur Ehelosigkeit treu bleiben können.*

Die dritte Möglichkeit für die Homosexuellen ist, ihre Homosexualität auszuüben. An dieser Stelle wäre es leicht, die Diskussion mit der Erklärung zu beenden, daß die Ausübung der Homosexualität Sünde sei und deshalb für den Christen nicht in Frage käme. Die Ausübung der Homosexualität ist bestimmt Sünde, aber das bedeutet nicht, daß wir unsere Hände in Unschuld waschen können. Wir leben in einer Welt, die in katastrophaler Weise gefallen ist, und die Verzerrungen durch die Sünde können uns manchmal auf tragische Art in ihre Netze verstricken. Die menschliche Anstrengung reicht nicht immer, den Idealzustand zu erreichen. Wir sind begrenzt; unser Wissen und unsere Macht haben ihre Grenzen. Natürlich hoffen wir auf die Kraft Gottes; wir beten um sie; wir erwarten sie. Wenn sie kommt, haben wir einen wunderbaren Anlaß, Gott zu preisen. Aber es gibt auch jene andere Zeiten der Frustration, der Entmutigung und des Versagens. Und wenn diese Zeiten kommen, dann müssen wir uns, so gut wir es vermögen, durchschlagen.

Die christliche Gemeinde kann denen, die sich unfähig fühlen, ihre Orientierung zu ändern oder die Ehelosigkeit zu ergreifen, nicht erlauben, die Homosexualität auszuüben. Wenn aber eine solch tragische moralische Wahl getroffen wurde, sollte der bestmögliche moralische Kontext beibehalten und gewährt werden.

Vielleicht hilft uns ein Beispiel. Wenn ein Krieg entsteht, obwohl er hätte vermieden werden sollen, so gibt es immer noch moralische Auflagen für die Kämpfenden. Daß das Ideal gebrochen wurde, bedeutet nicht, daß alles erlaubt ist. Ein Mensch hat auch dann noch moralische Verpflichtungen, wenn er in Handlungen verwickelt wird, die nicht die besten sind. Wenn wir die Wahl der Ausübung der Homosexualität auch nicht verzeihen können, so können wir den Menschen, der sie getroffen hat, nicht fallen lassen. Nein, wir stehen diesen Menschen bei, immer bereit ihnen zu helfen, immer bereit, die Scherben aufzusammeln, wenn die Dinge auseinandergefallen sind, immer bereit, Gottes Annahme und Vergebung zu bringen.

---

* Ehelosigkeit ist für Homosexuelle eine legitime Berufung, aber das heißt natürlich nicht, daß alle Ehelosen Homosexuelle sind.

7. Sexualität und die Alleinstehenden

Die Hölle ist außerhalb des Himmels der einzige Ort, wo wir vor den Gefahren der Liebe sicher sind.   C. S. Lewis

Heute ist eine der großen Herausforderungen für den christlichen Glauben die Frage, wie Sexualität und geistliches Leben im Leben eines Alleinstehenden integriert werden können. Wir nähern uns dem Tag, an dem die Alleinstehenden die Mehrheit bilden werden. Darunter sind neben aus verschiedenen Gründen unverheirateten Erwachsenen natürlich auch die jungen Menschen, die die Ehe noch vor sich haben, und diejenigen, die durch den Tod des Ehepartners zu Alleinstehenden wurden. Nicht zuletzt macht aber die überaus tragische Welle der Ehescheidungen Millionen von Menschen zu Alleinstehenden.

Die Kirche kann einen enorm wichtigen Beitrag leisten, indem sie den Alleinstehenden hilft, mit ihrer Sexualität ehrlich und integer umzugehen. Damit dies geschehen kann, müssen wir aufhören, die Alleinstehenden als Menschen ohne sexuelle Bedürfnisse anzusehen. Alleinstehende – besonders die ernsthaften Christen unter ihnen – kämpfen wirklich mit ihrer Sexualität. Sie werden von vielen Fragen gequält. Ist die Masturbation für einen Christen ein legitimes Mittel, die Sexualität auszudrücken? Wie gehe ich mit den Gefühlen der Begierde um, die so oft meine Gedanken beherrschen? Was ist Begierde eigentlich, und wie unterscheidet sie sich von angebrachtem sexuellen Verlangen? Wie steht es mit der körperlichen Zuneigung? Ist sie ein taugliches Mittel, um eine gesunde Beziehung aufzubauen, oder ist sie eine Einbahnstraße zum Geschlechtsverkehr? Und da wir gerade beim Geschlechtsverkehr sind, warum wird gerade dem Eindringen des Penis in die Scheide eine so große Bedeutung beigemessen? Gibt es tatsächlich triftige biblische Gründe, den Geschlechtsverkehr außerhalb der Ehe auszuschließen, oder handelt es sich nur um gesellschaftliche Normen? Diese und viele ähnliche Fragen haben die Alleinstehenden, die sich darum bemühen, ihr Christsein und ihre Sexualität zu integrieren.

Sexualität und Geschlechtsverkehr

Vielleicht ist es am besten, damit zu beginnen, was aus christlicher Sicht Sexualität und Geschlechtsverkehr bedeuten. Manchmal fragt jemand: »Halten Sie etwas von vorehelichem Sex?« Die Antwort zu der Frage ist: »Ja und Nein.« Der christliche Glaube sagt ein klares Ja zu dieser Frage, soweit sie die Bejahung unserer menschlichen Sexualität betrifft. Der christliche Glaube sagt ein klares Nein zu dieser Frage, soweit sie den genitalen Sex betrifft. Lassen Sie uns versuchen, die Begründungen für das Ja und das Nein zu verstehen.

Wir sind Personen mit einer Sexualität. Das dürfen wir nie verneinen oder in irgendeiner Form ablehnen. Wir sind nach dem Bilde Gottes als Mann und Frau geschaffen. In einem gewissen Sinn hat alles, was wir sind, und alles, was wir tun, eine sexuelle Bedeutung. Ich versuche damit, die wirklich dumme Vorstellung, Alleinstehende wären irgendwie asexuell, zu überwinden.

Zur Sexualität der Alleinstehenden gehört ihre Fähigkeit, zu lieben und geliebt zu werden. Nicht alle Erfahrungen vertrauten Umgangs müssen zur Ehe oder zum genitalen Sex führen. Die Liebe muß nicht genital sein, um intim zu sein, aber die Liebesfähigkeit ist für unsere Sexualität unerläßlich. Deshalb sollten Alleinstehende viele wohltuende und fürsorgliche Beziehungen entwickeln. Tiefe Zuneigung in nichtgenitalen Beziehungen sind durchaus möglich. Dazu sollte ermutigt werden.

Zur Sexualität der Alleinstehenden gehört ihr Bedürfnis, emotionale Erfüllung zu erfahren. Die Entscheidung, den genitalen Sex der Ehe vorzubehalten, bedeutet nicht, daß man emotional unerfüllt bleiben muß. Herzliche, beglückende Freundschaften sind legitime Wege für die Alleinstehenden, ihre Sexualität auszudrücken. Die emotionale Erfüllung ist für den Alleinstehenden völlig möglich, und die Gemeinde kann hierzu beitragen, indem sie ein Umfeld schafft, in dem glückliche und wirklich befriedigende Freundschaften wachsen können.

Zur Sexualität der Alleinstehenden gehört, daß sie lernen, ihre sexuellen Gefühle zu akzeptieren und zu kontrollieren. Unverheiratete und andere Alleinstehende sollten ihre sexuellen Gefühle weder verneinen noch unterdrücken. »Gefühle sind dazu da, gefühlt zu werden, und die sexuellen Gefühle bilden hier keine Ausnahme.«[32] Wenn wir diese Gefühle zu leugnen versuchen, schließen wir uns selbst von unserem Menschsein aus.

Ich höre viel mehr über platonische Liebe, als ich in Wirklichkeit sehe. Die meisten engen heterosexuellen Freundschaften schließen eine erotische Dimension ein. Es hilft uns in keiner Weise, diese Tatsache des Lebens zu verneinen. Statt dessen sollten wir diese Gefühle akzeptieren. Aber sie zu akzeptieren bedeutet nicht, sich nach ihnen zu richten. Die sexuellen Gefühle haben nicht uns zu kontrollieren, wir haben sie zu kontrollieren. Der Gedanke, die sexuellen Gefühle seien unkontrollierbar, ist eine Illusion. Nur weil wir auf jemanden so wütend sind, daß wir ihn umbringen könnten, bedeutet nicht, daß wir es auch tun. Wir kontrollieren unsere Wut, damit wir nicht töten; genauso bringen wir auch unsere sexuellen Gefühle unter unsere Kontrolle.

Bis jetzt haben wir Möglichkeiten aufgezeigt, mit denen Alleinstehende zu ihrer Sexualität ja sagen können. Wie steht es aber mit dem Nein zur Frage der Sexualität außerhalb der Ehe?

Es führt kein Weg darum herum: Die biblische Lehre legt gegen den Geschlechtsverkehr für Alleinstehende ein klares Veto ein. Die Frage ist, warum? Die biblischen Schreiber waren in keiner Weise prüde. Schon daß die Menschen als Mann und Frau von Gott geschaffen wurden, bedeutet eine völlige Zustimmung zu aufregenden sexuellen Erfahrungen. Das Hohelied feiert den Sex als ein abenteuerliches Vergnügen. Paulus warnt die Ehepartner davor, sich der »ehelichen Pflicht« zu entziehen. Warum ist dann der Geschlechtsverkehr auf die Ehe begrenzt?

Die Bibel bannt den Geschlechtsverkehr für Unverheiratete auf Grund einer tiefen, positiven Einsicht. Der Geschlechtsverkehr schafft – so die Bibel – einen geheimnisvollen, einzigartigen Bund: »ein Fleisch«. In der Schöpfungsgeschichte wird uns in einfachen, aber tiefgreifenden Worten gesagt: »Darum wird ein Mann seinen Vater und seine Mutter verlassen und seinem Weibe anhangen, und sie werden sein ein Fleisch« (1. Mose 2,24). Als die Pharisäer versuchten, Jesus in die damalige Streitfrage über die Scheidungsgründe zu verwickeln, berief er sich auf die Aussagen »ein Fleisch« aus 1. Mose und fügte hinzu: »So sind sie nun nicht mehr zwei, sondern ein Fleisch. Was nun Gott zusammengefügt hat, das soll der Mensch nicht scheiden!« (Matth. 19,6). Im Epheserbrief zitiert Paulus den gleichen Text über »ein Fleisch«, um den Männern einzuschärfen, ihre Frauen zu lieben, denn »wer seine Frau liebt, der liebt sich selbst« (Eph. 5,28). Anders gesagt: Die Ehe schafft eine solch verschmolzene Einheit, daß wer seinem Ehepartner etwas antut, sich selbst etwas antut.

Für unseren Gedankengang bietet jedoch 1. Korinther 6 die anschaulichsten Überlegungen. Paulus bespricht den Fall eines Mannes aus der Gemeinde, der mit einer Prostituierten Umgang gehabt hatte. Er schreibt: »Oder wißt ihr nicht: wer sich an die Hure hängt, der ist ein Leib mir ihr? Denn die Schrift sagt: ›Die zwei werden ein Fleisch sein‹« (1. Kor. 6,16). Dieser Text macht unmißverständlich klar, daß Paulus den Geschlechtsverkehr als die Handlung schlechthin betrachtet, die die Verbindung, »ein Fleisch«, zustande bringt.

Jetzt können wir erkennen, warum die biblische Moral den Sex für den Ehebund reserviert. Der Geschlechtsverkehr enthält etwas, das weit über das Körperliche und auch über das Gefühlsmäßige und Psychische hinausgeht. Er berührt tief den Geist eines jeden Menschen und führt zu der umfassenden Einheit, die die biblischen Schreiber »ein Fleisch« nennen. Denken Sie daran, wir *haben* keinen Körper, wir *sind* Körper; wir *haben* keinen Geist, wir *sind* Geist. Was den Körper tief berührt, berührt ebensosehr auch den Geist.

Der Geschlechtsverkehr ist ein »Leben-verbindender Akt« (Lewis Smedes), »eine Handlung der ganzen Person, die die ganze Person betrifft; er ist eine persönliche Begegnung zwischen Mann und Frau, in der jeder auf den anderen wirkt, zum Guten oder zum Bösen, in unauslöschlicher Weise. Dies gilt auch dann, wenn sie sich der Radikalität ihres Handelns nicht bewußt sind« (Derrick Baily).[33]

Somit geht die Begründung für das biblische Verbot des Geschlechtsverkehrs für die Unverheirateten über die allgemeinen praktischen Bedenken wie mögliche Schwangerschaft, Geschlechtskrankheiten und was sonst noch hinaus. Genitaler Sex außerhalb der Ehe ist falsch, »weil er die innere Realität der Handlung verletzt; er ist falsch, weil unverheiratete Leute sich damit auf einen Leben-verbindenden Akt einlassen ohne eine lebensverbindende Absicht ... Der Geschlechtsverkehr unterschreibt und besiegelt – und verursacht vielleicht sogar – eine Lebensverbindung; und eine Lebensverbindung bedeutet Ehe.«[34]

Deshalb sagt Paulus nein zum Geschlechtsverkehr außerhalb der Ehe, weil er den ureigenen Charakter der Handlung verletzt. Durch diese Handlung erleben wir das tiefe Geheimnis der Realität, »ein Fleisch« zu sein. Sie vereinigt und verbindet auf eine tiefe und wunderbare Weise – wunderbar, wenn sie an den bleibenden Bund der Treue geknüpft ist. Wenn nicht, wird sie »zu einer hohlen, kurzlebigen, diabolischen Parodie der Ehe, die eine Auflösung der Persönlichkeit hervorruft und eine tiefsitzende Frustration und Unzufriedenheit zurückläßt – obwohl dies vielleicht nie an die Oberfläche des Bewußtseins kommt und erkannt wird.«[35]

Das hebräische Wort für den Geschlechtsverkehr lautet »erkennen«. Die biblischen Schreiber wußten, daß im Geschlechtsverkehr eine besondere Art der Erkenntnis vermittelt wird, eine besondere Art der Intimität entsteht. Diese Realität nannten sie »ein Fleisch«. Dies ist also der Grund, warum die Bibel den Geschlechtsverkehr für den Ehebund vorbehält.

Was wird nun aus denen, die den Geschlechtsverkehr außerhalb der Ehe geübt haben, dies jetzt aber als falsch erkennen und es wirklich und ehrlich bereuen? Ist die verbindende Realität des Geschlechtsverkehrs in keiner Weise rückgängig zu machen? Nein, sie kann rückgängig gemacht werden, aber dazu bedarf es einer heilenden Berührung durch die Hand Gottes. Einen Leben-verbindenden Akt ohne lebensverbindende Absicht vollziehen – das verwundet den inneren Geist, den inwendigen Menschen. Solche Wunden entzünden sich oft und beginnen zu eitern, so daß sie das ganze geistliche Leben vergiften. Im besten Fall hinterlassen sie eine häßliche Narbe.

Aber eine Heilung ist möglich. Die Gnade Gottes kann den inneren Menschen so erfüllen, daß es zur Heilung und Wiederherstellung kommt. Manchmal erleben einzelne dies allerdings nicht ohne den Beistand anderer. Dann ist es am besten, einen weisen und mitfühlenden Seelsorger aufzusuchen – jemanden, der in geistlicher Führung und im Gebet um Heilung erfahren ist, der für einen solchen Menschen beten und ihn freisprechen kann.

Wie auch immer es getan wird, ein Heilungsgebet ist notwendig. Wir können nicht so tun, als wenn die Affäre nie gewesen wäre, wenn sie auch noch so flüchtig war. Wenn sie nicht behandelt und geheilt wird, kommt sie früher oder später hoch. Zu einem meiner Freunde kam einmal eine 78 Jahre alte Frau in die Seelsorge. Sie war fünfzig Jahre lang Missionarin gewesen, aber jetzt schien ihr Leben einem Trümmerfeld zu gleichen. Sie ängstigte sich Tag und Nacht. Sie hatte Angst vor Menschenmengen; sie hatte Angst vor Treppen; sie hatte vor allem Angst. Sie befand sich in einer Depression; eine tiefe Trauer hing über ihrem ganzen Leben. Ihre Not war so groß, daß sie auf dem Wege war, sich einer Schocktherapie zu unterziehen.

Der Seelsorger fragte sie, ob sie in ihrer Kindheit glücklich gewesen sei. »Oh, ja!« antwortete sie. »Wann empfanden Sie diese Trauer und Depression zum erstenmal?« »Als ich sechzehn war.« Und dann gab diese Frau zum erstenmal in ihrem Leben zu, mit sechzehn eine Affäre mit einem jungen Mann gehabt zu haben. Zum Glück wurde sie nicht schwanger. Der junge Mann ging bald andere Wege – sie aber trug über sechzig Jahre lang diese tiefe Wunde mit sich herum.

Mein Freund betete für die innere Heilung dieser Frau. Auf wunderbare Weise begannen die Ängste und Depressionen innerhalb weniger Wochen zu verschwinden, so daß sie sagen konnte: »Ich kann mich daran erinnern, daß ich Angst und Depressionen hatte, aber ich kann mich nicht mehr daran erinnern, wie sie sich anfühlten!«

Dieser Dienst der Vergebung und Heilung durch die Kraft Christi ist dem ganzen Volk Gottes aufgetragen. Wir können so viel Hilfe, so viel Heilung bringen, wenn wir nur wollen. Es ist ein Gnadenamt, das in der Gemeinschaft der Gläubigen reichlich ausgeübt werden sollte.

Sexuelle Phantasien

Jesus hat unmißverständlich klargemacht, daß sexuelle Rechtschaffenheit etwas viel Tiefergehendes ist, als den Sex außerhalb der Ehe zu vermeiden. Er sprach den Kern der Sache an, als er den Ehebruch des Herzens hervorhob: »Wer eine Frau ansieht, sie zu begehren, der hat schon mit ihr die Ehe gebrochen in seinem Herzen« (Matth. 5,28). Diese Feststellung ging wesentlich über die äußerliche Gerechtigkeit der Schriftgelehrten und Pharisäer hinaus. Sie hat auch viele Bedenken und Verwirrungen im Blick auf sexuelle Phantasien hervorgerufen.

Die Alleinstehenden, die als Jünger Christi den Geschlechtsverkehr der Ehe vorbehalten sein lassen wollen, sind oft darüber verwirrt, wie sie mit den sexuellen Phantasien umgehen sollen. Sexuelle Phantasien erfreuen – sie quälen und beunruhigen aber auch. Die Verwirrung wird noch durch die widersprüchlichen Reaktionen der christlichen Gemeinschaft vermehrt. Wenn Alleinstehende die Gemeinde um Rat fragen, treffen sie entweder auf eisiges Schweigen oder auf die Weisung, sie zu unterdrücken. Schweigen ist keine Hilfe und Verdrängung ein schlechter Rat. Verzweifelt versuchen sie jedoch ihre sexuellen Gefühle zu unterdrücken, aber ihre Bemühungen enden immer in der Enttäuschung. Das Ergebnis sind Schuldgefühle, gefolgt von Bitterkeit. Die Notwendigkeit für solide, praktische Unterweisung, wie mit den sexuellen Phantasien umgegangen werden kann, ist groß.

Zunächst müssen wir eine Abgrenzung zwischen Begierde und

sexueller Phantasie vornehmen, die so klar wie möglich ist. Ich sage »so klar wie möglich«, denn wir müssen einfach zugeben, daß die Trennungslinie manchmal in ethischen Dunst und Nebel gehüllt ist. Obwohl aller Begierde sexuelle Phantasien innewohnen, führen nicht alle sexuellen Phantasien zur Begierde. Wie können wir den Unterschied erkennen?

In Kapitel 6 definierte ich die Begierde als »fliehende, unkontrollierte sexuelle Leidenschaft.« Lewis Smedes hat den Unterschied zwischen den beiden recht gut ausgedrückt: »Wenn der Zustand der Erregung einen Plan hervorbringt, einen Menschen zu gebrauchen, wenn die Zuneigung Pläne zu schmieden beginnt, dann haben wir die Grenze des erotischen Reizes überschritten und befinden uns im geistlichen Ehebruch.«[36] Die Begierde ist eine ungezähmte, zügellose sexuelle Leidenschaft, die darauf abzielt, zu besitzen. Das ist etwas ganz anderes als die gewöhnliche erotische Wahrnehmung, die in der sexuellen Phantasie auftritt.

Deshalb sollten wir als erstes die unnötige Last ablegen und uns nicht selbst für jedes erotische Bild, das uns in den Sinn kommt, verurteilen. Manchmal sind sexuelle Phantasien ein Zeichen von Sehnsucht nach intimem Umgang, ein andermal spiegeln sie die Anziehung einer schönen gewinnenden Person wider. Sexuelle Phantasien können vieles bedeuten, wir dürfen sie nicht automatisch der Begierde zuordnen.

Es ist auch hilfreich, die positive Wirkung der Phantasie zu erkennen. Durch die Phantasie sind wir in der Lage, die Realität in Schranken zu halten, während wir der Vorstellungskraft erlauben, sich frei zu bewegen. Reife Menschen sind in der Lage, die Vorstellungskraft zu nutzen, ohne dabei jemals die Verbindung mit der realen Welt zu verlieren. Einige der schönsten Musikstücke und größten Erfindungen der Welt sind auf diese Weise entstanden.

Ein besonderes Charakteristikum der menschlichen Sexualität ist gewiß, daß wir – im Gegensatz zu den übrigen Geschöpfen – sie reflektieren können. Wir können Liebesbriefe schreiben, uns an heiße Küsse wieder und wieder erinnern und die zarten Momente der Liebe freudig erwarten. Dies sind sexuelle Erscheinungen, erotische Erfahrungen, und sie sollten nicht unter der Begierde eingeordnet werden. In der Ehe sind sexuelle Phantasien sogar unbedingt notwendig, um sexuelle Aktivitäten anzuregen. Vielleicht besteht ein Grund dafür, daß so viele Paare den Sex langweilig empfinden, in der Verkümmerung ihrer Vorstellungskraft.

Die sexuelle Phantasie hat ihre positiven, aber auch ihre negativen Seiten. Sie kann als Ersatz für warmherzige Freundschaften benutzt werden. Dadurch umgeht man dann die Enttäuschungen und Anforderungen des realen Lebens. Sie kann zu einer Besessenheit mit dem Sexuellen führen. Sie kann leicht zu einer verkümmerten Beschäftigung allein mit dem Körperlichen führen. Sie kann zum Auftakt für unerlaubtes Verhalten werden.

Das Problem der sexuellen Phantasien wird heutzutage besonders durch das Bombardement der modernen Medien intensiviert. Es ist praktisch unmöglich, sich der ständigen Aufreizung unserer sexuellen Phantasie durch die Medien zu entziehen. Die Werbeleute kennen die Macht der sexuellen Phantasie sehr gut und nutzen sie fortwährend aus.

Wir sollten jedoch wissen, daß wir über unsere sexuellen Phantasien herrschen können. Unsere Vorstellungswelt unterliegt unserer Erziehung. In Zeiten, in denen es uns gut geht, können wir unsere Gedanken ganz bewußt auf wahre und ehrbare und gerechte und reine und liebenswerte und gütige Dinge lenken. Und in Zeiten des Versagens können wir noch mit Paulus bekennen: »So tue nun nicht ich es, sondern die Sünde, die in mir wohnt« (Röm. 7,17), und darauf vertrauen, daß wir einer tieferen Erfahrung des Gehorsams entgegengehen. Wenn vom Bösen nicht erlöste Menschen Böses tun, dann tun sie genau, was sie tun wollen. Wenn aber Menschen, die Jesus Christus nachfolgen möchten, Böses tun, dann tun sie genau das, was sie nicht tun wollen. Paulus drückt das so aus: »Denn ich tue nicht, was ich will; sondern was ich hasse, das tue ich« (Röm. 7,15). Wenn wir uns in einer solchen Situation befinden, bitten wir im Glauben darum, durch Gottes Gnade und zu seiner Zeit befreit zu werden.

Es ist ein heilsamer Dienst, füreinander über unseren sexuellen Phantasien zu beten. Für diesen Bereich habe ich einen Freund, der für mich betet, und ich bete für ihn. Wir tauschen uns natürlich vertraulich aus und sind dabei sehr fröhlich. Wir beten um Schutz vor sexuellen Einflüssen, die destruktiv und schädlich sind. Wir beten darum, daß Christus unsere Gedankenwelt, auch und gerade die sexuelle, mit seinem Licht erfüllen möge. Wir beten darum, daß unsere Sexualität heil und voll und rein sei. Es ist ein heilsamer, wohltuender, frohmachender Dienst, den ich sehr empfehle.

Masturbation

Die Masturbation ist so eng mit der sexuellen Phantasie verbunden, daß sie an dieser Stelle behandelt werden sollte. Die ethische Beurteilung der Masturbation reicht von dem Standpunkt, sie sei schlimmer als Unzucht, Ehebruch oder Vergewaltigung, bis zu der Ansicht, sie sei auf die gleiche Stufe zu stellen wie das Kratzen am Kopf.

Die römisch-katholische Kirche stufte traditionell die Masturbation als böse ein, weil sie so weit vom Zeugungsakt entfernt ist, den man lange als einzige Funktion der Sexualität ansah. Noch in jüngster Zeit erklärte sie: »Masturbation trägt in sich den Charakter einer ernsten krankhaften Handlung.« Diese Ansicht wird nicht von allen katholischen Moraltheologen geteilt.

Im protestantischen Bereich gehen die Meinungen weit auseinander. In manchen Kreisen kommt man einer direkten Identifikation von Masturbation und Sünde sehr nahe. Andere sehen sie als einen normalen Teil des Wachstums, solange sie nicht übermäßig betrieben wird, beziehungsweise als eine Möglichkeit, unerlaubten Sex zu vermeiden.

In der heutigen Medizin wird die Masturbation weitgehend als normal und nicht schädlich angesehen.

Gewiß unbestritten ist die überaus weite Verbreitung der Masturbation. Man hat herausgefunden, daß ungefähr 95 Prozent der Männer und zwischen 50 und 90 Prozent der Frauen masturbieren.[37] »Keine andere Form sexueller Aktivität wurde häufiger diskutiert, energischer verdammt und allgemeiner ausgeübt als die Masturbation.«[38] Fast alle Jugendlichen masturbieren, und viele Erwachsene tun es von Zeit zu Zeit, ihr Leben lang.

Die Frage der Masturbation ist besonders akut für alleinstehende Menschen, die aus christlicher Überzeugung zum Geschlechtsverkehr außerhalb der Ehe nein gesagt haben. Viele wichtige Fragen stellen sich: Ist die Masturbation für einen Christen eine moralisch zu akzeptierende Handlung? Oder könnte sie sogar »eine Gabe Gottes« sein, wie manche behaupten, um uns vor unerlaubtem Sex zu bewahren? Wie steht es mit den sexuellen Phantasien, die unausweichlich mit der Masturbation einhergehen?

Diese und viele andere Fragen betreffen alle Gläubigen, aber sie sind für Alleinstehende besonders dringlich. Von ganzem Herzen um richtiges Verhalten bemüht, stellen viele Alleinstehende fest, daß sie wegen ihrer Masturbation von Gefühlen der Schuld, des Versagens und des Hasses auf sich selbst geplagt werden. Sie entschließen sich, es nie wieder zu tun. Aber sie tun es. Und die Grube der Selbstverurteilung wird tiefer.

Lassen Sie uns mit einigen unangefochtenen Tatsachen beginnen. Zunächst ist die Masturbation körperlich in keiner Weise schädlich. Darüber sind sich alle medizinischen Experten einig. Die alten Märchen, was Masturbation alles hervorruft – von Pickeln bis zum Wahnsinn – sind genau das – Märchen.

Zweitens: Die Bibel befaßt sich nirgends direkt mit der Masturbation. Es gibt keine ausdrücklichen Verbote dagegen wie zum Beispiel gegen Homosexualität. Die Bibel schweigt über die Masturbation nicht, weil sie damals unbekannt gewesen wäre, denn die ägyptische Literatur der damaligen Zeit berichtet von dem Phänomen. Sie schweigt auch nicht, weil sie es scheuen würde, bestimmte sexuelle Themen aufzugreifen. Das Schweigen der Bibel bedeutet andererseits nicht, daß Masturbation kein moralisches Problem wäre, aber es bedeutet, daß jede biblische Hilfe, die wir erlangen können, eher indirekt als direkt ist.

Drei Einwände vergrößern die moralische Frage bei der Masturbation. Da ist erstens die Verbindung mit sexuellen Phantasien. Die Masturbation geschieht nicht einfach in einem vorstellungslosen Vakuum. Viele sind zutiefst beunruhigt über die Vorstellungen, die dabei tatsächlich auftreten, und meinen, daß sie zur Begierde des Herzens gehören, gegen die sich Jesus wandte (Matth. 5,28).

Der zweite Einwand bezieht sich auf die Tendenz, daß die Masturbation zwanghaft zu werden neigt. Masturbierende Menschen können davon gebunden werden. Sie fühlen sich gefangen, die Handlung wird zu einer unkontrollierbaren, alles beherrschenden Gewohnheit. Der quälendste Aspekt dieses zwanghaften Prozesses ist vielleicht, daß er das Gefühl vermittelt, undiszipliniert und außer Kontrolle zu sein.

Der dritte Einwand hat mit dem Persönlichkeitsverlust durch Masturbation zu tun. Masturbation ist sexuelle Einsamkeit. Wahre Sexualität führt uns in eine tiefe persönliche Beziehung zu einer anderen Person, aber Masturbation ist »Sex auf einer verlassenen Insel«, um die Beschreibung von John White zu benutzen.

Auf der positiven Seite des Spektrums hilft die Masturbation, die ungleichmäßige Entwicklung auszugleichen, die viele Jugendliche in ihrer körperlichen, emotionalen und sozialen Reifung erleben. Viele Teenager sind körperlich für den Sex viel früher reif als für eine intime, soziale Bindung und die Verantwortung der Ehe. Die Masturbation stellt ein natürliches »Sicherheitsventil« dar, während die Natur das Wachstum in den verschiedenen Bereichen des Lebens synchronisiert.

Für verheiratete Paare kann die Masturbation zu Zeiten eine gegenseitig bereichernde Erfahrung sein, wenn sie zusammen ausgeführt wird. Man hat gesagt, sie sei im Kontext des ehelichen Liebeslebens geradezu »ein anregender Ausflug in das gemeinsame Vergnügen«.[39] Es ist tatsächlich so, daß einige Paare die gegenseitige Masturbation als ein wichtiges Element in der Entwicklung ihres vollen sexuellen Potentials betrachten.

Was ist nun dazu zu sagen? Zuerst dies: Die Masturbation ist an sich weder falsch noch sündhaft. Generell gesehen ist sie für die meisten Leute eine allgemeine Erfahrung und sollte als ein normaler Teil des Lebens akzeptiert werden.

Als zweites können wir betonen, daß sie als mögliches gesundes Ventil ihren Wert hat, wenn der Geschlechtsverkehr nicht möglich ist. Wir dürfen den Menschen einfach keine unmöglichen moralischen Bürden auflegen, zumal wir keine spezielle biblische Lehre gegen die Masturbation haben. Viele ehrliche Leute, denen man vom Übel der Masturbation erzählt hat, haben verzweifelt darum gebetet, von ihr frei zu werden, und sie haben damit im Grunde erwartet, daß Gott ihre sexuellen Wünsche und Bedürfnisse wegnehme. Diese Erwartungen sind völlig unrealistisch. Wenn Gott nach diesen Gebeten handeln würde, so täte er damit seinem eigenen Geschöpf Gewalt an. Sexuelles Verlangen ist gut und will bejaht und nicht verneint sein.

Drittens: Das sexuelle Verlangen muß aber auch kontrolliert werden. Je mehr die Masturbation zur Abhängigkeit tendiert, desto mehr wird sie zu einem Götzen. Unsere einzige legitime Abhängigkeit ist die von Gott. Der Körper muß unter unsere Zucht unterworfen bleiben, was sowohl im Blick auf Faulheit und Gefräßigkeit wie auf Masturbation gilt. Die unkontrollierte Ausübung der Masturbation untergräbt unser Selbstvertrauen und unsere Selbstachtung. Ungehemmte Masturbation ist für das geistliche Leben gefährlich. Wir müssen uns jedoch auch über die gegensätzliche Abhängigkeit klar sein, den zwanghaften Versuch aufzuhören. Diese Abhängigkeit ist besonders schmerzlich, denn ein Versagen kann einen Menschen schon zur Verzweiflung bringen. Es entsteht die schreckliche Situation: alles oder nichts. Und das ist schade, weil es eigentlich unnötig ist. Wir müssen die Menschen nicht in unmögliche Zwänge des Entweder-Oder bringen. Worauf wir hinauswollen, ist Kontrolle, Balance, Perspektive.

Eine vierte Aussage ist hiermit eng verbunden: Die sexuellen Phantasien der Masturbation sind ein völlig realer Teil des menschlichen Lebens, der in Zucht genommen, nicht eliminiert werden muß. Erotische Vorstellungen kommen bestimmt; die Frage ist, wie man damit umgeht. Dominieren sie jederzeit, oder können sie in das richtige Verhältnis, in die weitaus größeren Zusammenhänge von Liebe und menschlichen Beziehungen gebracht werden? Wir mögen Phantasien, weil sie das Leben in einem Idealzustand zeigen. In unseren Phantasien sind wir ein Musterfall von sexueller Anziehungskraft, unser Partner ist über alle Maßen begehrenswert, und, was am besten ist, er oder sie sagt, was wir wollen, tut, was wir wollen, und stellt niemals Ansprüche an unsere Zeit und Energie. Genau aus diesem Grund müssen wir unsere phantastischen Wunschvorstellungen in Zucht nehmen: Sie können uns von der realen Welt menschlicher Unzulänglichkeiten trennen. Und das Wort Jesu über den Ehebruch des Herzens darf nie zu leicht genommen werden.

Als letztes sollten wir über die Masturbation sagen, daß sie, obwohl sie elektrisierend wirken mag, nie voll befriedigen kann. Der Orgasmus ist nur ein kleiner Teil eines viel größeren Ganzen. Und dieses größere Ganze umfaßt alle Aspekte der persönlichen menschlichen Beziehung. Eine gemeinsame Tasse Kaffee am Morgen, ein ruhiges Gespräch am Abend, eine Berührung, ein Kuß – das ist der Stoff unserer Sexualität. Die Masturbation wird immer mangelhaft sein, denn sie versucht, den Mythos von dem Liebenden aufrechtzuerhalten, der nur sich selbst braucht.

Liebesgefühle unter Kontrolle

Die meisten Kulturen der Weltgeschichte kannten nicht die vielen Variationen der Partnerwerbung, die uns so gut bekannt sind. Ehen wurden vereinbart. Abraham schickte seinen Diener los, um eine Braut für Isaak zu suchen, und die Wahl wurde getroffen, bevor Isaak und Rebekka sich je gesehen hatten (1. Mose 24). So war es in vielen Kulturen. Liebe und Vertraulichkeiten kamen nach der Heirat, nicht vorher. Nicht so bei uns, nicht in unserer Kultur. Wir haben vielfältige Rituale des Kennenlernens und der Partnerwerbung. Viele dieser Rituale scheinen durchaus harmlos zu sein – miteinander sprechen, Hände halten, küssen. Andere scheinen gefährlich erotisch zu sein – knutschen, streicheln, Petting. Diese Rituale bringen die nicht moralisch in Verlegenheit, die dem Geschlechtsverkehr freien Lauf lassen wollen. Für sie können diese Dinge ein Auftakt zum Geschlechtsverkehr sein, wenn die Bedingungen richtig sind und es sich so ergibt. Aber für diejenigen, die den genitalen Sex ausschließlich für die Ehe reservieren, sind diese Dinge voll von moralischen Konsequenzen. An diese Leute richtet sich der folgende Rat.

Als erstes muß eine Antwort gegeben werden, ob es überhaupt im Kontext des sexuellen Verhaltens des Christen einen Platz für die vielen Ausdrucksformen der Liebe und Zuneigung gibt. Ich werde diese Frage mit Ja beantworten, aber lassen Sie uns zunächst einmal betrachten, warum viele mehr oder weniger stark zu einem Nein tendieren. Der Hauptgrund für das Nein liegt in der Ansicht, daß Küssen und Umarmen die ersten Schritte zum Geschlechtsverkehr seien, ein Prozeß, der, einmal begonnen, nicht mehr angehalten werden könne. Allerdings, wenn das der einzige Zweck dieser Rituale des Kennenlernens und der Partnerwerbung ist, dann ist es das Sinnvollste in der Welt, viele Stopschilder und Schranken zu errichten.

Es ist jedoch möglich, daß die vielfältigen Ausdrucksformen von Zuneigung, die mit der Partnerwerbung einhergehen, auch in ganz anderen Zusammenhängen auftreten können. Sie können auch dem Zweck dienen, liebevolle Fürsorge und Anteilnahme, gegenseitige Zärtlichkeit und Vertrautheit auszudrücken. Man kann sich an ihnen um ihrer selbst willen erfreuen, ohne daß sie unbedingt zum Geschlechtsverkehr führen.

Der Zweck der vielen Ausdrucksformen gegenseitiger Zuneigung sollte sein, Nähe zu vermitteln, ohne den Geschlechtsverkehr als Ziel. Alleinstehende müssen sich über diesen Zweck absolut im klaren sein, denn der Druck des in unserer Gesellschaft Üblichen und der Druck der Chemie des Körpers wirken in Richtung Geschlechtsverkehr.

Mein Rat ist, daß wir unsere leidenschaftlichen Gefühle nicht verleugnen, sondern sie vielmehr kontrollieren müssen. Zweifellos gibt es echte Risiken. Sexuelle Gefühle sind sehr stark und können leicht einen Menschen, bevor er sich versieht, zu einem Punkt bringen, an dem es keine Umkehr mehr gibt. Dies wirft eine zweite wichtige Frage auf. Wenn wir im Rahmen christlicher Ethik Ausdrucksformen gegenseitiger Zuneigung akzeptieren, gibt es dann irgendwelche Richtlinien für ihre Ausübung? Diese Handlungen können ja von einfachen Umarmungen und Küssen aller Art bis zur direkten Stimulation der Brüste und Genitalien reichen. Welcher Rat kann den Alleinstehenden helfen, ihren Weg entlang dieser Skala zu finden?

Wer verantwortlich mit seinen sexuellen Regungen umgehen will, sollte sich von einem Grundprinzip leiten lassen: *Zunehmende körperliche Intimität in einer Beziehung sollte immer von einer zunehmend engeren Bindung an den Partner begleitet sein.*

Eine Zeichnung kann uns vielleicht helfen, diesen Grundsatz zu verstehen[40]:

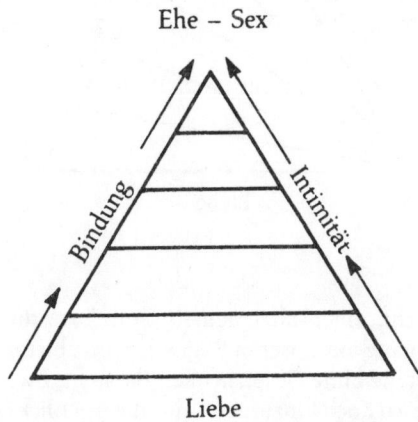

Ehe – Sex

Bindung

Intimität

Liebe

Wir bauen für die Liebe ein solides Fundament, wenn unsere Bindung aneinander im gleichen Maße enger wird wie die körperliche Intimität zunimmt. Mit wachsenden Vertraulichkeiten wächst auch die verpflichtende Bindung aneinander. Mit enger werdender Bindung aneinander nimmt auch unser vertrauter Umgang miteinander zu. Wenn unsere gegenseitige Bindung sich zu lockern beginnt, sollten wir lieber bei der Intimität zurückstecken. Die frühe Stufe gegenseitiger Bindung schließt solche Dinge ein, wie die Entscheidung, nur mit einer Person auszugehen. Tiefere Schichten der Bindung betreffen solche Dinge wie die Verlobung. Immer bringt das Vorrecht einer wachsenden Intimität die wachsende Verantwortung einer immer engeren Bindung mit sich, so daß die höchste Intimität, der Geschlechtsverkehr, mit der engsten Bindung, dem Ehebund, zusammenfällt.

Die folgende Zeichnung zeigt, was geschieht, wenn die Intimität der Bindung davonläuft. Wenn sich die Leute einen Zentimeter auf die Bindung zubewegen und einen Kilometer auf die Intimität, gerät alles aus dem Gleichgewicht. Es entsteht keine solide Grundlage für die Liebe. Das Resultat ist Frustration und Chaos.

Ehe – Sex

Bindung — Intimität

Liebe

Ich habe versucht, einen allgemeinen Grundsatz für den verantwortlichen Umgang mit unseren Regungen anzubieten, der, wie ich hoffe, eine Leitlinie ohne Gesetzlichkeit darstellt. Zwei eigene Ratschläge möchte ich noch hinzufügen, die aber im Blick auf den allgemeinen Grundsatz nicht wesentlich sind.

Weil wir persönliche Nähe und Anteilnahme auszudrücken bemüht sind, ohne daß es zum Geschlechtsverkehr kommt, ist es meiner Meinung nach geraten, die Genitalien und die Brüste der Frau von körperlichen Kontakten bis zur Ehe auszuschließen. Diese Bereiche sind einfach zu explosiv, um nur Teil des Ausdrucks der gegenseitigen Zuneigung und Zärtlichkeit ohne Geschlechtsverkehr zu sein.

Mein zweiter Rat ist, daß die Verlobungszeit nicht zu lang sein sollte – bestimmt nicht länger als etwa sechs Monate. Wenn ein Paar reif ist für die Verlobung, befindet es sich in einem Stadium des vertrauten Umgangs, das nicht lange aufrecht erhalten werden sollte, ohne im Geschlechtsverkehr seinen Ausdruck zu finden. Für meine Frau Carolynn und mich war die Zeit der Verlobung zwar in vieler Hinsicht wunderbar, andererseits aber auch die schwierigste Zeit. Unsere Liebe füreinander, unsere Zärtlichkeit, unsere gegenseitige Anteilnahme war auf einem Höhepunkt. Wir sind immer froh gewesen, daß wir mit dem Geschlechtsverkehr bis zur Ehe gewartet haben, aber wir waren auch froh, daß sich die letzte Zeit des Wartens nicht zu lange hinzog.

Das Leben der Unverheirateten

Einige sind von Gott besonders berufen, unverheiratet zu bleiben, wie sowohl Jesus als auch Paulus lehrten. Das war in ihrem Umfeld eine echte Neuerung, denn vorher gab es keine theologische Sexualethik, die ein Leben als Unverheirateter in Betracht zog.* Jesus erklärte, daß einige »um des Himmelreichs willen« unverheiratet blieben (Matth. 19,12).**

Paulus baut auf diesem Fundament auf. Er gibt zu bedenken, daß die Unverheirateten ihre Energien in einer Weise auf das Werk Gottes lenken können, die den Verheirateten einfach verwehrt ist (1. Kor. 7,32–35).

Einige haben Paulus dafür kritisiert, daß er dazu auffordert, das Leben als Unverheirateter ernsthaft in Erwägung zu ziehen. Seine Worte enthalten jedoch viel praktische Weisheit. Er war nicht gegen die Ehe – er leistete vielmehr einen großen Beitrag zur christlichen Sexualethik, indem er den Ehebund mit dem Bund zwischen Christus und seiner Gemeinde verglich. Paulus bestand aber darauf, daß wir uns darüber im klaren sein müssen, was es kostet, verheiratet zu sein. Also sollte niemand in den Bund der Ehe eintreten, ohne sich des gewaltigen Aufwandes an Zeit und Energie bewußt zu sein, dessen er zu seinem Gelingen bedarf. »Wer ledig ist, der sorgt sich um die Sache des Herrn, wie er dem Herrn gefalle; wer aber verheiratet ist, der sorgt sich um die Dinge der Welt, wie er der Frau gefalle, und so ist er geteilten Herzens« (1. Kor. 7,32–33).

Deshalb müssen wir in der christlichen Gemeinschaft für die »Ehelosigkeit aus Berufung« Raum schaffen, für Personen, die das Leben als Alleinstehende gewählt haben, um ihre Energien gezielter für den Dienst im Reich Gottes einsetzen zu können. Jesus selbst ist ein Beispiel dafür, genauso wie Paulus. Ehelosigkeit aus Berufung –

---

* Im Allgemeinen betrachtete das Judentum die Ehelosigkeit als unnatürlich. Eunuchen konnten zum Beispiel keine Priester werden (3. Mose 21,20). Mir ist als Ausnahme von dieser generellen Sicht nur die Gemeinde in Qumran bekannt. Dort gab es das Zölibat. Jesus kannte wahrscheinlich diese Gruppe, mit der wohl auch sein Cousin Johannes der Täufer in Beziehung stand.

** Wörtlich ist von *Eunuchen* die Rede. Es gibt eine beachtliche Diskussion darüber, ob Jesus Personen meint, die nie verheiratet waren, oder Verheiratete, deren Partner sich ins heidnische Leben begeben hatten, und die sich nicht wieder verheiratet hatten und somit »um des Himmelreichs willen Eunuchen« blieben. Ob die eine oder die andere Interpretation richtig ist, ändert nichts an der praktischen Situation – es handelt sich um Personen, die um des Himmelreichs willen allein bleiben.

das ist keine geringere oder bessere Art zu leben – es ist einfach ein anderer Ruf.

In *Leben mit leichtem Gepäck* habe ich geschrieben: »Wir tun den Menschen keinen guten Dienst, wenn wir es unterlassen, das Leben des Alleinstehenden als eine echte christliche Möglichkeit zu verkünden. Die Ehe ist nicht für jeden, und wir sollten das sagen.«[41] Solche, die zu einem ehelosen Leben berufen sind, sollten uns im Leben und im Dienst der Gemeinde willkommen sein. Sie sind keine Halb-Menschen oder Leute, die irgendwie »keinen Partner abbekommen haben«, wie man leichtfertig sagt. Sie haben vielmehr eine positive Entscheidung für ein Leben ohne Ehe getroffen, um Christi willen und als Antwort auf den Ruf Gottes. Heini Arnold schreibt: »Es ist für jeden möglich, die tiefste Einheit von Herz und Seele ohne die Ehe zu finden.«[42]

Zum Schluß noch ein Wort zu denen, die alleine leben, sich aber nicht besonders dazu berufen fühlen. Vielleicht sind sie verwitwet oder geschieden oder haben keine Gelegenheit gehabt, zu heiraten, wären aber gern verheiratet. Die christliche Gemeinschaft muß besonders liebevoll mit diesen Menschen umgehen, die sich in unserer auf Paare fixierten Welt zur Seite geschoben und zurückgesetzt vorkommen.

Vielfach ist ihre Situation durch Umstände bedingt, die völlig außerhalb ihrer Kontrolle liegen. Beispielsweise sagen wir den Leuten, sie sollten »nur im Herrn« heiraten. Aus welchen Gründen auch immer haben wir aber mehr Frauen als Männer in unseren Gemeinden. Was sollen diese Frauen tun? Oder denken Sie an die notvolle Situation der Geschiedenen in unseren Gemeinden. In vielen Fällen sind wir nicht sicher, ob wir sie willkommen heißen oder nicht. Sie bemerken unsere Unsicherheit, und in gewisser Weise ist das für sie schlimmer als glatte Ablehnung.

Den unfreiwillig Alleinstehenden möchte ich ein Wort des Vertrauens und der Hoffnung sagen. Lassen Sie Ihr Herz nicht hart werden. Gott ist immer noch der Allmächtige, was immer auch die Frustrationen in Ihrem Leben anzeigen mögen. Er kann das »Wunder der Wunder«, das Motel Kamzoil in Anatevka besang, herbeiführen. Vertrauen Sie ihm und tun Sie alles, was Sie selbst zu tun vermögen. Sagen Sie ja zu der Situation, in der Sie sich befinden, und ziehen Sie sich nicht von anderen Menschen zurück. Auch wenn es nicht zu einer Ehe kommt, dürfen Sie doch wissen, daß selbst dann Gottes Gnade ausreicht. Dietrich Bonhoeffer, der durch seine besonderen Lebensumstände im Dritten Reich nicht heiraten konnte, hat einmal gesagt: »Nicht alle unsere Wünsche, aber alle seine Verheißungen erfüllt Gott.«

Beim Schreiben dieses Kapitels war ich mir dessen völlig bewußt, daß es für mich recht einfach ist, die Bedingungen der sexuellen Reinheit für Unverheiratete aufzuzählen, denn ich bin glücklich verheiratet und bin nicht am Abend oder während des Tages wachsenden sexuellen Frustrationen ausgesetzt.

Aber auf welcher Station des Lebens wir uns auch befinden mögen, wir können der Güte Gottes vertrauen und es lernen, in seiner Kraft zu leben.

8. Sexualität und Ehe

Der christliche Glaube wertet die Ehe nicht ab, er heiligt sie.
Dietrich Bonhoeffer

Die Ehe ist eine große Gabe Gottes. Sie läßt uns eintreten in das fremde und Ehrfurcht erregende Geheimnis des »Ein Fleisch« mit all seiner Fülle. Sie ist eine Gabe, die in Ehrfurcht empfangen und zärtlich gepflegt sein will. Gewiß, wir dürfen die Gabe der Ehe nicht über die Gabe der Ehelosigkeit stellen, aber wir dürfen ihre Bedeutung auch nicht unterbewerten. Martin Luther erklärte: »Oh, lieber Herr, die Ehe ist . . . eine Gabe Gottes. Sie ist das süßeste und teuerste, ja, reinste Leben.«[43]

In der Schöpfungsgeschichte wird uns gesagt, daß das Band der Ehe noch größer ist als das zwischen Kind und Eltern. »Darum wird ein Mann seinen Vater und seine Mutter verlassen und seinem Weibe anhangen, und sie werden sein ein Fleisch« (1. Mose 2,24). Jesus bezieht sich auf diesen Text und fügt dann hinzu: »So sind sie nun nicht mehr zwei, sondern ein Fleisch. Was nun Gott zusammengefügt hat, das soll der Mensch nicht scheiden!« (Matth. 19,6). Und der Apostel Paulus mißt der Ehe einen hohen geistlichen Wert bei, indem er sie ein Bild für das Verhältnis Christi zu seiner Gemeinde nennt (Eph. 5,21–32). Die Bibel betrachtet also die Ehe als eine ganz große Berufung. Dies ist so deutlich, daß Helmut Thielicke von der Ehe als höchstem »Bund der Agape« sprechen kann.[44]

Christus und die Ehe

Was stellt eine angemessene Basis für die christliche Ehe dar? Paare aller Altersgruppen ringen mit dieser Frage. Sind romantische Gefühle und gegenseitige Zuneigung genug? Diese sind bestimmt wichtig, aber sie sind nicht genug. Erstaunlicherweise erwähnt das Neue Testament die romantische Liebe nicht einmal. Das heißt nicht, daß das romantische Verliebtsein ohne Bedeutung ist, aber seine wirkliche Bedeutung gewinnt es nur im Zusammenhang mit den weitergehenden Voraussetzungen der Ehe.

Eine der größten Tragödien unserer Zeit ist die Art, wie Leute in die Ehe stolpern und wieder heraus, allein auf der Basis romantischer Liebe und sexueller Anziehung. Der Eros läuft heute Amok, weil er nicht der Agape untergeordnet ist.* Sexuelle Anziehung und Verliebtsein sind in einer Ehe eine gute Sache, aber auf sie allein kann man keine Ehe gründen.

Wenn es nicht die romantische Liebe ist, was stellt dann die Basis für eine christliche Ehe dar? *Die Basis im Sinne Christi für eine Heirat ist das Bemühen um unser und anderer Menschen Wohlergehen und das Bemühen um die Förderung des Reiches Gottes auf Erden.* Ohne Frage schließt das die romantische Liebe und die sexuelle Befriedigung ein (1. Kor. 7). Beide sind von Gott geschaffen und beide sind begrenzt – begrenzt in dem Sinn, daß wir mit ihnen allein kein Leben gestalten können. Sowohl Sex als auch romantische Liebe sind Elemente, die bedacht werden müssen, und können sogar dafür entscheidend sein, eine bestimmte Person zu heiraten; aber sie können nie als die Basis schlechthin für eine Ehe unter denen gelten, die Christus nachfolgen.

Der Grund liegt darin, daß die christliche Ehe weit mehr ist als ein privates Unternehmen oder ein Weg zur persönlichen Erfüllung. Christen, die daran denken zu heiraten, müssen die weitreichenderen Fragen der Berufung erwägen, das Wohl der anderen und der Gemeinschaft der Gläubigen im Sinn haben und vor allem prüfen, wie ihre Ehe das Reich Gottes fördern oder hindern könnte.

Ich kann mir gut vorstellen, daß es für Sie furchtbar nüchtern klingt, so ganz ohne Mondschein und romantische Stimmung. In gewisser Weise ist das so, denn die Bibel lehnt es ab, das Vokabular der Ehe nach dem Muster romantischer Romane durchzudeklarieren. Der Eros muß einfach unter der Kontrolle der Agape stehen, wenn wir der Ehe Kraft und Dauer verleihen wollen.

Andererseits gibt es in der christlich begründeten Ehe viel Raum für Romantik und Stimmung. Eigentlich ist das Gute am Verliebtsein und am Sex erst in Häusern und Gemeinschaften zu haben, die von der Agape regiert werden.

Die Ehe muß innerhalb des weiteren Kontextes gesehen werden, nämlich des Gesetzes der Liebe (Agape). Die Liebe ist aus biblischer Sicht ein gut überlegtes Bemühen um das Wohlergehen aller. Eine unerläßliche Überlegung bei dem Entschluß zu heiraten, ist, ob unser Wohlergehen, das Wohlergehen unseres Partners und das Wohlergehen anderer dadurch gefördert wird.

Die christliche Ehe muß auch innerhalb des weiteren Kontextes

---

* Einfach ausgedrückt meint Eros die romantische Liebe und Agape die göttliche Liebe oder Nächstenliebe.

der Jüngerschaft gesehen werden. Sie steht nicht außerhalb des Gehorsams gegenüber Christus, sondern sie ist ein Zeugnis dafür. Eine unerläßliche Überlegung bei dem Entschluß zu heiraten, ist, ob unsere Christusnachfolge dadurch gestärkt und sein Reich dadurch gefördert wird.

Obwohl dieser allgemeine Grundsatz hilfreich sein kann, können durch ihn auch Probleme hervorgerufen werden. Die Dinge des Lebens kommen selten säuberlich abgepackt auf uns zu. Eine bestimmte Heirat fördert möglicherweise das Wohlergehen des Paares und wirkt gleichzeitig für die Angehörigen negativ. Wer kann schon genau vorherbestimmen, welche Auswirkungen eine Ehe auf die christliche Nachfolge haben wird? Und sind denn nicht die romantischen Gefühle und das sexuelle Verlangen bei Paaren, die heiraten wollen, auf einem solchen Siedepunkt angekommen, daß alle anderen Überlegungen lächerlich erscheinen?

An dieser Stelle brauchen wir die Hilfe der christlichen Gemeinschaft. Wir müssen uns nicht allein damit abquälen. Da sind andere, die liebevoll mit uns fühlen und uns helfen können, den richtigen Durchblick und eine Perspektive zu erlangen. Im übrigen habe ich erfahren, daß schon die einfache Wahrnehmung einer größeren, mehr christlichen Basis für die Ehe bewirkt, daß die romantischen Gefühle und sexuellen Verlangen einen angemessenen Stellenwert erlangen.

Bitte, denken Sie nicht, daß ich gegen die romantische Liebe sei. Sie ist für die Bereicherung einer Ehebeziehung sehr bedeutsam. Sie kann sogar für die genaue Partnerwahl ausschlaggebend sein. Aber sie ist in diesem Entscheidungsprozeß nur ein Faktor und nicht einmal der wichtigste. Ich plädiere für eine größere Ausgewogenheit in unserer Zeit.

Die Ehe als Bund

Indem wir bekennen, daß uns die christliche Ehe in die Realität des »Ein Fleisch« führt, sind wir nicht lediglich sentimental. Die Zwei werden zu einer funktionierenden Realität, ähnlich wie eine Musikkassette und der Recorder eine funktionierende Einheit bilden oder wie Pfeil und Bogen zusammengehören.

Aus dieser Realität ergibt sich das christliche Bekenntnis, daß die Ehe für das ganze Leben bestimmt ist. Sie soll ein bleibender Bund sein, »in guten wie in bösen Tagen, bis der Tod euch scheidet«. Wir werden die Frage der Scheidung noch betrachten, aber lassen Sie uns zunächst die Vorteile erkennen, die uns eine bleibende Ehe gibt.

Weil wir einen Bund geschlossen haben, weil wir die Realität des Einsseins erfahren haben, sind wir in der Lage, jene Zeiten durchzustehen, in denen die romantische Liebe abkühlt. Die romantische Liebe wird sich abkühlen. Niemand kann die Intensität des Eros für immer aufrechterhalten; es liegt in seiner Natur, zuzunehmen und abzunehmen. Aber es ist so, wie C. S. Lewis es gesagt hat: »Wenn die Verliebtheit aufhört, muß das nicht bedeuten, daß die Liebe aufhört.«[45] Wenn solche Zeiten kommen (und sie werden kommen), erzieht die Agape den Eros und pflegt ihn. Agape hat das Durchhaltevermögen, das die glühende Asche des Eros erneut aufflammen lassen kann.

In dem Moment, in dem wir für den Ehebund den lebenslänglichen Bestand geltend machen, heißt das, daß viele andere Dinge gleichzeitig zu geschehen haben. Zum Beispiel gilt damit die Verpflichtung, den Ehebund lebensfähig zu erhalten. Ernste Bemühungen, die Ehe zu pflegen und zu verbessern, sind genauso heilige Aufgaben wie Bibellesen und Beten. Über dem Bibelstudium und Beten seine Ehe zu vernachlässigen ist Sünde, denn das verletzt den Bund, den wir mit unserem Ehegelübde eingegangen sind. Dies gilt ebenso von unserer täglichen Berufsarbeit. Unserer Ehe Aufmerksamkeit zu schenken, ist ein Akt des Gehorsams gegenüber Gott. Wir dienen Christus, wenn wir unserer ehelichen Beziehung Zeit und Energie widmen.

Wenn wir in den Bund der Ehe einwilligen, so willigen wir in eine lebenslange Gemeinschaft mit einem anderen Menschen ein. Und diese Gemeinschaft mit all ihrer Intimität und ihrem geheimnisvollen Charakter fordert unseren ganzen Einsatz. Wir widmen ihr gerne unsere besten Stunden und unsere ganze Energie, eine anspruchsvolle und lohnende Aufgabe.

Feier im Schlafzimmer

Offen gesagt, der Sex sollte in der Ehe eine genußvolle Erfahrung sein. Er ist eine in jeder Hinsicht vortreffliche Gabe, die es zu feiern gilt. Wir stimmen in das Hohelied Salomos ein:

»Ich bin gekommen, meine Schwester, liebe Braut,
in meinen Garten.
Ich habe meine Myrrhe samt meinen Gewürzen gepflückt;
ich habe meine Wabe samt meinem Honig gegessen;

ich habe meinen Wein samt meiner Milch getrunken.
Eßt, meine Freunde, und trinkt
und werdet trunken von Liebe!« (Hoheslied 5,1)

Gerne folgen wir auch dem Rat: »Erfreue dich an der Frau deiner Jugend. . . . Ihre Brüste sollen dich berauschen jederzeit« (Sprüche 5,19; Revidierte Elberfelder).

Diejenigen, die den Sex auf die Zeugung begrenzen wollen, ignorieren einfach die Bibel. Die Schrift bejaht enthusiastisch den Sex im Bund der Ehe. Häufigkeit und Variationen in der sexuellen Technik sind einfach keine moralischen Fragen, außer daß aufeinander Rücksicht genommen wird. Mit anderen Worten, verheiratete Paare sind frei im Herrn, alles das zu tun, was gegenseitig Erfüllung schenkt und ihre Beziehung stärkt. Nichts, was einander Freude bereitet, ist in sich schlecht, wenn man sich gegenseitig darauf einigt.

Es gibt reichlich Literatur über sexuelle Techniken, so daß ich mich in diesem Buch nicht damit beschäftigen muß. Es genügt zu sagen, daß Gläubige in der Ehe frei sind, die sexuellen Bereiche der Zärtlichkeit und des Entzückens zu erkunden, die sie zu einer tieferen Erfahrung der Liebe führen können.

Ich möchte jedoch etwas über den Rhythmus unserer Sexualität sagen. Der Geschlechtsverkehr ist nicht vorgegeben, er passiert nicht auf wunderbare Weise von selbst, sobald wir heiraten. Er braucht Pflege, Zärtlichkeit, Übung, Wissen und noch vieles mehr. Wenn zwei Menschen sich in die sexuelle Initimität begeben, muß viel emotionelles, geistiges und körperliches Geben und Nehmen vorhanden sein.

Männer und Frauen reagieren verschieden im sexuellen Erfahrungsbereich, und wir sollten um diese Verschiedenheit wissen. Sie sind in vielen Büchern aufgezählt. Was man aber in den Büchern nicht finden kann, sind die individuellen Unterschiede, die zwischen Ihnen und Ihrem Partner bestehen. Die Bücher können nur Hinweise geben und Sie ganz allgemein in die richtige Richtung lenken. Sie selbst müssen die einzigartige und geheimnisvolle Art Ihres Partners kennenlernen.

Frauen, so sagen uns die Experten, empfinden den Sex mehr als Beziehung, Zärtlichkeit und Anteilnahme als Männer. Aber es ist meine gottgegebene Verantwortung, den besonderen Rhythmus meiner Frau zu entdecken. Wie oft, wie intensiv, wie langsam, wie schnell, was macht Freude, was verletzt – diese und noch tausend andere Dinge formen das Vokabular der Liebe. Ich muß es lernen, die Sprache ihres Herzens und ihrer Seele zu lesen, und sie muß es lernen, meine Sprache zu lesen.

Das sind die Qualen und Freuden der sexuellen Intimität. Aber wir können sie nicht vermeiden, auch wenn wir es wollten. Außerdem sind genau sie es, die eine unendliche Mannigfaltigkeit und lebenslange Freude in unserer sexuellen Erfahrung hervorbringen. Kein Wunder, daß der Schöpfer der Ehe lebenslange Gültigkeit verlieh – am Ende eines Lebens haben wir gerade begonnen, das wunderbare innere Uhrwerk des andern zu verstehen.

Der Grund, daß vielen Leuten der Sex langweilig wird, liegt darin, daß sie ihn von der wunderbaren Herausforderung ablösen, aus zwei Menschen zugleich ein Fleisch, geradezu Persönlichkeit werden zu lassen. Denn wenn wir im Sex nur das Eindringen eines Penis in eine Vagina sehen, wird er bestimmt bald ermüdend. Wenn aber das christliche Zeugnis über die Realität des »Ein Fleisch« wahr ist, dann kann es keine schönere Herausforderung geben.

Somit ist es ein geistliches Unterfangen, Ebbe und Flut der Sexualität gegenseitig kennenzulernen. Unser geistliches Wachstum bereichert auch unsere sexuelle Intimität. Es scheint, als wenn Gott sehr daran interessiert ist, daß wir die volle Wirklichkeit erfahren, was es heißt, »ein Fleisch« zu sein. Darüber nachzudenken, wie unsere sexuelle Intimität gesteigert werden kann, ist nicht ungeistlich. Im Gegenteil! Gott kümmert sich um solche Angelegenheiten. Wir werden bessere, einfühlsamere Liebende, wenn wir ihn auch hier im Gebet vermehrt um seine Führung bitten.

Es gibt im übrigen keinen besseren Schutz gegen Untreue als eine vitale Ehe. Und gewiß ist ein Bereich unserer Ehe, in dem wir ihr Geheimnis und ihre Faszination voll auskosten können und wollen, der der sexuellen Intimität.

Christus und die Scheidung

Es ist eine mitreißende Sache, sich zu den hohen Gipfeln ehelichen Glücks aufzuschwingen, es ist eine ganz andere Sache, in das Tal der ehelichen Niederlage hinabzusteigen. Denn jede Ehe kennt Zeiten des Kummers und des Schmerzes, und manchmal erscheinen der Kummer zu groß, die Lasten zu schwer. Was sollen Gläubige tun, wenn sie sich in einem finsteren Tal ihrer Ehe bewegen?

Die Antwort zu dieser Frage ist heute heiß umstritten. Interessanter Weise war sie auch zu Jesu Zeiten heiß umstritten. In der hebräischen Gesellschaft des Alten Testaments war die Scheidung allgemein üblich, und deshalb enthielt das mosaische Gesetz Richtlinien, um sie menschlicher zu machen (5. Mose 24,1–4). Aber selbst diese Richtlinien lösten heftige Diskussionen aus. Zur Zeit Jesu gab es eine rabbinische Schule, die von Rabbi Hillel geführt wurde. Hier wurde behauptet, daß ein Mann sich aus *jedem* Grund von seiner Frau scheiden lassen konnte. Wenn sie zum Beispiel das Essen anbrennen ließ oder wenn er eine andere Frau sah, die ihm besser gefiel, waren das für die Schule Hillels ausreichende Gründe, um sich scheiden zu lassen. Eine andere Gruppe, von Rabbi Schammai geleitet, war der Ansicht, daß nur die eheliche Untreue für einen Mann ein ausreichender Grund war, sich von seiner Frau zu trennen. (Sie sehen, daß die Scheidung ein Recht des Mannes war – die Frauen hatten in dieser Angelegenheit nichts zu sagen.)

Die Pharisäer versuchten, Jesus in diese Debatte zu verwickeln, und fragten ihn deshalb: »Ist's erlaubt, daß sich ein Mann aus irgendeinem Grund von seiner Frau scheidet?« (Matth. 19,3). Die Schule Hillels sagte dazu ja; die Schule Schammais nein. Auf wessen Seite würde sich Jesus stellen? Anstatt sich jedoch auf die Seite des einen oder anderen zu schlagen, verwies sie Jesus zurück auf den Willen Gottes vom Anfang an: »Habt ihr nicht gelesen: Der im Anfang den Menschen geschaffen hat, schuf sie als Mann und Frau und sprach: ›Darum wird ein Mann Vater und Mutter verlassen und an seiner Frau hängen, und die zwei werden ein Fleisch sein‹? So sind sie nun nicht mehr zwei, sondern ein Fleisch. Was nun Gott zusammengefügt hat, das soll der Mensch nicht scheiden!« (Matth. 19,4–6).

Es ist der Wille Gottes, daß die Ehe die lebenslang andauernde Realität des »Ein Fleisch« sei. Dies brachte natürlich die Frage nach dem mosaischen Gesetz auf. Deshalb fragten die Pharisäer: »Warum hat dann Mose geboten, ihr einen Scheidebrief zu geben und sich von ihr zu scheiden?« (Matth. 19,7). Die Antwort Jesu war: »Mose hat euch erlaubt, euch zu scheiden von euren Frauen, eures Herzens Härte wegen; von Anfang an aber ist's nicht so gewesen« (Matth. 19,8).

Verstehen Sie, was Jesus sagt? Er spricht zu Männern, und er sagt ihnen, daß Mose die Scheidung erlaubte, um Frauen vor hartherzigen Männern zu schützen! Es war besser, wenn sich ein Mann von seiner Frau scheiden ließ, als daß er ihren Kopf gegen eine Wand schlug. Aber – wie Jesus sagte – die Scheidung entspricht nicht dem Willen Gottes vom Anfang her.

Jesus wandte sich gegen die Scheidungsgewohnheiten seiner Zeit aus genau demselben Grund, aus dem Mose zuvor den Scheidebrief eingeführt hatte – um die Frau zu beschützen, die völlig wehrlos in einer zerstörerischen und bösen Situation gefangen war. Zu Jesu Zeiten wurde den Frauen mit der Scheidung viel Leid angetan. Schon das Wort für Scheidung bedeutete buchstäblich »wegwerfen«, und eine Frau konnte durch eine sehr einfache Prozedur weggeworfen werden, bei der nicht einmal die Gerichte oder eine religiöse Instanz eingeschaltet zu werden brauchte. Es bedurfte nur einiger Zeugen, und die konnten Zeugen des Ehemannes sein. Keine Anklage mußte erhoben werden; man übergab der Frau einfach einen Scheidebrief des Inhalts, daß sie aus bestimmten Gründen geschieden sei. Diese Gründe konnten so ziemlich alles sein, vom Reden zur falschen Zeit bis zu einem Tritt für den Hund.

Die Frau war in der patriarchalischen Welt des ersten Jahrhunderts gefangen. Und Jesus wandte sich gegen den üblen Brauch, die Frauen wegzuwerfen. Er sagte sogar, daß jeder Mann, der sich von seiner Frau scheidet, »macht, daß sie die Ehe bricht« (Matth. 5,32). Er meinte damit, daß die Frau, die auf die Straße gesetzt worden war, nur eine Möglichkeit hatte, ihren Lebensunterhalt zu verdienen. Sie konnte nicht irgendwo eine Arbeit annehmen. Sie hatte nur eine Sache zu verkaufen – und darum wurde die Prostitution in der Kultur des ersten Jahrhunderts toleriert.

Eines müssen wir ganz klar erkennen: Jesus versucht hier nicht, gesetzlich festzulegen, wann eine Scheidung erlaubt ist. Die Tatsache, daß Jesus in Matthäus 5,32 die Schule Schammais, die den Ehebruch als Scheidungsgrund anerkennt, zu unterstützen scheint, bedeutet nicht, daß dies der einzige und alleinige Scheidungsgrund ist oder daß jeder Ehebruch die Scheidung zur Folge haben muß.* Er stellte in keiner Weise ein Gesetz auf, er wandte sich gegen den Geist, in dem Menschen zusammenleben. Deshalb dürfen wir, wenn wir Jesu Lehre über die Scheidung betrachten, nicht nach der einen oder nach zwei oder drei Sachen suchen, die die Scheidung erlauben. Wir müssen vielmehr das innere Anliegen Jesu erfassen, wenn er über die menschlichen Beziehungen im damaligen Kontext Palästinas lehrt, und dann müssen wir jene Erkenntnisse in den Kontext unserer Welt übertragen.

---

* Siehe Matth. 5,32 und 19,9. Diese Stellen sind aber mit Markus 10,11 und Lukas 16,18 zu vergleichen, wo die gleichen Worte ohne die Einschränkung des Ehebruchs angeführt werden. Es gibt eine beachtliche Diskussion darüber, ob die Einschränkung in Matthäus später hinzugefügt wurde, da sie den springenden Punkt der Aussage abschwächt.

Genau das tat der Apostel Paulus im Blick auf die Situation in Korinth. Das Problem dort bestand darin, daß viele Menschen zum Glauben an Christus gekommen waren, aber mit Ehepartnern lebten, die heidnisch blieben. Wie war eine solche eheliche Beziehung einzuschätzen? Und was sollte ein Gläubiger tun, wenn der ungläubige Partner die Ehe lösen wollte? Hätte Paulus die Lehre Jesu gesetzlich ausgelegt, so hätte er den Christen sagen müssen, daß sie zu der ehelichen Beziehung verpflichtet wären, solange kein Ehebruch vorläge, denn das ist der einzige Scheidungsgrund, den Jesus erwähnt (Matth. 5,32). Paulus tat das jedoch nicht. Er ermutigte die Gläubigen, wenn irgend möglich in der Ehe zu bleiben. »Wenn aber der Ungläubige sich scheiden will, so laß ihn sich scheiden. Der Bruder oder die Schwester ist nicht gebunden in solchen Fällen. Zum Frieden hat euch Gott berufen« (1. Kor. 7,15).

Was hatte Paulus getan? Hatte er Jesu Lehre über die Scheidung ignoriert? Nein, keinesfalls! Er hatte erkannt, daß es bei den Aussagen Jesu über Ehe und Scheidung im tiefsten Sinn um das Gesetz der Liebe ging, und er wandte diese zentrale Wahrheit auf die Situation in Korinth an.

Wir dürfen auch den Rat, den Paulus den Gläubigen in Korinth gab, nicht in ein neues Gesetz verwandeln. Manche lehren zum Beispiel, daß es zwei und nur zwei Gründe für die Scheidung gäbe: Ehebruch, weil Jesus ihn in Matthäus 5,32 erwähnt, und Verlassen, weil Paulus davon in 1. Kor. 7,15 spricht. Wenn unter diesen Bedingungen eine Frau kommt und von Vergewaltigung durch ihren Mann oder irgendeiner anderen Unmenschlichkeit berichtet, wird ihr schlicht und einfach mitgeteilt: Solange kein Ehebruch oder Verlassen vorliegt, gibt es für dich keine »biblische« Basis für eine Scheidung. Das ist die Mentalität (und fatale Schwäche) aller Versuche, die Worte Jesu und des Paulus in eine neue Gesetzlichkeit zu verwandeln.

Wenn uns aber keine gesetzliche Regelung zur Verfügung steht, welche Leitlinien sind uns dann in der Frage der Scheidung gegeben? Zunächst haben wir noch einmal festzuhalten, daß Gott vom Anfang her die Ehe als eine lebenslang bestehende Wirklichkeit gewollt hat: Gott machte uns als Mann und Frau, und wir sind dazu geschaffen, zueinander zu kommen und »ein Fleisch« zu werden. Wir sind Ergänzungen – lebenslange, bleibende Ergänzungen –, und alles andere verletzt den Willen Gottes.

Christen mögen über erlaubte Scheidungsgründe uneinig sein, aber wir werden alle darin übereinstimmen, daß eine Scheidung in einen lebenden Organismus einschneidet.[46] Es kann nicht die Rede davon sein, daß eine irgendwie nützliche Partnerschaft, wenn sie schwierig geworden ist, eben aufgelöst wird – Scheidung ist mit der Amputation eines Armes zu vergleichen oder mit dem Verlust eines Lungenflügels. Sie schneidet tief in das Herz und die Seele einer Einheit, des »Ein Fleisch«. Es ist möglich, die Operation zu überleben, aber wir sollten uns unmißverständlich darüber klar sein, daß es sich um einen radikalen Eingriff handelt und nicht nur eine ambulante Versorgung.

Weil dies so ist, müssen die Gläubigen wissen, daß sie nur eine allerletzte Lösung darstellen kann, nachdem jedes mögliche Mittel der Gnade erschöpft ist. Wir erwägen die Scheidung doch nicht, nur weil wir in unserer Ehe Schwierigkeiten haben oder weil wir uns in einen anderen Menschen verliebt haben. Nein, die christliche Ehe ist eine Einheit, ein einziger Organismus, den wir nur aufspalten, wenn uns keine andere Wahl mehr bleibt.

Wir dürfen nicht zu schnell aufgeben. Die Bibel sprüht förmlich von der Hoffnung, daß Beziehungen durch Vergebung und Versöhnung erneuert werden können. Gott ist am Gelingen unserer Ehe stark interessiert. Die ganze Kraft einer liebevollen christlichen Gemeinschaft steht uns zur Verfügung. Die Liebe und Fürsorge unserer Freunde und Nachbarn ist für uns da. Der weise Rat eines Seelsorgers oder Eheberaters und das heilende Gebet derjenigen, die uns geistliche Weisung zu geben vermögen, kann von uns in Anspruch genommen werden.

Aber wir leben in einer gefallenen Welt, und es gibt Zeiten, in denen die Ehe trotz all unserer Anstrengungen sich im finsteren Tal des Todes befindet. Jede Möglichkeit ist genutzt worden. Jeder Weg, der Heilung und Heil hätte bringen können, ist beschritten worden. Und doch bleibt die Ehe in Zerstörung und Bitterkeit getaucht. Wenn das geschieht, verlangt das Gesetz der Liebe (Agape) nach einer Scheidung. Wenn eine Scheidung tatsächlich als Konsequenz des Gesetzes der Liebe verstanden werden könnte, wäre das Böse, das die meisten Scheidungen zusätzlich belastet, nicht vorhanden, und es würden bestimmt weniger Scheidungen stattfinden. Gläubige aber sollten dessen gewiß zu werden versuchen, daß sie dem Gesetz der Liebe gehorchen, indem sie in einer Scheidung Gott im Gebet zu ihrem Verteidiger und Richter machen.

Die Basis für eine Scheidung, die mit den Wegen Christi in Einklang steht, ist daher genau die gleiche wie die Basis für die Ehe. Wenn es klar ist, daß die Fortsetzung der Ehe wesentlich zerstörerischer ist als eine Scheidung, dann sollte die Ehe enden.

Wenn die Scheidung als letzte und radikalste Lösung, um eine unerträgliche Situation zu beenden, gewählt *wird*, dann darf nicht das grausame »Wegwerfen«, das Jesus verurteilte, stattfinden. Es muß für eine gerechte Teilung des Besitzes und anderer Mittel gesorgt werden, so daß keiner der Partner in Not gerät. Auch dürfen wir einander nicht emotional »wegwerfen«, sondern sollten versuchen, die Bitterkeit zu vermindern und die Höflichkeit in jeder Weise zu fördern.

Es gibt solche Menschen, die aus Treue zu Gott in einer schlechten Ehe verharren. Ihre Entscheidung ist nicht falsch, aber ihr Leben ist sehr schwer. Sie brauchen das Gebet und die Unterstützung der christlichen Gemeinschaft. Wir müssen mit ihnen leiden, sie mittragen und dafür beten, daß Gottes Licht in ihr Leben einbricht. Wenn sie sich später doch scheiden lassen, so haben sie nicht versagt oder das Falsche getan, und sie brauchen unsere großzügige und liebevolle Annahme.

Nun noch ein Wort zu denen hin, die geschieden sind, aber den Eindruck haben, daß sie nicht genug für die Rettung ihrer Ehe getan haben. Wenn – wie gesagt – eine Scheidung nur eine allerletzte Lösung darstellen kann, nachdem jedes mögliche Mittel der Gnade erschöpft ist, fragen sie sich vielleicht, ob sie nicht zu schnell aufgegeben haben, und denken: »Vielleicht wäre alles anders geworden, wenn ich ein wenig länger bei meinem Partner ausgehalten hätte, wenn ich es noch einmal versucht hätte.« Denen, die sich in dieser Zwickmühle befinden, möchte ich die Gedanken und das Herz so erleichtern: Vielleicht *haben* Sie versagt – wir alle versagen –, aber Gott ist größer als unser Versagen. Seine Gnade und Vergebung und Annahme deckt alles. Sie können die Vergangenheit nicht rückgängig machen, aber Sie können von ihrer Herrschaft befreit werden. Bleiben Sie, wo Sie sind. Vertrauen Sie Gottes Liebe und Fürsorge. Nehmen Sie sein Angebot an: Er will Ihnen vergeben und lädt Sie zu einer hoffnungsvollen Zukunft ein.

Christus und die Wiederverheiratung

Welche »hoffnungsvolle Zukunft« gibt es für die Geschiedenen? Können sie, sollten sie sich auf eine mögliche Wiederverheiratung vorbereiten? Dies sind für diejenigen, die das Rechte tun wollen, verwirrende Fragen.

Beispielsweise sind viele durch Jesu Aussage in der Bergpredigt echt beunruhigt: »Wer eine Geschiedene heiratet, der bricht die

Ehe« (Matth. 5,32; siehe auch Mark. 10,11–12; Luk. 16,18; und Matth. 19,9). Bedeutet dies, daß die Wiederverheiratung für Gläubige nie erlaubt ist? Die Sprache scheint völlig klar zu sein, aber warum richtet Jesus ein solch strenges Verbot auf? Wogegen wandte sich Jesus, indem er die Wiederverheiratung verbot?

Jesus befaßte sich mit der männlichen Aggressivität im Kontext der Kultur des ersten Jahrhunderts. Zu der Zeit konnte ein Mann eine Frau plötzlich fallenlassen oder zu sich nehmen, wie er es wollte. Jesus wandte sich gegen die dominierende, destruktive Haltung der Männer. Deshalb müssen wir zum Beispiel die Begegnung Jesu mit der samaritanischen Frau am Brunnen genau betrachten (Joh. 4). Er bemerkte, daß sie fünf Ehemänner hatte und daß der Mann, mit dem sie nun zusammenlebte, nicht ihr Ehemann war. Jesus beschrieb die Tatsachen, es lag keine Verurteilung in seinen Worten, sondern Vergebung für das, was sie »getan hatte« (4,39). Jesus verurteilte sie nicht, weil er helfen wollte und die Situation durchschaute. Die Frau hatte bei den Scheidungen nichts zu sagen gehabt; fünfmal war sie »weggeworfen« worden und war zu einem solchen »Gebrauchsgegenstand« geworden, daß ein Mann sie nicht einmal mehr heiraten mußte, um sie zu besitzen. Jesus verurteilte die Hartherzigkeit, mit der ein Mann heiratete, sich scheiden ließ und wieder heiratete, als wenn es darum ginge, Vieh zu kaufen und zu verkaufen. (Tatsächlich erbrachte zur Zeit Jesu eine Kuh auf dem offenen Markt einen höheren Preis als eine Frau!)

Mit seiner Lehre über die Wiederverheiratung machte Jesus darauf aufmerksam, daß, wenn die Frau schon einmal verheiratet war, das Verhältnis zwischen Mann und Frau als zweitklassig betrachtet wurde. Und zu seiner Zeit war das wirklich ein erniedrigtes und erniedrigendes Verhältnis. Die Frau lebte immer in Angst, sie befand sich fortwährend in der Ecke. Der Mann hatte sie in seiner Gewalt und konnte sie deshalb leicht mißbrauchen. In der Kultur des ersten Jahrhunderts galt eine geschiedene Frau als »gebrauchte Frau«, und Jesu Wort zielt darauf, daß, wenn ein Mann von einer Frau wie von einer billigen Ware denkt, er mit ihr in einem verwerflichen Verhältnis lebt. (Auch in unserer Zeit erleiden viele Frauen höllische Qualen, weil ihre Männer sie als »Gebrauchtwaren« behandeln.)

Deshalb bezeichnete Jesus die Wiederverheiratung als Ehebruch: nicht weil sie generell falsch wäre, sondern wegen der verächtlichen Haltung, mit der ein Mann mit der Frau lebte. Er benutzte das Wort »Ehebruch« für die Art der sexuellen Beziehung, die das Wesen der Ehe verletzt. Aus dem gleichen Grund bezeichnete er die Begierde des Herzens als »Ehebruch« (Matth. 5,28). In beiden Fällen machte Jesus auf die Zerstörung aufmerksam, die eine Beziehung dadurch erlitt, und verurteilte das.

Was wir *nicht* tun dürfen: diese die Situation der Menschen wahrnehmenden Worte Jesu über die Wiederverheiratung in ein neues, die Seele tötendes Gesetz umwandeln. Das würden wir ja auch nicht mit den anderen Aussagen Jesu tun. Wenn wir seine Worte über Augen und Hände, die uns verführen, als Gesetz verstünden, würden wir alle verstümmelt umherlaufen (Matth. 5,29–30). Niemand von uns würde auch nur daran denken, die Aufforderung Jesu, keine Freunde, Verwandten und Nachbarn zu unseren Festen einzuladen, in eine neue Gesetzlichkeit zu verwandeln. (Luk. 14,12). Wir sollten das mit seinem Wort über die Wiederverheiratung auch nicht tun. Es ist wahr, daß nach dem absoluten Willen Gottes die Ehe dazu geschaffen ist, eine lebenslang dauernde Einheit zu sein, die nie getrennt werden sollte. Aber in seiner absoluten Liebe erlöst er uns, deckt unser zerbrochenes Leben zu und befreit uns.

Deshalb ist die Basis zur Wiederverheiratung im Sinne Christi dieselbe wie für die Ehe und die Scheidung. Wenn die betreffenden Personen durch eine Wiederverheiratung besser leben können und das Reich Gottes dadurch eine Förderung erfährt, dann zeigt das Gesetz der Liebe an, daß eine Wiederverheiratung stattfinden kann, ja sogar sollte.

Bei der Wiederverheiratung muß sorgsam das Problem bedacht werden, wie die sexuellen Verletzungen und die emotionalen Wunden zu behandeln sind. Oft kann ein einzelner Mensch mit diesen Dingen nicht allein fertigwerden. Es gibt Gründe, warum eine Ehe nicht funktioniert, und selten sind sie einseitig. Und auch wenn sie einseitig wären, so gäbe es doch Wunden, die der Heilung bedürfen. Ohne einen großen Schritt auf diese Heilung zu ist eine Wiederverheiratung unklug.

Die christliche Gemeinde kann oft helfen. Anteilnehmendes Zuhören und Heilungsgebet können viel erreichen. Andere Mittel der Seelsorge und auch gute Bücher können hilfreich sein. Vor allem können wir jedoch einen Raum des Vertrauens schaffen, in dem man geborgen ist und es deshalb neu wagen kann, wieder Gefühle zu äußern, zärtlich zu sein und zu lieben.

9. Das Gelübde der Treue

Treue ist das ethische Element, welches die natürliche Liebe bereichert.
Emil Brunner

Die Frage der Sexualität verlangt nach einer neuen und dynamischen Antwort. Sie darf nicht verneinend oder nur reagierend sein. Sie muß aktiv sein, kreativ und positiv. Wir brauchen eine Ausrichtung, die die reiche, positive Haltung der Schrift gegenüber der menschlichen Sexualität widerspiegelt. Wir brauchen eine Ausrichtung, die für alle Christen da ist und die im täglichen Leben erfahren werden kann. Und wir brauchen eine Ausrichtung, die einfühlsam und zugleich geradeheraus die Verzerrungen der gottgegebenen Funktionen der Sexualität richtigstellt. Diese Ausrichtung kommt am klarsten in dem Gelübde der Treue zum Vorschein. Alle Gläubigen – ob Mann oder Frau, ob alleinstehend, verheiratet, geschieden, verwitwet oder wiederverheiratet – sind zur Treue in ihren sexuellen Beziehungen aufgerufen.

Treue bedeutet, daß wir unsere Sexualität in all ihrer Vielseitigkeit bejahen. Wir feiern die Tatsache, daß wir sexuelle Geschöpfe mit Bedürfnissen nach Zärtlichkeit und Mitgefühl, Liebe und Freundschaft sind. Wir lehnen es rundweg ab, uns als nicht-sexuelle Wesen zu betrachten. Wir wissen, daß wir eine Person entmenschlichen, wenn wir sie zu einem quasi geschlechtslosen Wesen machen, und das werden wir weder uns selbst noch anderen antun. Wir bleiben unserer gottgeschaffenen Natur treu, daß Sexualität zu unserm Menschsein gehört.

Treue bedeutet, daß wir unserer Berufung treu bleiben. Einige sind zu einem Leben als Unverheiratete berufen. Wenn dieser Ruf von Gott ergeht und in der Gemeinschaft der Gläubigen Bestätigung findet, dann kann ein Jünger Christi ruhig und zufrieden sein, denn er weiß, daß Gottes Gnade ihm diesen Stand verliehen hat. Er muß sich nicht aufregen und verzehren und nach anderen Möglichkeiten forschen. Die Gemeinde der Gläubigen freut sich über diese Berufung und Gabe, ohne abwertende Andeutungen zu machen, der Betreffende sei nicht in der Lage, einen Partner zu finden.

Andere sind zur Ehe berufen. Sie freuen sich über ihre Berufung und ärgern sich nicht über die Zeit und Energie, die sie von ihnen verlangt. Die Gemeinde versteht sie und sucht ihre Bemühungen um eine starke Ehe und Familie zu unterstützen. Die Gemeinde lehnt es ab, diese Ziele mit vielen Sitzungen und Aufgaben, die die Familie belasten, zu untergraben.

Treue bedeutet, den genitalen Sex nur in dem Ehebund als seinem gottgegebenen Bereich auszuüben. Wir sagen nein zu aller Promiskuität vor der Ehe und zu allem Ehebruch nach der Heirat. Wir lachen über den modernen Mythos vom sexuellen Heldentum durch sexuelle Eroberungen. Wir bekennen uns zur Ganzheit und Fülle des sexuellen Ausdrucks, der in der Ehe gefunden wird.

Treue bedeutet, sich ausdauernd um das gegenseitige Wohlergehen und Wachstum zu kümmern. Wir widmen uns dem Wohl und Glück unseres Partners. Wir möchten, daß jede Gabe, jedes Talent, jede Fähigkeit in jeder nur denkbaren Weise aufblüht. Mann und Frau sind aufgerufen, für die Förderung des Ehepartners Opfer zu bringen.

Treue bedeutet gegenseitige Achtung. Weil wir treu sind, lehnen wir es ab, einander zu beherrschen. Keine Machtansprüche, keine falsche Überlegenheit, keine künstliche Hierarchie.

Treue bedeutet gegenseitige Ehrlichkeit und Offenheit. Wir verpflichten uns dazu, unsere Masken fallenzulassen, hinter unseren Fassaden hervorzukommen. Wir teilen uns nicht nur Nebensächlichkeiten mit, sondern sind bereit, die tiefe innere Sprache des Herzens zu sprechen.

Treue bedeutet, die innere Welt des geistlichen Lebens miteinander zu erkunden. Wir versprechen uns, miteinander Gott zu dienen, zu beten und zu feiern. Wir laden unsere Partner in das innere Heiligtum unserer eigenen Seele ein. Wir möchten, daß sie Zeugen sind für unser Ringen, unsere Zweifel, unsere Durchbrüche, unser Wachstum.

Die Bedeutung der Treue für Alleinstehende

Die menschliche Sexualität hat viele Gesichter. Der genitale Geschlechtsverkehr ist nur eines davon. Wenn Alleinstehende die vielen anderen Aspekte ihrer Sexualität pflegen und kultivieren, werden sich die genitalen Bedürfnisse einordnen.

Tatsächlich ist es so, daß das, was wir sexuelle Bedürfnisse nennen, eigentlich keine Bedürfnisse sind, sondern Wünsche. Der Körper benötigt Nahrung, Luft und Wasser – ohne diese kann der Mensch nicht lange überleben. Aber niemand ist bis jetzt an einem

Mangel an Geschlechtsverkehr gestorben. Viele haben ohne genitalen Sex ein volles und erfülltes Leben gehabt – auch Jesus.

Somit ist also der Geschlechtsverkehr ein menschlicher Wunsch, kein menschliches Bedürfnis. Der Unterschied ist wesentlich. Alleinstehende können zu einer enormen Freiheit gelangen, wenn sie diesen Unterschied verstehen. Sie sind keine Halbmenschen, unerfüllt und unvollständig. Sie sind nicht auf den Geschlechtsverkehr angewiesen, um ihre Sexualität ganzheitlich zu erfahren.

Der Apostel Paulus befaßte sich besonders mit diesem Thema der »sexuellen Bedürfnisse« in seinem Brief an die Christen in Korinth. Sie lebten in einer hochgradig sexuell aufgeladenen Umgebung. Einige meinten, die durch das Evangelium geschenkte Freiheit schließe eine totale sexuelle Freiheit ein, sogar die des sexuellen Verkehrs mit Prostituierten. Ihr Motto war offenbar: »Alle Dinge sind in Christus erlaubt.« Paulus erwiderte darauf: »Alles ist mir erlaubt, aber nicht alles dient zum Guten. Alles ist mir erlaubt, aber es soll mich nichts gefangennehmen.« (1. Kor. 6,12)

Die Korinther werteten sodann den Sex wie ein normales, körperliches Bedürfnis auf, gerade so wie Essen und Trinken. Mit anderen Worten: Wenn der Sex ein normaler, körperlicher Appetit wie der Appetit auf Nahrung ist, was hindert uns dann, unser sexuelles Bedürfnis zu befriedigen, wenn der Reiz auftritt? Paulus antwortet darauf: »Die Speise dem Bauch . . . Der Leib . . . dem Herrn« (1. Kor. 6,13). Er argumentierte dann weiter, daß das Verdauungssystem nur zeitlich und biologisch sei und nur für die irdische Existenz Bedeutung habe. Der Leib ist jedoch der Tempel des Heiligen Geistes und ist für die Auferstehung bestimmt, also im Blick auf Zeit und Ewigkeit bedeutsam. Deshalb: »Fliehet die Hurerei!« Sex außerhalb der Ehe verzerrt das Prinzip des »Ein Fleisch« so sehr, daß er den geistlichen Aspekt unseres Leibes verletzt. »Oder wißt ihr nicht: wer sich an die Hure hängt, der ist ein Leib mit ihr? Denn die Schrift sagt: ›Die zwei werden ein Fleisch sein.‹ Wer aber dem Herrn anhängt, der ist ein Geist mit ihm« (1. Kor. 6,16–17). Paulus sagt uns also, daß die scheinbar nur leibliche Vereinigung im Geschlechtsverkehr eine geistliche Komponente hat, so daß sie immer für die Dauerhaftigkeit der Ehe reserviert sein sollte. Deshalb sollten sich alleinstehende Gläubige vom genitalen Sex enthalten. Gleichzeitig sollten sie aber die vielen anderen Aspekte ihrer Sexualität voll entwickeln.

Vertrauter Umgang ist ein Teil unserer menschlichen Sexualität, den Alleinstehende pflegen sollten. Das Geben und Nehmen von Liebe ist lebensnotwendig; es sind tatsächlich Menschen an Liebesmangel gestorben. Wir müssen Freundschaften aufbauen, die das Leben fördern und in denen wir uns umeinander kümmern. Einsamkeit ist eine moderne Epidemie. Viele Alleinstehende leiden daran, weil sie dazu neigen, den Bereich des Intimen mit dem Koitus gleichzusetzen. In Wahrheit können jedoch viele sehr enge und herzliche Beziehungen ohne Geschlechtsverkehr gepflegt werden.

Alleinstehende können vertrauten Umgang mit anderen pflegen, indem sie an deren Leben auf vielen verschiedenen Ebenen teilnehmen. Indem wir uns über Bücher, Ideen, Ziele, Gedanken austauschen, werden wir miteinander vertraut. Es kann Freundschaften geben sowohl mit Männern wie Frauen, sowohl mit Alleinstehenden wie mit Verheirateten. Menschen sind wie reich verzierte Wandteppiche – das vielgestaltige und knifflige Webmuster eines jeden Lebens kennenzulernen kann eine große Freude sein.

Eng verbunden mit der gegenseitigen Vertrautheit ist jener Aspekt unserer Sexualität, der sich in der Berührung äußert. Berühren, sich umarmen, streicheln – dies sind echte Aspekte unserer Sexualität, die nicht notwendigerweise mit genitalem Sex zu tun haben müssen. Man hat sogar vermutet, daß sexuelle Aktivität und die geradezu besessene Beschäftigung mit dem Sex, die unsere westliche Kultur charakterisiert, in vielen Fällen überhaupt nicht sexuelles Interesse ausdrückt, sondern eher einem ungestillten Kontaktbedürfnis entspringt.[47]

Alleinstehende sollten sich über die Berührung, die herzliche Umarmung freuen. Dies sind lebenswichtige Teile unserer menschlichen Sexualität, und es wäre unweise, uns ihnen zu entziehen. Die Bedeutung der nicht-erotischen Berührung wird in den Heilberufen zunehmend erkannt. Krankenschwestern lernen, Babys zu streicheln und zu liebkosen; Therapeuten erkennen, welche Wirkung es hat, einfach einem die Hand zu halten, und Menschen wie Mutter Teresa aus Kalkutta helfen uns, die heilende Macht der liebevollen Berührung zu entdecken.

Besonders die älteren Alleinstehenden brauchen die das Leben bereichernde Erfahrung der Berührung. Viele von ihnen werden monatelang von keiner anderen Person berührt. Wenn beispielsweise Leute in der Gemeinde zu den älteren Mitgliedern gehen würden, um sie freundlich in den Arm zu nehmen oder über die Schulter zu streichen, wären sie über den emotionalen Auftrieb, der dadurch entstünde, erstaunt.

Ein weiterer Aspekt unserer Sexualität ist die Wertschätzung der Schönheit und körperlichen Attraktivität. Viele Alleinstehende schrecken vor der natürlichen Wahrnehmung, die wir von einem gut aussehenden Mann oder einer schönen Frau haben, zurück. Sie fürchten, daß dies zur Begierde des Herzens führen könnte, die Jesus verurteilte. Das ist aber nicht notwendig. Es ist durchaus möglich, ein schönes Gesicht oder eine attraktive Figur ohne Begierde zu bewundern. Wir lernen es, uns ohne Lüsternheit an den Augen, den Haaren, dem Lächeln, der körperlichen Erscheinung des andern zu erfreuen. Sie sind herrliche Gaben aus der Hand des Schöpfers. Wie könnten wir es wagen, sie zu verachten!

Die Freude an der Schönheit muß nicht böse sein; sie muß nur kontrolliert werden. Und das kann geschehen. Wir können die herrlichen Körperformen einer Frau oder eines Mannes positiv wahrnehmen, ohne gleich in unkontrollierte Leidenschaft zu stürzen. Nur weil die Medien versuchen, jede attraktive Figur und jede sinnliche Bewegung mit erotischer Sexualität in Verbindung zu bringen, bedeutet das nicht, daß wir ihnen diese Scheinwelt auch abkaufen müssen. Als Kinder des Lichts lassen Sie uns die Schönheit ohne Begierde genießen und unsere Sinne nutzen, ohne in Sinnlichkeit zu verfallen.

Ein weiterer Aspekt des miteinander Vertrautseins liegt in der Erfahrung der Kommunikation. Zu Anfang spricht man einfach miteinander, über große und kleine Dinge. Oft wird dabei gelacht. Aber dann gibt es auch Zeiten, in denen die Kommunikation über die menschliche Sprache hinausgeht; gemeinsam erfährt man die Stille.

In der ersten Gemeinde, in der ich Pastor war, gab es jemanden, den ich häufig für ein Gespräch aufsuchte. Wir saßen in seinem Studierzimmer und sprachen über große Ideen und träumten davon, wie die Welt aussehen könnte. Manchmal hielten wir inne, um zu beten; oft lachten wir zusammen. Was mir aber am besten in Erinnerung geblieben ist, sind die Zeiten, in denen wir einfach aufhörten zu reden und in tiefer Stille beieinandersaßen. Dauerhafte Verbindungen entstehen durch diese Art von Kommunikation, und sie erweitert und fördert unsere Fähigkeit zu vertraulichem Umgang.

Oft bringen wir in unseren Gemeinden die Alleinstehenden mit ihrer Sexualität in große Verlegenheit. Wir stürzen sie in ein richtiges Dilemma: Entweder heirate oder begrabe deine Sexualität. Es ist eine falsche Alternative. Und das Dilemma wird nicht dadurch gelöst, daß man genitalen Sex außerhalb der Ehe sucht. Es gibt eine andere Möglichkeit. Man kann seine Sexualität bejahen und als Bestandteil seines Lebens pflegen und doch den genitalen Sex der Ehe zugehörig sein lassen.

Alleinstehende haben in Christus die Freiheit, den vielen anderen Aspekten der Intimität und Gemeinschaft, die in der Sexualität liegen, ihren Platz zu lassen und sie voll zu entwickeln. Dies ist die Bedeutung des Gelübdes der Treue für Alleinstehende.

Die Bedeutung der Treue für Verheiratete

Die christliche Ehe trägt den Charakter eines Bundes. Ein Bund ist ein Versprechen – eine Verpflichtung zu Liebe, Loyalität und Treue. Ein Bund meint auch Kontinuität – wir gehen in eine gemeinsame Zukunft und blicken dann jeweils auf eine gemeinsame Vergangenheit zurück. Ein Bund bedeutet, daß man zueinander gehört – in einer reichen und wachsenden Beziehung der Liebe und Fürsorge sind wir aufeinander »bezogen«.

Treue in der Ehe bedeutet zunächst Monogamie. Wir sind für Monogamie und gegen Polygamie, aber unser Standpunkt beruht nicht auf biblischen Gesetzen dieser Frage und bestimmten Bibelversen. Manche Leute wundern sich darüber, daß wir für jeden Vers der Bibel, der für die Monogamie spricht, zwei für die Polygamie finden können. Nein, das christliche Zeugnis für die Monogamie basiert auf der Offenbarung der Agape, die wir in Jesus Christus finden. Die Liebe im Sinne Christi bedeutet konkret: für die andere Person, ja um des anderen willen da sein.[48] Im Blick auf die Ehe kann dies nur *ein* anderer Mensch sein. Offen gesagt: Die Polygamie entmenschlicht die Frau.* Die Frau wird zu einem Teil der Herde zum Vergnügen des Mannes degradiert. Polygamie ist eine Beleidigung für das Gesetz der Liebe. Sogar im Alten Testament können wir die schädlichen Auswirkungen dieser Praxis sehen.

Zum anderen bedeutet die Treue in der Ehe ein lebenslanges Versprechen der Liebe und Loyalität. Jünger Christi müssen es ablehnen, nach einem Ausweg aus dem Bund zu suchen, nur weil Schwierigkeiten aufkommen oder die erotische Anziehung nachgelassen hat. Schwierigkeiten sind nicht das Zeichen einer schlechten Ehe; sie sind oft sogar Zeichen einer gesunden Entwicklung. Denn Leute, die füreinander da sind, werden Streit und Meinungsverschiedenheiten haben, weil ihnen ihre Beziehung so viel wert ist. Wenn so etwas nie

---

* Ich weiß, daß *Polygamie* mehrere Partner des einen oder anderen Geschlechts bedeuten kann. (Polyandrie bezieht sich auf viele Ehemänner und Polygynie auf viele Ehefrauen.) Die meisten Leute denken jedoch bei Polygamie an mehrere Ehefrauen. In den meisten Kulturen hat die Praxis der Polygamie auch diese Form angenommen.

vorkommt, kann das bedeuten, daß sie nichts mehr füreinander empfinden. Die Meinungsverschiedenheiten und Streitereien sind nicht das Problem, sondern wie wir damit umgehen.

Es gibt Zeiten, in denen ein Konflikt für ein Paar unerträglich erscheint. »Warum sollen wir es noch weiter miteinander versuchen?« fragen sie. Wir sollten es weiter versuchen, weil so viel auf dem Spiel steht und weil wir reich belohnt werden, wenn wir wieder zueinander finden. Unsere Ehe ist jede Mühe und jedes Ringen wert. Unsere Liebe ist zu wertvoll zum Verlieren.

Allerdings kann in gewissen Situationen ein Punkt kommen, an dem ein Konflikt nicht nur unerträglich erscheint, sondern unerträglich ist. Unter solchen Umständen gebietet es die Treue, die Frage der Scheidung mit Christen zu erörtern, die geistlich zu urteilen und seelsorgerlich zu raten vermögen. Es ist Aufgabe der Gemeinde, zerbrochene Ehen oder – wo das nicht mehr möglich ist – die Wunden einer Scheidung heilen zu helfen.

Ich bin mir dessen bewußt, daß viele Gemeinden vor dieser Verantwortung zurückschrecken. Oft sind die Gemeindeleitungen, die Ältesten und andere in den Fragen von Scheidung und Wiederverheiratung so zerstritten, daß sie überhaupt nicht helfen können. Oft verhindern Vorurteile geistliche Einsichten. Viele Gemeindeleiter sind ehrlich davon überzeugt, daß es die Aufgabe der Gemeinde ist, Haushaltspläne zu überwachen und Gebäude instand zu halten, nicht aber sich als Ehetherapeuten zu versuchen.

Und doch kann von einer liebevollen Gemeinschaft, die es wagt, sich zerbrochener und blutender Ehen anzunehmen, eine erstaunliche Heilung ausgehen. Das muß jedoch mit Behutsamkeit und Demut geschehen. Da ist kein Raum für Arroganz, Klatsch und moralisierende Belehrung. Das Paar muß sich dessen gewiß sein, daß die Gemeinschaft sie akzeptiert und den Schmerz teilt, was immer auch das Endresultat sein mag. Die wichtigsten Mittel des Tragens und Stützens sind mitfühlendes Zuhören und die Fürbitte. Manchmal kommt es so zu einer regelrechten »Auferstehung«, so echt wie die des Lazarus, als er aus dem Grab heraustrat. Nicht immer, aber manchmal!

Drittens bedeutet die Treue in der Ehe die gegenseitige Unterordnung aus Ehrfurcht gegenüber Christus. Der Apostel Paulus setzt den Grundsatz der gegenseitigen Unterordnung über alle familiären Beziehungen: »Ordnet euch *einander* unter in der Furcht Christi« (Eph. 5,21). Dann erklärt er, wie die gegenseitige Unterordnung in einem christlichen Haushalt geschehen soll. Es ist erstaunlich, welche Verantwortung in Sachen Unterordnung dem Mann zugewiesen wird, der doch schließlich in der hebräischen, patriarchalischen Gesellschaft dem Haushalt vorstand. Paulus ruft zu christlicher Unterordnung im Sinne der opfernden Liebe auf. Die Ehegewohnheiten des ersten Jahrhunderts sahen die Frau nicht als eine volle Person an, geschweige denn als jemand, der Anspruch auf solche sich opfernde Liebe hätte.

Sicher, nach Paulus fällt im Blick auf die Unterordnung der Frau eine spezielle Verantwortung zu: »Ihr Frauen, ordnet euch euren Männern unter wie dem Herrn« (Eph. 5,22). Auch der Mann hat eine besondere Funktion: »Der Mann ist das Haupt der Frau, wie auch Christus das Haupt der Gemeinde ist« (Eph 5,23). Manche wünschen, Paulus hätte es nicht in dieser Form ausgedrückt, da seine Lehre so oft zu dem Zweck verdreht wurde, die Frauen unter dem Daumen des Mannes zu halten. Es ist jedoch daran zu erinnern, daß Paulus hier eine bestimmte Lehrmethode benutzt, die in der Bibel häufig vorkommt: Er verbindet die Situation, in der sich die Leute befinden, mit der Situation, in der er sie haben möchte.*

Was Paulus in diesem Text tut, ist wirklich sehr erstaunlich. Dank der Freiheit des Evangeliums, die in Christus sichtbar wird, vollzieht er einen radikalen Bruch mit dem autoritären, hierarchischen System der Vergangenheit – »Ordnet euch *einander* unter in der Furcht Christi.« Und im gleichen Atemzug nennt er die Verbindung der Tradition mit der Vergangenheit – »Ihr Frauen, ordnet euch euren Männern unter . . . denn der Mann ist das Haupt.« Die traditionelle Meinung, daß der Mann das Haupt der Familie ist, bleibt erhalten, aber diese Führung ist nur eine funktionelle, nicht eine Sache des Status oder der Überlegenheit. Das Verständnis der Führungsrolle und des Verhältnisses der Frau zu ihr sind radikal verändert worden. Es gibt hier kein sich Aufspielen als Herr über den anderen, keine Ausübung sündiger Macht, kein Raum für ein gleichgültiges Nebeneinander oder ein feindseliges Gegeneinander. Statt dessen gibt es nur die volle Hingabe der Liebe des einen an den andern und für

---

* Jesus geht beispielsweise in Matthäus 5,17 nach dem gleichen Prinzip vor, wenn er sagt: »Ihr sollt nicht meinen, daß ich gekommen bin, das Gesetz oder die Propheten aufzulösen.« Wenn man berücksichtigt, was er sie zuvor gelehrt hatte, mußten die Jünger denken, er sei gekommen, das Gesetz und die Propheten aufzulösen! Ohne an seinem radikalen Bruch mit der Vergangenheit Abstriche zu machen, zeigt Jesus dann, wie sich das, was er lehrt, mit der Vergangenheit verbindet, sie erfüllt und überbietet (Matth. 5,20). Paulus tut dasselbe in diesem Ephesertext.

den andern, nach dem Vorbild der Treue Christi, seiner Sehnsucht nach seiner Gemeinde und seines Opfers für sie und der entsprechenden Antwort der Gemeinde an ihn.[49]

Es muß deutlich gesagt werden, daß der Apostel Paulus nicht mit fliegenden Fahnen zur Gleichheits-Ehe übergeht. Aber er kann auch nicht für die autoritäre, hierarchische Ehe vereinnahmt werden. Seine betonten Worte von der gegenseitigen Unterordnung und der gegenseitigen ehelichen Verantwortung weisen seine Leser – und uns – kontinuierlich von einer patriarchalischen, eher die Autorität betonenden Einstellung zu einer partnerschaftlichen, mehr das Miteinander beachtenden Einstellung. Wir alle müssen den Ort für unsere Ehe irgendwo auf diesem Wege finden.

Die Richtung, die Paulus hier einschlägt, kann am besten in seiner berühmten Aussage in Galater 3,28 wahrgenommen werden: »Hier ist nicht Jude noch Grieche, hier ist nicht Sklave noch Freier, hier ist nicht Mann noch Frau; denn ihr seid allesamt einer in Christus Jesus.« Und in der Apostelversammlung, über die in Apostelgeschichte 15 berichtet wird, entschied die Kirche in der Frage der religiös-kulturellen Komponente – »nicht Jude noch Grieche«. Es dauerte auch schmerzlich lange, bis die Kirche schließlich in der Frage der Sklaverei zu einer eindeutigen Entscheidung fand – »nicht Sklave noch Freier«. Wir können nur hoffen und beten, daß die Kirche bald fähig sein wird, die Frage des Sexismus erfolgreich zu klären – »nicht Mann noch Frau«.

Was bedeutet das alles nun für Sie und mich praktisch? Um mit Paulus zu reden: Jeder von uns muß den Stil seiner Ehe »mit Furcht und Zittern schaffen« (siehe Phil. 2,12). Jünger Christi sind durch das Evangelium in der Gestaltung des Miteinanders und der Unterordnung frei. Aber es darf keine Herrschaft übereinander und keine Rebellion gegeneinander geben. Zärtlichkeit, Liebe und gegenseitige Anerkennung müssen alle Entscheidungen leiten. Denken Sie immer daran, daß die Erfahrung des Einsseins – »ein Fleisch«, »Bein von meinem Bein und Fleisch von meinem Fleisch« – uns befähigt, die Entscheidungen des Lebens in Harmonie zu treffen. Das Miteinander ist eines der vielen Gesichter der Treue.

Viertens bedeutet die Treue in der Ehe die sexuelle Zurückhaltung außerhalb des Bundes der Ehe. Damit meine ich zweierlei: erstens, keinen außerehelichen genitalen Sex, und zweitens, Kontrolle aller Ausdrucksformen der nichtgenitalen Sexualität dadurch, daß das Wohl der Ehe und des Partners bestimmend bleibt.

Die erste Aussage bedarf kaum einer Erklärung. Ehebruch in irgendeiner Form ist für die Nachfolger Jesu Christi absolut unannehmbar. Er verletzt die Realität des »Ein-Fleisch«-Seins der Eheleute und schadet der Ehebeziehung.

Die zweite Aussage muß etwas eingehender besprochen werden. »Alles ist mir erlaubt, aber nicht alles dient zum Guten« (1. Kor. 6,12). In gewisser Weise gehören wir nach der Heirat nicht mehr uns selbst, wir können nicht mehr entscheiden und handeln, wie es uns gefällt. Jede Entscheidung, jede Handlung betrifft unseren Partner und unsere Ehe. Damit haben wir zu rechnen, auch wenn es uns vielleicht nicht gefällt. Unser Partner und unsere Ehe sind im Guten oder Bösen davon mitbetroffen, wie wir unsere Sexualität ausdrükken, mehr als von irgend etwas anderem in unserem Leben.

Dies bedeutet nicht, daß wir unsere Sexualität außerhalb unserer Ehe unterdrücken. Das würde auch unserer Ehe sehr schaden. Wir sind als Menschen Frau oder Mann und müssen Menschen bleiben. Wir brauchen vertrauten Umgang mit anderen, Berührung und Gespräch und vieles mehr nicht nur innerhalb des Ehebundes. Sonst bürden wir der Ehe mehr auf, als sie tragen kann, auch wenn es sich um die gesündeste Beziehung handelt.

Aber wir müssen wirklich sensibel sein, welche unserer Handlungen und sogar unserer Gedanken unsere Ehe betreffen. Wenn ich beispielsweise all meine emotionale Energie und Aufmerksamkeit in die Seelsorge und andere Beziehungen einbringe, so daß ich zu Hause ohne emotionale Reserven für meine Frau und meine Kinder erscheine, so begehe ich »emotionalen Ehebruch«. Wenn ich meiner Frau und den Kindern nicht geben kann, was sie an Gefühlen von mir benötigen, dann muß ich die notwendigen Änderungen herbeiführen, um das Gelübde der Treue besser zu erfüllen.

Meine Frau beschäftigt sich manchmal mit einigen Dingen, die mich nicht interessieren. Ich unterhalte mich mit Freunden über Themen, die sie langweilen. Das ist in Ordnung. Wir wollen einander viel Freiheit und Flexibilität zugestehen. Aber wir wollen auch sensibel wahrnehmen, wie unsere Handlungen und Aktivitäten uns gegenseitig betreffen. Wir müssen und wollen uns nicht voreinander verstecken, sondern eine offene und freie Kommunikation pflegen – wir hören nicht nur auf die Worte des anderen, sondern spüren den Ton, beachten die Sprache des Körpers, des Herzens und des Geistes. Indem wir so aufeinander achten und hören, werden wir fähig, alles abzuweisen und zu lassen, was von unserer Ehe ablenkt. »Die Zurückhaltung nach außen aus Liebe zum Ehepartner ist oft ein Zeichen für ihre, der Liebe Freiheit nach innen.«[50]

Damit sind wir beim fünften Punkt. Treue in der Ehe bedeutet sexuelle Freiheit innerhalb des Ehebundes. Hier müssen wir wirklich die Freiheitsglocke läuten! Wenn sich der Sex in seinem eigenen, freien Wasser befindet, ist er ein reiches und erfüllendes Abenteuer. Manchmal fließt er schnell und sprudelnd dahin wie der Colorado, manchmal ruhig und sanft wie der Mississippi, oft ist er tief und stark wie der Columbia.

Wenn Paulus erklärt: »Der Mann leiste der Frau, was er ihr schuldig ist, desgleichen die Frau dem Mann« (1. Kor. 7,3), so hört sich das eher nach einer Verpflichtung als nach Freiheit an, aber ich kann Ihnen versichern, daß die Frauen damals in jedem Wort dieses Gebotes Freiheit verspürten. Und ich bin sicher, die Männer auch, wenn sie erst einmal verstanden hatten, was damit gesagt war. Wir sind aufgerufen, uns sexuell einander frei und ohne Zurückhaltung hinzugeben. Beachten Sie die Gleichbehandlung. Es ist nicht vom Recht des Mannes und der Pflicht der Frau die Rede – gegenseitiges Geben und Nehmen bestimmen die Beziehung. Deine Frau verdient es, sexuell befriedigt zu werden. Ihr seid innerhalb des Bundes der Ehe frei, alles zu tun, was entzückt, was Freude macht, was befriedigt. Und deine Frau hat dieselbe Freiheit.

Der Koitus hat eine weitere Bedeutung als nur die Zeugung. Kinder zu haben ist bestimmt etwas Großartiges; aber wir dürfen den Sex nie nur auf das »Kinder machen« beschränken (schon dieser Ausdruck ist lieblos). Intimer Umgang, sich öffnen, seine Verletzlichkeit zeigen können, sich erholen – dies und vieles andere macht die sexuelle Erfahrung aus.

Einer der großartigsten Aspekte des Sex ist die Wärme, die Liebe, das unerklärliche Gefühl, jemand auf die intimste Weise zu kennen. Es ist kein Zufall, daß der hebräische Begriff für den Koitus *jadaʿ*, »erkennen«, lautet. Irgendwie führt uns die sexuelle Erfahrung gegenseitig in die allertiefsten Wesensschichten des anderen.

Zweifellos trägt die Erfahrung des Sich-Öffnens und der Verletzlichkeit, die zum Geschlechtsverkehr gehört, zu diesem geheimnisvollen Erkennen bei. Es ist etwas an der Nacktheit ohne Scham, der totalen Hingabe, das dem Paar erlaubt, die Schallmauer äußerer Nettigkeiten zu durchbrechen und in den inneren Kern der Nähe vorzustoßen. In gewisser Weise zeigt die körperliche Vereinigung eine tiefere Vereinigung an – eine Vereinigung des Herzens, des Gemütes, der Seele und des Geistes. Es ist einfach wunderbar, es ist eine reine Freude.

Dieser Aspekt der Freude, der Erholung ist in vieler Hinsicht die reichste Erfahrung von allen. Sex ist im besten Sinne ein Spiel, eine fröhliche Feier, ein wundervolles Vergnügen.

Wenn wir entspannt und ausgelassen miteinander umgehen, lernen wir uns in einer Weise kennen, wie das nicht möglich ist, wenn wir uns nur ernst begegnen. Sex ist ein Abenteuer; er ist auch ein Spiel. Wir erfreuen uns am Körper des anderen in einer leichten, lockeren, fröhlichen Art. Wir spielen zusammen; wir balgen uns und scherzen miteinander. Das ist ein wesentliches Element beim Genießen unserer Sexualität.

Die Bedeutung der Treue für die Gemeinde

Wir haben versucht, die Bedeutung der Treue für Alleinstehende und verheiratete Paare zu ergründen, aber was bedeutet die Treue für die Gemeinde?

Unser Verständnis von Treue muß auf dem Modell fußen, das Gott uns durch seinen Bund mit seinem Volk gegeben hat, und besonders auf dem der Treue Christi zu seiner Gemeinde. Gottes Treue, mit der er seinen Kindern im Alten Testament nachging, und die beständige Liebe, die Christus im Neuen Testament seiner Gemeinde entgegenbringt, zeigen uns den Inhalt des Gelübdes der Treue. Unser Eheverständnis muß immer wieder auf dieses Vorbild zurückgeführt und von ihm her beurteilt werden. Paulus stellt das sehr plastisch dar, wenn er die Ehe beschreibt: »Dies Geheimnis ist groß; ich deute es aber auf Christus und die Gemeinde« (Eph. 5,32).

Wenn wir die Ehe in dem Licht der Liebe sehen, die Gott uns in seinem Bund entgegenbringt, dann führt uns das auf eine neue, positive Stufe. Wir haben es dann nicht mehr mit der sterilen, passiven Karikatur von Treue zu tun, die im Grunde lediglich die Abwesenheit des Ehebruchs meint. Es geht darum, daß jemand ein feierliches Gelübde zu bleibender Partnerschaft ablegt und dessen Treue an der kreativen Liebe für seinen Partner gemessen wird.[51] Dieses Modell kann jedoch nie theoretisch bleiben. Es muß in unserem Handeln Gestalt gewinnen, mit praktischen Auswirkungen auch im Leben der Gemeinde.

Als erstes ist die Gemeinde zu einem Dienst des Gebets und der geistlichen Weisung berufen. Möge Gott es geben, daß die christliche Gemeinde einen Raum des Vertrauens darstellt, in dem zum Beispiel junge Paare ihre Fragen über die Ehe und ihre Absicht zu heiraten äußern können, um von der Gemeinde Erkenntnis, Rat und Segen zu bekommen.

Vor einiger Zeit nahm ich an einer Versammlung teil, bei der es um Klarheit für ein junges Paar ging.* Sie waren in einander verliebt, alle hatten sie zur Ehe ermutigt und doch waren sie sich nicht sicher. Sie suchten Wegweisung bei einer Gruppe von Menschen, die sich um ein geistliches Urteil bemühen. So trafen wir uns einen Nachmittag lang in unserem Haus. Es war eine wertvolle Zeit – wir tauschten uns aus, freuten uns und beteten miteinander. Die junge Frau, eine Pastorentochter, sagte: »Alles, was ich in meinem Leben getan habe, ist wenigstens teilweise darauf zurückzuführen, daß andere wünschten, ich würde es tun.« Sie war also immer damit beschäftigt, ihre Eltern oder die Gemeinde zufriedenzustellen, und jetzt hatte sie Angst, daß sie die Ehe eingehen würde, nur weil alle dächten, sie seien das »ideale Paar«. Damit war der Schlüssel des Problems bekannt, und wir konnten es betrachten und behandeln. Eine Frau aus unserer Gruppe legte ihnen schließlich die Hände auf und betete in so bewegenden Worten, daß ich dachte, wir wären bestimmt im Himmel ... und in gewisser Weise waren wir es wohl auch. Die beiden sind jetzt verheiratet und lebendige Mitglieder in unserer Gemeinde. Dies war nur ein kleines Ereignis, das ein einzelnes Paar betraf. Aber solche Erfahrungen sollten wir tausendfach überall in den Gemeinden machen.

Wir können noch viel mehr tun. Ich freue mich über den positiven Einfluß von Seminaren für Verlobte und Ehepaare, wie sie jetzt in vielen Denominationen angeboten werden.

In unserer Stadt haben wir auch ein Programm für Leute, deren Ehe zu zerbrechen droht. Wir nennen es »Recovery of Hope« (Hoffnung wiedergewinnen). Es hat so guten Anklang gefunden, daß wir daran denken, es überregional auszudehnen. Solche Programme sind jedoch nur ein ganz kleiner Anfang. Die Aufgabe ist groß und braucht viele Mitarbeiter.

Ich hoffe, die Gemeinden verstehen, worum es geht. Warum noch kostbare Zeit und Energie in Sitzungen verwenden, die nichts bewirken? Warum noch Gemeindeversammlungen, die sich mit allem möglichen beschäftigen, nur nicht mit diesen wichtigen Aufgaben der Gemeinde. Diese Ehen, diese wertvollen Menschen gehören

---

* Es handelte sich um eine Zusammenkunft von Menschen, die einer Person oder einem Paar helfen möchten, den Willen Gottes in einer Angelegenheit, die sie beschäftigt, geistlich zu erkennen. Gemeinsam bitten wir den Herrn um Klarheit. Meistens geht es dabei um Entscheidungen im Blick auf eine Eheschließung oder die Berufswahl.

auf die Tagesordnung der Gemeinde! Wir dürfen das Thema nicht länger »vertagen«.

Und dann die Trauungen. Sogar in unserer säkularisierten Gesellschaft spielt die Kirche noch eine wichtige Rolle, wenn es ans Heiraten geht. Lassen Sie uns aus dieser Möglichkeit etwas besonderes machen. Lassen Sie uns die Trauungen so gestalten, daß sie echte Einladungen zur Treue sind, ein Ruf zu lebenslanger Ehe.

Der kirchliche Segen für einen Ehebund stellt auch die Gemeinde in eine Verantwortung. Wir haben Dutzende von unnötigen Ausschüssen; wie wäre es mit einem nützlichen, der die Aufgabe hätte, ein gesundes Wachstum und eine Reifung junger Ehen zu fördern? Hausbesuche, Buchempfehlungen, Seelsorge unter Freunden und vieles andere könnte die Tagesordnung dieses Ausschusses ausmachen. Und warum sollten wir nicht noch einen Ausschuß haben, der sich mit der Gesundheit der etablierten Ehen befaßt?

Wir haben für den Anfang einer Ehe den besonderen Traugottesdienst. Warum richten wir nicht besondere Segnungs- und Heilungsgottesdienste für bestehende Ehen ein? Die Paare könnten zusammen nach vorn kommen, die Pastoren und Ältesten könnten ihnen die Hände auflegen und dafür beten, daß ihr Ehebund gestärkt werden möge. Wir kennen die zivile und die kirchliche Trauung. C. S. Lewis hat gemeint, daß wir im Grunde zwei Arten der Ehe brauchen: eine zivile, deren Regelungen der Staat bestimmt, und eine christliche, deren Gestalt von der Gemeinde bestimmt wird.[52] Ich bin seiner Ansicht. Die Gemeinde hat verantwortlich darauf zu achten, daß die christliche Ehe gesund und erfolgreich ist. Eheprobleme, Scheidung, Wiederverheiratung und andere Fragen sind von der Gemeinschaft der Gläubigen liebevoll zu behandeln. Die Gemeinde der Gläubigen hat für Witwen, Witwer, Geschiedene und solche, die von ihrem Partner verlassen wurden, zu sorgen. Kurz gesagt, die Pflege der christlichen Ehe ist Aufgabe der Gemeinde.

Die sexuell Unterprivilegierten

Wir haben betrachtet, was es bedeutet, in unserer Sexualität Gott gegenüber treu zu sein. Wir haben es dabei immer als selbstverständlich angesehen, daß wir sexuelle Wesen sind. Nirgends mußten wir uns von dieser Tatsache erst überzeugen. Es gibt jedoch Leute, die aus der Welt der Sexualität herausgedrängt worden sind. Im Allgemeinen werden sie geradezu als geschlechtslose Wesen betrachtet. Das Gelübde der Treue bedeutet eine neue Wahrnehmung und Verantwortung gegenüber diesen sexuell Unterprivilegierten.[53]

Das Märchen, die Körperbehinderten zum Beispiel seien zu jedem sexuellen Ausdruck völlig unfähig und deshalb am Sex uninteressiert, hat nur dazu beigetragen, sie noch mehr zu isolieren. Studien haben gezeigt, daß sogar Leute mit Querschnittslähmungen oft in der Lage sind, einen Orgasmus zu erreichen.

Wie können wir auf die Bedürfnisse der Körperbehinderten eingehen? Indem wir zum Beispiel nicht mehr ihre Sexualität ignorieren. Wir können den hohen Wert der Phantasie, die für sexuelle Äußerungen des Behinderten so wichtig ist, anerkennen. Wir können die Ehepaare ermutigen, eine Vielzahl von Techniken anzuwenden, mit denen sie einander glücklich machen können. Eine der wertvollsten Fähigkeiten der Behinderten ist, daß sie ihren Partnern sexuelles Vergnügen bereiten können. Auch wenn die Person selbst nicht in der Lage ist, einen Orgasmus zu empfinden, so ist es doch sehr befriedigend und stimulierend, den Partner zum Orgasmus zu bringen.

Auch die Schwerkranken sollten wir nicht als unsexuelle Wesen betrachten. Die Tatsache, daß der Tod nahe ist, bedeutet nicht, daß alle sexuellen Regungen verschwinden. »Tatsächlich empfindet der Patient oft das Verlangen nach mehr sexueller Aktivität mit dem Ehepartner, um damit an der Vitalität des Lebens festzuhalten und mit den Todesängsten fertigzuwerden. Patienten und ihre Ehepartner berichten von einer Vertiefung ihrer Bande und einer Klärung ihrer wahren Werte. Sie sagen, daß sie sich mehr auf die Möglichkeiten des gegenwärtigen Moments, den sie miteinander verbringen, konzentrieren können und daß sie es genießen, einfach sie selbst zu sein und nicht immer etwas tun zu müssen. Oft ist schon die Erfahrung der körperlichen Nähe eine große Bereicherung und Hilfe, die Bande der Liebe zu vertiefen und mit der Angst vor dem bevorstehenden Tod fertigzuwerden.«[54]

Die alten Menschen sind eine weitere Gruppe, die wir als geschlechtslos betrachten. Unser gegenwärtiger Wahn, Sex mit Jugendlichkeit und äußerer Attraktivität zu identifizieren, verschärft dieses Problem nur noch. Die älteren Mitglieder unserer Gesellschaft haben jedoch weiterhin sexuelle Wünsche. Der Gedanke, daß der Sexualtrieb nach fünfundsechzig rapide auf null absinke, ist einfach falsch. Untersuchungen zeigen, daß viele Leute bis in ihre achtziger Jahre und darüber hinaus sexuell aktiv bleiben. Dies ist bei der Einrichtung der Zimmer von Pflege- und Altersheimen zu berücksichtigen. Wir können verwitwete Personen ermutigen, wieder zu heiraten, wenn sie es wollen, anstatt dem verstorbenen Ehepartner »treu« zu bleiben. Wir können uns für eine Änderung der sozialen Gesetzgebung einsetzen, so daß eine Wiederverheiratung älterer Menschen keine wirtschaftlichen Nachteile mit sich bringt. Wir können den Alten die nötige Privatatmosphäre verschaffen. Wir können ihnen Mut machen, in dem wir ihnen nicht gegenübertreten, als wären sie Unberührbare. Wer sie umarmt, nimmt sie als Menschen von Fleisch und Blut ernst und erfreut sie zugleich.

Schließlich sind da die geistig Behinderten. Wir betrachten auch diese Menschen oft als geschlechtslose Wesen, aber Untersuchungen haben genau das Gegenteil erwiesen. Die überwältigende Mehrheit von ihnen ist sich der eigenen Sexualität sehr bewußt, und die meisten kennen ihre genitalen Bedürfnisse und Sehnsüchte. Leider ist die Umgebung in Anstalten oft nicht so, daß sie eine gute sexuelle Entwicklung fördert. Männer und Frauen sind häufig voneinander getrennt; selten gibt es eine Privatatmosphäre.

Was können wir tun? Wir können darauf bestehen, daß die geistig Behinderten so viel Sexualerziehung wie möglich vermittelt bekommen. Geistig Behinderte sind sehr daran interessiert, ihre Sexualität kennenzulernen. Sie sind von so vielem im Leben ausgeschlossen; es wäre aus mancherlei Gründen falsch, sie ohne Sexualerziehung zu lassen. Wenn das Problem der ungewollten Schwangerschaften zu lösen ist, kann möglicherweise sogar eine Eheschließung in Betracht gezogen werden. Die geistig Behinderten haben eine ebenso große Fähigkeit zur Liebe und zu einer Beziehung wie andere Menschen auch – vielleicht eine größere. Wir sollten ihnen diese Möglichkeit nicht generell verweigern. Wenn eine Ehe geschlossen ist, sollte dem Paar erlaubt werden zusammenzuleben, auch wenn es innerhalb der Anstalt ist.*

Treue richtig verstanden

Wir haben betrachtet, was es bedeutet, wenn wir als Alleinstehende, Verheiratete und als Gemeinde Treue geloben. Wir haben einige Möglichkeiten erwogen, wie wir auf die sexuell Unterprivilegierten

---

* Die Frage der Sterilisation geistig Behinderter ist ein so komplexes Thema, daß es nicht ohne die Gefahr ethischer Kurzschlüsse in einigen wenigen Sätzen behandelt werden kann.

eingehen können. Wichtig und zu bedenken ist dabei immer, daß wir es im Blick auf die Treue nicht mit einer starren Sammlung von Regeln zu tun haben. Ein Leben der Treue – das meint ein überraschungsreiches, lebendiges Abenteuer. Treue ist nicht so sehr ein Weg, um die Begierde zu unterdrücken, als vielmehr ein Weg, unser Leben auf ein einheitliches Ziel auszurichten.

Teil III: Macht

10. Zerstörende Macht

Wir leben in einer besessenen Welt. Und wir wissen es.
Johan Huizinga

Wie Geld unser Portemonnaie betrifft und Sex unser Schlafzimmer, so haben wir es in Sachen Macht mit Beziehungen zu tun. Macht hat einen tiefen Einfluß auf unsere persönlichen Beziehungen, unsere sozialen Beziehungen und unsere Beziehung zu Gott. Kaum etwas berührt uns tiefer zum Guten oder Bösen wie die Macht.

Macht kann zerstören oder schaffen. Die Macht, die zerstört, verlangt nach Überlegenheit; sie verlangt die vollständige Kontrolle. Sie zerstört Beziehungen; sie zerstört Vertrauen; sie zerstört den Dialog; sie zerstört die Integrität. Dies gilt für den Makrokosmos der menschlichen Geschichte wie für den Mikrokosmos unserer persönlichen Lebensgeschichte.

Wie sieht die Macht aus, die zerstört? Denken Sie an Adam und Eva im Paradies – sie hatten alles, was für ein gutes Leben nötig ist. Und doch wollten sie mehr, nämlich sein wie Gott, wissen, was gut und böse ist. *Die Sünde im Paradies war die Sünde der Macht.* Sie wollten mehr sein, mehr haben, mehr wissen, als ihnen zustand. Sie waren nicht zufrieden, Geschöpfe zu sein, sie wollten Götter sein.

Dieser vergiftende Geist liegt in uns, nicht wahr? Für uns ist es nie genug, uns an guten Dingen zu erfreuen. Nein, wir müssen die Oberhand gewinnen; wir müssen besitzen; wir müssen horten; wir müssen erobern. Die Sünde der Macht ist das Verlangen, mehr zu sein als wozu wir geschaffen sind. Wir wollen Götter sein.

Arthur Roberts spricht in einem Gedicht von den Drucklettern als den kleinen Bleigötzen, durch die wir uns verewigen wollen, und unseren bunten Spiegeln, den Fernsehapparaten.[55] Wir jagen auf breiten Straßen unseren Idolen nach und schleudern unsere Metallvögel auf die Planeten zu. »Singt uns ein Halleluja!« rufen wir. Aber die Klänge tun unseren Ohren weh, und was wir sehen, brennt in unseren Augen, wir ersticken unter der Asche unserer Erfolge, die zum Himmel stinken. Und Gott sieht zu – und weint.

Für Adam und Eva bedeutete ihr Drang nach Macht den Bruch ihrer Beziehung zu Gott. Die Gemeinschaft und das Gespräch mit Gott brachen ab. Sie versteckten sich vor ihm. Auch wir verstecken uns vor Gott. Unser Drang nach Macht zerbricht unsere Beziehung zu ihm. Unsere halsstarrige Entschlossenheit, alles auf unsere Weise zu tun, rückt Gottes Stimme in weite Ferne und läßt sein Wort kaum noch wahrnehmbar werden.

Wie sieht die Macht aus, die zerstört? Denken Sie an Saul und seine wahnsinnige Eifersucht, mit der er David begegnete. Saul war der König. Er sollte Macht ausüben. Aber die Macht kann nicht über die Zuneigung verfügen, und die Leute liebten David. Saul war gegenüber den Herzen der Leute machtlos. Deshalb wandte er sich wie wild gegen David. Er hätte eher einen Mord begangen, als daß er die Macht aus seinen Händen gegeben hätte. Wie tragisch ist es, zu sehen, wie die Beziehung zwischen Saul und David durch Sauls Machtbesessenheit zerstört wurde. Sogar seine Beziehung zu seinem eigenen Sohn Jonathan wurde dadurch zerstört.

Macht zerstört Beziehungen. Lebenslange Freundschaften werden in dem Moment zur tödlichen Feindschaft, in dem ein Direktorenposten in einer Firma neu zu besetzen ist. Klettern, stoßen, schieben, das ist die Sprache der Macht. Nichts schneidet uns so voneinander ab wie die Macht. Sogar das normale Gespräch zwischen Menschen wird durch sie zerstört. Paul Tournier schreibt: »Macht ist das größte Hindernis des Dialogs . . . Wir müssen unsere Macht mit einem hohen Preis erkaufen; wir erleben das Drama, in dem der verlorengegangene Dialog die Hauptrolle spielt.«[56] Und wir sehen dieses tragische Drama überall: zwischen Mann und Frau, zwischen Eltern und Kindern, zwischen Arbeitgebern und Arbeitnehmern. Die Fähigkeit der Macht, menschliche Beziehungen zu zerstören, steht der Menschheit im Gesicht geschrieben.

Wie sieht die Macht aus, die zerstört? Denken Sie an die Jünger, die sich verbissen darüber stritten, wer im Reich Gottes der Größte sein würde. Die Auseinandersetzung muß sehr intensiv gewesen sein, denn sie wird in allen vier Evangelien berichtet. Das Ergebnis dieses fortwährenden Zankens und Positionsgerangels war, daß die Harmonie in der Schar der Jünger untergraben wurde. Von dem Moment an waren die Motive des einen dem anderen verdächtig.

Wie Straßenjungen streiten sich hier erwachsene Menschen darüber, wer das Sagen hat! Wann immer wir entscheiden, wer der Größte ist, entscheiden wir natürlich auch, wer der Geringste ist. Das ist unser Problem. Der Geringste zu sein bedeutet, hilflos zu sein. Wenn wir in einer Firma auf der »untersten Sprosse« stehen, sind wir ohne jede Autorität, ohne jede Macht.

Als die Jünger darum stritten, stellte Jesus ein Kind in ihre Mitte, um sie zu lehren, was es bedeutet, groß zu sein. Er verwies damit auf die Fähigkeit der Kinder, ohne den Gedanken an irgendeinen Vorrang arbeiten und spielen zu können. Haben Sie je Kinder im Garten beobachtet, wenn sie ihre Sandkuchen backen? Sie sind einfach glücklich, wenn sie ihre Sandkuchen backen, während der Rest der Welt sich auf der verrückten Jagd nach »Größe« befindet.

Im Reich Gottes geht die Frage der Größe an der Sache vorbei. Andere mögen sich über die Frage streiten, wer der Größte sei, für den Jünger Christi ist es jedoch eine Tugend, diese Frage zu ignorieren. Paulus sagt: »Die Frömmigkeit aber ist ein großer Gewinn für den, der sich genügen läßt« (1. Tim. 6,6).

Wie sieht die Macht aus, die zerstört? Denken Sie an Simon Magus und seinen Wunsch, den Heiligen Geist käuflich zu erwerben (Apg. 8,9–25). Simon war ein Zauberer, der offenbar beträchtliche Macht ausübte, denn die Leute sagten von ihm: »Dieser ist die Kraft Gottes, die die Große genannt wird« (Apg. 8,10). Simon kam jedoch unter den Einfluß der Verkündigung des Philippus und bekehrte sich zum Glauben an Jesus Christus. Später kamen Petrus und Johannes nach Samaria, legten den Leuten die Hände auf, so daß sie den Heiligen Geist empfingen. Als Simon die Kraft wahrnahm, die durch die Handauflegung vermittelt wurde, »bot er ihnen Geld an und sprach: Gebt auch mir die Macht, damit jeder, dem ich die Hände auflege, den heiligen Geist empfange« (Apg. 8,18–19). Petrus wies ihn natürlich ab, denn die Kraft Gottes ist nicht käuflich, und Simon bereute daraufhin offenbar seine bösen Absichten.

Die Sünde des Simon Magus bestand darin, daß er die Macht Gottes für seine eigenen Zwecke benutzen wollte. Dies ist ein Zeichen aller falschen Religion, und genau diese Mentalität hat große Teile der heutigen Christenheit ergriffen.

Die Macht kann in jedem Kontext höchst destruktiv sein, aber im Dienst der Religion ist sie geradezu teuflisch. Religiöse Macht kann auf eine Art zerstören, wie es keine andere Macht vermag. Macht korrumpiert – und das gilt besonders im Bereich der Religion. Jene, die sich selbst ein Gesetz sind und sich gleichzeitig in den Mantel der Frömmigkeit kleiden, sind von diesem Verderben besonders betroffen. Wenn wir überzeugt sind, daß das, was wir tun, mit dem Reich Gottes identisch ist, dann *muß* jeder, der uns widerspricht, im Unrecht sein. Wenn wir davon überzeugt sind, daß wir unsere Macht immer zum Guten benutzen, glauben wir auch, daß wir keine Fehler machen. Aber wenn diese Gesinnung von uns Besitz ergriffen hat, nehmen wir die Macht Gottes und benutzen sie für unsere eigenen Zwecke.

Diejenigen, die niemandem Rechenschaft schuldig sind, sind für den verderblichen Einfluß der Macht besonders empfänglich. Genau dieses Problem führte seinerzeit Benedikt dazu, die Regel der Beständigkeit einzuführen. Im sechsten Jahrhundert gab es viele Wanderpropheten und Mönche, die niemandem für das verantwortlich waren, was sie taten oder sagten. Mit der Regel der Beständigkeit wurden sie jedoch in die Gemeinschaft hineingezogen, in der es gegenseitige Disziplin und Ermutigung gab. Heute leiden manche sogenannte freie Evangelisten und Fernsehprediger an demselben Mangel an Verantwortlichkeit wie die Wanderpropheten des sechsten Jahrhunderts. Eine moderne Benediktinerregel täte uns gut, die diese einflußreichen Leute in eine disziplinierte und verantwortliche Gemeinschaft stellt.

Wir müssen erkennen, daß diejenigen, die immer recht haben wollen, unrecht haben. Nur Jesus Christus hat immer recht. Wir anderen müssen unsere Schwächen zugeben und durch die Korrektur der Mitmenschen lernen. Wenn wir das nicht tun, kann uns die Macht auf einen dämonischen Pfad führen.

Stolz und Macht

Es besteht eine enge Verbindung zwischen dem Stolz und dem zerstörerischen Charakter der Macht. Simson besaß gewaltige Kräfte, Kräfte, die ihm von Gott gegeben worden waren. Aber sein Herz war von Stolz erfüllt, und nicht nur von Stolz, sondern auch von Arroganz. Simson brüstete sich vor seinen Feinden: »Mit eines Esels Kinnbacken habe ich tausend Mann erschlagen« (Richter 15,16). Diese unheilige Allianz von Macht, Stolz und Arroganz trug zu Simsons Untergang bei.

Macht verbunden mit Stolz ist heimtückisch. Zu den gefährlichsten Leuten in unserer mediengetränkten Kultur zählen die Führungskräfte, die ihre eigenen Presseerklärungen glauben. Ich erinnere mich, wie ich einmal auf einer großen Konferenz geehrt werden sollte. Wegen familiärer Verpflichtungen konnte ich nur vierundzwanzig Stunden dort sein. Die Zeit war vollgestopft mit Empfängen, Autogrammstunden und Interviews. Schließlich sagte ich zu meiner Frau: »Wir müssen hier raus; ich beginne all die Dinge zu glauben, die die Leute über mich sagen.« Man kann die richtigen Proportionen aus den Augen verlieren. Deshalb müssen diejenigen, die Führungsaufgaben wahrnehmen, tief im normalen Leben verwurzelt sein.

Natürlich leiden wir alle an den Verlockungen der Eitelkeit, nicht nur die Führungskräfte. Wegen unserer Verblendung durch die Medien sind sie heute allerdings besonders gefährdet. Ist es nicht eigenartig, daß wir ohne weitere Fragen annehmen, daß es eine Ehre ist, im Fernsehen zu erscheinen? Als ob das Fernsehen definiert, wer die wichtigen Leute sind!

All dies macht den Stolz zu einem der großen Probleme unserer Zeit. Ist es nicht sehr bezeichnend, daß in einer Zeit, in der viele Leute verzweifelt um ihr Selbstbewußtsein ringen, wir andererseits ein Übermaß an Leuten mit einem aufgeblasenen Ego haben? Wenn Stolz sich mit Macht vermischt, ergibt das echten Zündstoff. Der Stolz redet uns ein, daß wir recht hätten, und die Macht gibt uns die Fähigkeit, unsere Vorstellung von dem, was richtig ist, jedem anderen einzuhämmern. Die Ehe zwischen Stolz und Macht bringt uns an den Rand des Dämonischen.

Die Mächte und die Gewalten

Im Dämonischen erreicht die zerstörende Macht ihren Höhepunkt. Die Bibel spricht von ganz realen kosmischen Geistesmächten, die sich in den ganz realen Strukturen unserer ganz realen Welt manifestieren. Der Apostel Paulus spricht in der Regel von »Mächten und Gewalten«, obwohl er auch andere Begriffe benutzt – »Autoritäten«, »Herrschaften«, »Throne«, »Herren«, »Mächte der Welt«, »Herrscher der Welt« und andere. Diese »Gewalten« sind für die zerstörerische Neigung der Macht, die wir überall um uns herum wahrnehmen, verantwortlich. Es ist tatsächlich so: Erst wenn wir anfangen zu verstehen, was die Bibel »Mächte und Gewalten« nennt, können wir die Frage der Macht in unserem eigenen Leben angehen.

Wir dürfen die Lehre nicht als ein Relikt aus vorwissenschaftlicher Zeit abtun. Die Bibel weiß um weitaus tiefgründigere Realitäten als um wohlwollende Geister und Gespenster oder Dämonen in roten Gewändern. Die Mächte sind keine Spukerscheinungen, die durch die Luft schwingen und arglose Leute anfallen, sondern geistige Realitäten, die eine bestimmte Rolle im Leben der Menschen spielen.

Die Mächte sind geschaffene Realitäten. Paulus sagt uns, daß in Christus »ist alles geschaffen, was im Himmel und auf Erden ist, das Sichtbare und das Unsichtbare, es seien Throne oder Herrschaften oder Mächte oder Gewalten; es ist alles durch ihn und zu ihm geschaffen« (Kol. 1,16). Diese Mächte waren einmal in den Willen des Schöpfers einbezogen; aber sie befinden sich jetzt nicht mehr in dieser Rolle. Sie befinden sich in einer Rebellion gegen Gott, ihren Schöpfer. »Wir haben nicht mit Fleisch und Blut zu kämpfen«, sagt Paulus, »sondern mit Mächtigen und Gewaltigen, nämlich mit den Herren der Welt, die in dieser Finsternis herrschen, mit den bösen Geistern unter dem Himmel« (Eph. 6,12). Die Bibel spricht von den Mächten sogar als Göttern, die versklaven und zerstören wollen (Gal. 4,8–10).

Die Mächte nehmen Gestalt an. Sie sind die treibende Kraft hinter Menschen und sozialen Strukturen. Wenn Paulus uns sagt, daß die Mächte den »Herrn der Herrlichkeit« kreuzigten, betont er damit, daß die Kreuzigung Christi weitaus mehr als nur Menschenwerk war (1. Kor. 2, 8).*

Die Mächte »besetzen« jedoch nicht nur einzelne Personen, sondern ganze Organisationen und gesellschaftliche Strukturen. Institutionen können, und tun das auch oft, zu nichts anderem als organisierter Sünde werden. Allen politischen, sozialen und wirtschaftlichen Systemen unterliegen fundamentale spirituelle Realitäten. Hinter brutalen Diktatoren und ungerechter Politik und korrupten Institutionen stehen Mächte und Gewalten. Walter Wink schreibt: »Die ›Mächte und Gewalten‹ sind die inneren und äußeren Aspekte jeder Manifestation der Macht. Der innere Aspekt: Sie sind die geistige Natur der Institutionen, der Kern von Gemeinschaftsstrukturen und Systemen, das innere Wesen äußerlicher Organisationen der Macht. Der äußerliche Aspekt: Sie sind politische Systeme, Führungskräfte, Gremien einer Organisation, Gesetze – kurz gesagt, alle greifbaren Manifestationen, die die Macht annimmt. Jede Macht neigt dazu, auf der einen Seite eine sichtbare, eine äußere Form anzunehmen – ob es sich nun um eine Kirche, eine Nation oder ein Wirtschaftssystem handelt – und andererseits einen unsichtbaren

---

* 1. Kor. 2,8 lautet: »die keiner von den Herrschern dieser Welt erkannt hat; denn wenn sie die erkannt hätten, so hätten sie den Herrn der Herrlichkeit nicht gekreuzigt.« Fast alle Kommentatoren sind sich einig, daß Paulus hier mit den »Herrschern dieser Welt« nicht Menschen, sondern die Mächte, die überirdischen Realitäten meint.

Kern, einen inneren Geist oder eine treibende Kraft, die ihre sichtbare Manifestation in der Welt beseelt, legitimiert und reguliert.«[57]

Wenn der Apostel Paulus sagt, daß unser Kampf sich nicht gegen Fleisch und Blut richtet, sondern gegen Mächtige und Gewaltige, meint er damit nicht, daß Fleisch und Blut unwichtig wären. In keiner Weise! Er meint, daß sich unser Kampf auf die Mächte konzentrieren soll, die hinter Personen und Institutionen stehen.

Organisationen und ganze Nationen werden oft durch besondere Vorstellungen und Ideologien bestimmt und kontrolliert. Es gibt eine vorherrschende Haltung oder einen Geist, der ganze Gruppen von Menschen eint und in eine bestimmte Richtung lenkt. Derartige Grundeinstellungen entstehen nicht in einem Vakuum, sondern sind ganz eng mit echten geistigen Realitäten verbunden. Wenn wir deshalb vom »Gruppengeist« sprechen, sagen wir vielleicht mehr, als uns bewußt ist.

Wenn beispielsweise die Mitglieder des Ku-Klux-Klan zusammenkommen, dann ist ihr gemeinsamer Haß etwas, das größer ist als die Summe der einzelnen Teile. Wenn ein gewisser kritischer Punkt in Vorurteil und Skrupellosigkeit überschritten wird, bricht ein Gruppenwahn auf, den kein einzelner mehr zu kontrollieren imstande ist. Geistige Mächte sind an der Schaffung solcher Realitäten beteiligt.

In unserer modernen Gesellschaft ist es sehr schwer, dieses Konzept zu verstehen. Wir sind es gewohnt, Institutionen als sterile, neutrale Strukturen zu begreifen, die nichts mit Geistesmächten zu tun haben. Es gibt jedoch ein herausragendes historisches Ereignis, welches uns helfen kann zu verstehen, warum die Bibel die Mächte so betont. Nachdem Adolf Hitler in Deutschland die Macht übernommen hatte, nahmen die Mächte des Staates und der Rasse schreckliche Dimensionen an. Im Dritten Reich wurde die Idee des Völkischen, der Rasse für den Wahn der arischen Überlegenheit in Anspruch genommen. Wer Dachau und Auschwitz gesehen hat, wird es weniger schwer finden, an die Existenz der dämonischen Mächte zu glauben.

Was bedeutet dies nun ganz praktisch für uns selbst? Zum Beispiel: Wenn wir unseren eigenen verrückten Drang sehen, immer Spitze sein zu wollen, so müssen wir den Mächten Stolz und Prestige gegenübertreten, die unser Herz ergreifen. Wenn eine Schulbehörde eine Entscheidung trifft, die den Kindern schadet, müssen wir den unterschwelligen und selbstsüchtigen Interessen, die dahinterstehen, entgegentreten. Wir müssen den »Geist«, der ein ungerechtes Gesetz oder eine ungerechte Gesellschaftsstruktur hervorbringt, erkennen und dann versuchen, ihn in der Macht Christi zu besiegen.

Unterscheidung der Mächte

So erstaunlich es auch erscheinen mag, die Gemeinde hat die gewichtige Verantwortung, die geistlichen Mächte zu unterscheiden. Unter den Gaben, die der Heilige Geist dem Volk Gottes gibt, ist die Unterscheidung der Geister (1. Kor. 12,8–10). Uns ist die Fähigkeit gegeben, die Mächte in ihrem Wesen zu erkennen und ihre Feindschaft gegen die Wege Christi zu verstehen.

Die Unterscheidung der Mächte ist nicht so leicht, wie wir uns das zunächst möglicherweise vorstellen. Als Hitler beispielsweise antrat, in Deutschland die Macht zu erobern, führte er einen Wahlkampf mit 25 Punkten, die einen starken deutschen Nationalismus, einen »gründlichen Ausbau unseres gesamten Volksbildungswesens«, »die Hebung der Volksgesundheit« und den »Standpunkt eines positiven Christentums« einschlossen. Wir, die wir heute auf das Dritte Reich zurückblicken können, erkennen seine dämonische Perversion viel leichter, damals waren es aber praktisch nur wenige Christen, die die höllischen Mächte im Hintergrund wahrnahmen.

Der Dienst der Unterscheidung der Geister ist Ihnen und mir übertragen, auch wenn es Fallstricke und Frustrationen gibt. Wir müssen erkennen, was heute wirklich geschieht, verstehen, wohin uns das führen könnte, und eine Bewertung darüber abgeben.

Franz von Assisi sah, wie die Leute zu seiner Zeit von der Macht des Mammon gefangen waren, und rief sie fröhlich auf einen neuen Weg. Einmal sah ein Mann mit Namen Silvester, wie Franz und Bernard Geld unter die Armen verteilten; er wurde »von der Habgier gepackt« und sagte zu Franz: »Du hast mir damals nicht genügend für die Steine bezahlt, die du von mir gekauft hattest, um das Kirchlein zu erneuern. Jetzt, da du Geld hast, bezahle micht.« Franz war sprachlos und »wunderte sich über seine Gier«. Schließlich griff er mit beiden Händen in den Geldsack und gab Silvester so viel Geld, wie seine Hände halten konnten. Dann sagte er: »Wenn du mehr willst, gebe ich dir noch mehr.« Silvester ging mit dem Geld nach Hause. Aber bald darauf »fühlte er seiner Habgier wegen Reue«. Drei Nächte hintereinander hatte er eine Vision von Gott, in der ihm gezeigt wurde, daß Franz den wahren Reichtum besaß. Schließlich wurde Silvester von dem Geist der Gier befreit und war in der Lage, seinerseits großzügig den Armen zu geben; mit der Zeit wurde er »so heilig und mit Gnade erfüllt, daß er mit Gott sprach, wie ein Freund mit dem anderen.«[58]

Was war geschehen? Franz hatte den Geist der Gier, der sich des Silvester bemächtigt hatte, erkannt, und war in der Lage, ihn durch die Macht Gottes von ihm zu befreien.

Wie dringend haben wir es nötig, heute von der Gier befreit zu werden! Sie ist eine von uns Besitz ergreifende Macht. Sie existiert in jeder Gesellschaftsschicht. Wenn die Christen die Initiative ergreifen würden, um die Gier in unserem Land auszutreiben, könnten wir unsere Herzen und Hände wohl wieder für eine hungrige Welt öffnen.

Fast einhundertundfünfzig Jahre vor dem amerikanischen Bürgerkrieg sah John Woolman die schrecklichen Konsequenzen, die unsere Besessenheit durch die Mächte des Rassismus und der Unterdrückung haben würde. »Ich sah dunkles Unheil das Land überschatten,« schrieb er. Wenn die Menschen nicht gewillt sein würden, »das Joch der Unterdrückung zu zerbrechen«, prophezeite er »für die Nachwelt schreckliche Konsequenzen.«[59] Es ist wirklich eine Tragödie, daß seine prophetische Erkenntnis nicht angenommen wurde.

Wie dringend haben wir es nötig, von den Mächten des Rassismus und der Unterdrückung befreit zu werden! Wir können uns alle über die Fortschritte durch die Bürgerrechtsbewegung freuen, aber wir beobachten zur Zeit einen alarmierenden Rückfall. Möge Gott es geben, daß die Christen auf dem Weg der Gerechtigkeit und Brüderlichkeit vorangehen. Das wird geschehen, wenn wir die Mächte unterscheiden können und sie in der Kraft des Lammes zu besiegen suchen.

Die Mächte bei ihrem Namen nennen

»Prüft die Geister«, sagt Johannes (1. Joh. 4,1). Diese Aufgabe hat ihre Tücken, aber wir können uns ihr nicht entziehen. Wie stellen sich die Mächte heute dar?

Mammon ist eine der Mächte. Paul Tournier sagt: »Das Bruttosozialprodukt ist das Goldene Kalb von heute.«[60] Unser Reichtum ist nicht neutral. Er ist kein keimfreies, seelenloses Ding. Er wird von einer geistigen Macht belebt; er versucht, von uns Besitz zu ergreifen. Im ersten Teil dieses Buches haben wir ausgeführt, wie wir den Mammon in der Macht Jesu Christi besiegen und ihn wieder unter den göttlichen Willen bringen können.

Sex ist eine der Mächte. Sex ist heutzutage nicht nur etwas, was man nötig hat wie eine nette Umgebung oder ein freundliches Gespräch. Er ist eine Macht, die von Begierde, Sinnlichkeit und unkontrollierter Fleischeslust angetrieben wird. Für ungezählte Millionen ist er eine alles verzehrende Leidenschaft. Der Sex ist nichts Neutrales oder Passives; er versucht, die Herrschaft über die Herzen von Männern und Frauen zu gewinnen. In Teil II haben wir Möglichkeiten behandelt, wie die Sexualität wieder zu ihrer gottgegebenen Funktion einer Bereicherung der menschlichen Beziehungen zurückgeführt werden kann.

Religiöse Gesetzlichkeit ist eine der Mächte. Paulus sagt: »Wenn ihr nun mit Christus den Mächten der Welt gestorben seid, was laßt ihr euch dann Satzungen auferlegen, als lebtet ihr noch in der Welt: Du sollst das nicht anfassen, du sollst das nicht kosten, du sollst das nicht anrühren? . . . Es sind Gebote und Lehren von Menschen« (Kol. 2,20–22). Diese »Mächte der Welt« sind religiöse und ethische Regeln. Paulus will damit sagen, daß hinter den religiösen Traditionen und Vorschriften geistige Mächte stehen, Mächte, die sich selbständig gemacht und den Gehorsam ihnen gegenüber zum höchsten Gut erklärt haben.

Die Tragik ist, daß genau das, was uns zu Gott führen soll, das Gegenteil bewirkt. Die göttliche Funktion des moralischen Gesetzes ist es, uns zum Gehorsam zu bringen, wenn es aber zum Selbstzweck wird, erhebt die dämonische Perversion »Gesetzlichkeit« ihr häßliches Haupt. Diese Regeln und Vorschriften werden zu Götzen, die uns gefangennehmen und unsere volle Hingabe fordern.

Religiöse Gesetzlichkeit ist eine der schwersten Lasten, die Menschen überhaupt aufgebürdet werden kann. Jesus warnt uns vor Personen, die sich daran beteiligen: »Sie binden schwere und unerträgliche Bürden und legen sie den Menschen auf die Schultern; aber sie selbst wollen keinen Finger dafür krümmen« (Matth. 23,4).

Die Technologie ist auch eine der Mächte. Allgemein ausgedrückt, normiert die Technologie Abläufe und Verhaltensweisen, um eine hohe Effektivität zu erreichen. In der Tat: Effizienz ist das heilige Gesetz der Technologie. Effektivität und Produktivität sind natürlich nicht falsch – solange sie nicht zum höchsten Wert erklärt werden. »Die Technologie neigt mehr und mehr dazu, ein neuer Gott zu werden«, sagt John Wilkinson.[61] Wo die Effektivität zu einem neuen Gott wird, erhält die Norm, das Schema, nach dem alles laufen muß, Vorrang vor der Spontaneität. Wir spüren es zum Beispiel, wenn wir mit einem Anrufbeantworter kommunizieren sollen. Wenn wir mit einer Scheckkarte Geld abheben wollen, ist nicht unser Name oder unsere Unterschrift gefragt, sondern eine Nummer – die Effizienz hat gegen die Individualität gewonnen. Wir sind zu Dingen geworden, und wir fühlen es tief in uns, daß wir ein Stück mehr von unserer Persönlichkeit verloren haben.

Wenn wir die Aussage machen: »Was effektiv ist, muß gut sein«, messen wir der Technologie letzte Bedeutung bei. Für den Christen müssen andere Fragen in die Waagschale geworfen werden, um der nach der Effektivität das richtige Gewicht zu geben: Werden Menschen durch die Abläufe erdrückt? Wird die individuelle Selbstachtung verletzt? Fragen dieser Art müssen bedacht werden, wenn wir den geistigen Stellenwert der Technologie zu erkennen versuchen, um ihr angemessen zu begegnen.

Narzißmus ist eine der Mächte. Narzißmus, übermäßige Selbstliebe, ist die dominierende Haltung unserer Zeit. Vergnügungssucht und die Befriedigung der eigenen Bedürfnisse stehen an erster Stelle. Die Werbung hämmert uns ein: »Schnapp dir so viel Vergnügen, wie du kannst«; und wir singen: »Ich tu, was mir gefällt.« Die Idee, für das Wohl des anderen ein Opfer zu bringen, erscheint lächerlich.

Wir müssen den Narzißmus unserer Zeit ablehnen. Wir wissen als Gläubige, daß das gute Leben nicht in der Selbstsucht, sondern in der Selbstlosigkeit zu finden ist. Wir, die wir dem gekreuzigten Christus folgen, wissen, daß wir uns finden, wenn wir uns verlieren (Luk. 9,24–25).

Der Militarismus ist eine der Mächte. Nach Gottes Willen soll militärische Macht dazu dienen, das Chaos zu vermeiden, aber der Militarismus unserer Zeit bewirkt genau das Gegenteil. Die Planungen der Militärstrategen laufen nicht darauf hinaus, daß die Welt stabiler, sondern instabiler wird. Terrorismus und Spionage tragen das ihre dazu bei.

Wenn ich das sage, so kritisiere ich nicht irgendeine besondere Nation oder Institution oder Gruppe. In unserer Zeit ist die Schaffung des Chaos zu einer alles durchdringenden Tendenz des Militarismus geworden. Das letzte Ziel der dämonischen Perversion von Macht ist die Zerstörung der Welt. Christen müssen die Machthaber darauf hinweisen und zur Abkehr vom Militarismus aufrufen.

Absoluter Skeptizismus ist einer der Mächte. Das Universitätsleben ist heutzutage so von ihm durchdrungen, daß man ihn als eine gegen die ehrliche Wahrheitssuche antretende Macht ansehen muß. Die Aufgabe der Universität ist es, nach der Wahrheit – der ganzen Wahrheit – zu streben, und heute geschieht in vielen Fällen genau das Gegenteil. Was früher einmal eine demütige Haltung aus echtem Agnostizismus war, hat sich heute in die Arroganz eines absoluten Skeptizismus verwandelt. Nichts zu wissen, nicht sicher zu sein, ist zum Dogma geworden, das niemals verletzt werden darf. Wir müssen die Universität zu ihrer Aufgabe der Wahrheitssuche zurückrufen. Die Universität sollte *der* Ort sein, wo die großen Fragen von Zweck, Sinn und der Werte unermüdlich verfolgt werden, und wann immer Antworten gefunden werden, sollten sie angenommen und nicht verneint werden.

Die dämonischen Geistesmächte haben eine deutliche Wirkung auf die Welt, in der wir leben. Sie stehen hinter Personen und Institutionen, beeinflussen sie zum Bösen hin, sie manifestieren sich in solchen Dingen wie Mammon, Sex, religiöser Gesetzlichkeit, Technologie, Narzißmus, Militarismus und absolutem Skeptizismus.

Besiegen der Mächte

Wir dürfen uns nichts vormachen: Die Mächte, gegen die wir den Krieg des Lammes führen, sind sehr stark. Satan »geht umher wie ein brüllender Löwe und sucht, wen er verschlinge« (1. Petr. 5,8). Dies ist kein Spiel in einer unteren Liga, das wir hier spielen; es ist ein Spiel in der ersten Liga, und der Einsatz ist hoch. Die Mächte und Gewalten haben nicht nur Macht – sie *sind* Macht. Sie existieren, und sie manifestieren sich als Macht. Dominieren, kontrollieren, verschlingen, einkerkern, das macht ihr Wesen aus. Wie besiegen wir sie nun, die äußeren und inneren Mächte?

Zunächst müssen wir erkennen, daß Christus die Mächte schon besiegt hat. In seinem Tod und seiner Auferstehung hat Christus »die Mächte und Gewalten ihrer Macht entkleidet und sie öffentlich zur Schau gestellt und hat einen Triumph aus ihnen gemacht« (Kol. 2,15). Am Kreuz hätte Christus zehntausend Engel zu seiner Hilfe kommen lassen können. Statt dessen verzichtete er auf den Mechanismus der Macht, um die Mächte des Abgrundes zu besiegen. Im Tod und in der Auferstehung Jesu Christi wurden die Mächte hier in unserer Welt besiegt, der Welt von Zeit, Raum, Energie und Masse.

Zweitens: Wir besiegen die Mächte, indem wir die Gabe der Unterscheidung pflegen. Jeder ernsthafte Kampf mit den Mächten macht die »Unterscheidung der Geister« notwendig (1. Kor. 12,10). Erst wenn wir die Mächte erkennen, die eine Familie, eine Gesellschaftsstruktur oder eine Regierungsstelle antreiben, können wir verstehen, worum es geht.

Wie erlangt man die Gabe der Geisterunterscheidung? Zunächst bitten wir darum. »Ihr streitet und kämpft und habt nichts, weil ihr nicht bittet«, sagte Jakobus (Jak. 4,2). Wir bitten. Und wir hören auf Gott, auf Menschen um uns herum und geben acht auf die Dinge, die in der Welt geschehen. Und wir bitten Gott, uns zu lehren, was das alles bedeutet. Wir versammeln uns in Gruppen mit treuen Gläubigen, um unsere Einsichten auszutauschen und um gemeinsam zu hören, denn kein einzelner Mensch kann den ganzen Willen Gottes kennen. Wir tun das alles nicht ohne Humor und nicht ohne Demut: Humor, damit wir uns nie zu ernst nehmen; Demut, weil, wir Gottes Wort, das uns durch andere erreicht, ganz ernst nehmen müssen.

Drittens: Wir besiegen die Mächte, indem wir den »Dämonen« in uns kompromißlos gegenübertreten. Gleich zu Anfang müssen wir alle die Mächte, die uns selbst auf den Fersen sind, erkennen und aufs Korn nehmen. Sonst benutzen wir die gleichen Taktiken wie die Mächte, die wir bekämpfen, und werden schließlich genauso böse wie sie. Wir müssen unserer eigenen Gier und unserem Machthunger gerade in die Augen sehen und sie als das erkennen, was sie sind. Wir müssen uns selbst geistlich beurteilen.

Das Herrliche dabei ist, das wir dies nicht allein tun. Der Heilige Geist begleitet uns, er tröstet uns und ermutigt uns, genauso wie er uns überführt und tadelt. Er führt uns in die innere Einsamkeit unseres Herzens, wo er zu uns sprechen und uns lehren kann. Manchmal ziehen wir uns bewußt zum Gebet und zur Besinnung auf Gottes Wort zurück. Weitaus öfter geht es um einen inneren Rückzug des Herzens inmitten der vielen Aktivitäten und Anforderungen des Lebens. In dieser inneren Stille hören wir die Stimme des Herrn. Indem wir hören, wenden wir uns von unserer Gewalttätigkeit, unserer Gier, unserer Angst, unserem Haß ab. Indem wir hören, wenden wir uns der Liebe und dem Mitleid und dem Frieden Christi zu. Wir freuen uns über jeden Sieg des Lammes, und indem Jesus Christus unser Herz erobert und gewinnt, feiern wir mit ihm, dem Sieger, im Angesicht unserer Feinde.

Viertens: Wir besiegen die Mächte, indem wir innerlich allen Dingen entsagen. In einer Haltung der völligen Entsagung haben wir nichts zu verlieren; die Mächte haben keine Kontrolle über uns. Stellen Sie sich vor, die Mächte würden unsere Güter und Besitztümer nehmen – das macht nichts, denn unser Besitz ist nur eine Leihgabe Gottes; sie zu beschützen ist mehr seine Aufgabe als die unsrige. Stellen Sie sich vor, die Mächte würden versuchen, unseren Einfluß zu zerstören, indem sie unser Ansehen schädigen – das macht nichts, es ist nicht unsere Sache, unseren Ruf zu schützen, und auch wenn wir es wollten, könnten wir es nicht. Stellen Sie sich vor, die Mächte würden uns in Todesangst versetzen – das macht nichts, wir gehören zu einem, der uns durch die dunkle Schlucht des Todes zu einem besseren Leben führen kann. Sehen Sie, wir haben einfach nichts zu verlieren. Wir sind ohne Ansehen und wir sind ohne Besitz, und diese völlige und totale Verletzlichkeit ist unsere größte Stärke. Man kann einem, der nichts hat, nichts nehmen.

Fünftens: Wir besiegen die Mächte, indem wir die in dieser Welt gebräuchlichen Waffen der Macht ablehnen. Wir hören auf, andere herumzukommandieren und zu kontrollieren. Wir verzichten darauf, zu dominieren und einzuschüchtern. Der direkte Gebrauch von Gewalt gegen eine Macht gerät unweigerlich zum Vorteil der herrschenden Mächte.

Nur in der Macht des Heiligen Geistes können wir gegen die Mächte und Gewalten kämpfen. Damit möchte ich die ganze Frage nicht in den Bereich der Frömmigkeit oder der Theorie verlagern. Ganz im Gegenteil. Der Heilige Geist will in unserem Leben in sehr praktischer und konkreter Weise aktiv sein. Dies wird Auswirkungen auf unser Verhältnis zu anderen Menschen haben.

Wenn wir allein die Gestalt der Macht angreifen, ohne den dahinterstehenden Geist zu besiegen, haben wir nichts erreicht. Die meisten Revolutionen in der Welt haben zum Beispiel darum gerungen, eine bestimmte korrupte und selbstsüchtige Regierung zu stürzen, nur damit eine andere korrupte und selbstsüchtige Regierung ihren Platz einnimmt. Der Fehler liegt darin, daß nicht erkannt wird, daß die wahre Schlacht mehr mit den Mächten der Gier, den eigenen Interessen und der Selbstsucht zu tun hat als mit Personen und den Regierungsstrukturen. Wir müssen auf beide achten: auf die Institution *und* auf den Geist der Institution.

Sechstens: Wir besiegen die Mächte, indem wir die Waffen aus Epheser 6 benutzen. Wir werden nicht verteidigungsunfähig, wenn wir die Waffen dieser Welt ablehnen. Ganz im Gegenteil! Wer braucht noch Kanonen und Panzer und Raketen, wenn wir die viel größeren Waffen von Wahrheit, Gerechtigkeit, Frieden, Glauben, Heil, Wort Gottes und Gebet besitzen (Eph. 6,10–18)! Diese Waffen sind mächtiger, als wir es uns überhaupt vorstellen können. Paulus besteht darauf: »Denn die Waffen unsres Kampfes sind nicht fleischlich, sondern mächtig im Dienste Gottes, Festungen zu zerstören« (2. Kor. 10,4).

Wir haben diese geistlichen Waffen oft als harmlos angesehen, weil wir den gesellschaftlichen Kontext des Ephesertextes ignorierten. Wir haben sie zu frommen Waffen gemacht, die nichts mit der Welt des Mammon oder des Militarismus zu tun haben. Wir sprechen ausführlich von römischen Schilden und Helmen, und es kommt uns nicht in den Sinn, daß die Folgerung das Entscheidende ist, daß wir nämlich aufgefordert werden, uns für die wahre Schlacht gegen den Geist von Institutionen und Kulturen und allen Formen dämonischer Inkarnation zu rüsten.

Eine andere Art, mit der wir versuchten, diese Waffen steril zu machen, ist, daß wir sie als nur »defensiv« erklärten. Das ist einfach nicht der Fall. Das römische Militärwesen war eine einzige Tötungsmaschinerie. Die Rüstung, die Paulus beschreibt, war nicht nur dazu da, standzuhalten, sondern gegen den Feind vorzugehen. Zweifellos dachte Paulus an den »römischen Keil«, eine sehr effektive V-förmige Formation, die einen besonders dafür geschaffenen verlängerten Schild voll ausnutzte. Ein Soldat schützte damit zwei Drittel seines eigenen Körpers und ein Drittel seines Kameraden zur Linken. Diese geniale Anordnung zwang die Soldaten, zum gemeinsamen Schutz und Angriff zusammenzuarbeiten. Sie war »die effektivste und erschreckendste militärische Formation, die bis zu der Zeit und noch ungefähr tausend Jahre später bekannt war.«[62]

Die militärische Metapher, die Paulus hier anwendet, ist ein wunderbares Bild für die Gemeinschaft der Entschiedenen, wie sie zusammenarbeiten, gegen die Mächte vorgehen und in Christi Namen siegen. Die Pforten der Hölle können einem solchen gemeinsamen und entschiedenen Angriff nicht standhalten. »Christus legt geistliche Waffen in ihre Herzen und Hände, . . . damit sie gegen seine Feinde Krieg führen, damit sie erobern und weiter siegen, nicht wie der Fürst dieser Welt . . . mit Peitschen und Gefängnis, Folterungen und Qualen für die Körper der Kreaturen, mit Mord und Vernichtung von Menschenleben . . ., sondern mit dem Wort der Wahrheit . . . Sie antworten auf Haß mit Liebe, sie ringen mit Gott gegen die Feindschaft, mit Gebet und Tränen Tag und Nacht, mit Fasten, mit Trauer und Klagen, in Geduld, in Treue, in Wahrheit, in ungeheuchelter Liebe, in Langmut und in all den Früchten des Geistes, so daß er durch alle möglichen Mittel das Böse durch das Gute zu überwinden vermag.«[63]

Eine persönliche Bemerkung

C. S. Lewis schreibt: »Es gibt zwei gleiche und gegensätzliche Fehleinschätzungen über die Teufel, in die wir Menschen fallen können. Die eine ist, ihre Existenz nicht zu glauben. Die andere ist, sie zu glauben und ihnen ein übermäßiges und ungesundes Interesse entgegenzubringen. Die Teufel freuen sich über beide Fehleinschätzungen gleichermaßen und schätzen den Materialisten ebenso wie den Zauberer.«[64]

Unser Irrtum heute liegt gewöhnlich auf der Linie des Materialisten, denn das ist die vorherrschende Einstellung unserer Zeit. Normalerweise scheue ich mich, persönliche Erfahrungen einzuflechten, aber in diesem Fall erscheint es mir hilfreich.

Obwohl ich damals das Buch zu Ende geschrieben hatte, war ich mit diesen letzten Kapiteln über die Macht nicht zufrieden. Deshalb sandte ich die ersten neun Kapitel meinem Verleger und erklärte ihm, daß ich die letzten vier noch einmal schreiben würde. Am Mittwoch der ersten Woche, in der ich sie neu schrieb, fühlte ich, wie eine Schwere und Dunkelheit über mich kam. Ich bin sicher, daß der Grund teilweise in der emotionalen und körperlichen Erschöpfung durch die Arbeit lag, denn ich hatte seit neun Monaten daran geschrieben und davor schon allerlei Untersuchungen durchgeführt, obwohl ich auch auf ausreichend Schlaf und Bewegung geachtet hatte. Bis Freitag war die Dunkelheit fast überwältigend geworden. Ich fühlte mich, als wenn ich nie wieder schreiben würde, nie wieder eine Rede halten, nie wieder lehren könnte. Immer, wenn ich ein Kapitel fertig hatte, gefiel es mir nicht, und ich wollte es wegwerfen. Ich suchte nach einem Weg, das ganze Projekt rückgängig zu machen. Noch jetzt kann ich nicht genau erklären, was ich damals fühlte. Jeder Psychologe weiß, daß ich hier die typischen Anzeichen einer beginnenden Erschöpfung beschreibe. Das war ein bestimmender Faktor, aber er schien nicht der alleinige Grund für meinen Zustand zu sein. Es schien mehr vorhanden zu sein, irgendeine tiefere, größere Vorahnung.

Am Sonnabend ging ich in mein Büro, um zu schreiben, war aber ohne jede Hoffnung, etwas Brauchbares produzieren zu können. Während einer Meditations- und Gebetszeit kam mir die Begebenheit in den Sinn, in der Martin Luther mit seinem Tintenfaß nach dem Teufel geworfen hatte. Instinktiv warf ich meinen Füller gegen die Wand, so daß er zerbrach. Ich sagte zu mir: »Nun, wenn der Teufel hier sein sollte, so habe ich ihn wohl verfehlt!« Ich versuchte, mich mit den Waffen aus Epheser 6 zu rüsten, aber es schien wenig Wirkung zu haben.

Am späten Vormittag kam eine Gruppe von fünf Freunden, um für mich zu beten. Wir sprachen nur kurz miteinander, dann beteten sie leise. Obwohl ich mich ihren Bemühungen anschloß, hatte ich keinerlei Erwartung, daß sie auch nur das Geringste bewirken würden. Ich fühlte überhaupt nichts.

Nachdem sie gegangen waren, begann sich die Spannung jedoch ein wenig zu lösen. Im Laufe des Tages sahen die Dinge heller und heller aus, bis am Abend die Dunkelheit völlig verschwunden war. Danach war ich in der Lage, meine Arbeit ohne weitere innere Not zu beenden.

Ein paar Tage später erzählte mir eine Frau aus jener Gruppe, daß sie während des Gebets den ganzen Raum mit dem Licht Christi erfüllt gesehen hätte, so daß die bösen Mächte weichen mußten. Ich hatte nichts gesehen, aber ich bezweifelte ihre Worte nicht, denn sie ist eine geistlich wache Person und in keiner Weise mystischen Phantasien verfallen. Ich glaube ihr, weil meine Dunkelheit wirklich von Licht und Leben überwältigt wurde.

All dies mag Ihnen fremd erscheinen, aber es ist wirklich geschehen. Vielleicht kann es als ein Zeugnis dafür gelten, daß die Mächte und Gewalten Realitäten sind und tatsächlich gegen uns Krieg führen. Es ist auch ein Zeugnis dafür, wir wichtig es ist, andere zu haben, die uns in der Schlacht gegen die Mächte in dieser dunklen, bösen Zeit helfen können.

Die Mächte sind stark, aber Christus ist stärker. Die Niederlage der Mächte ist sicher. Wir leben in jenem Leben, das die Welt überwindet, und wir sollten damit rechnen, daß der Sturz des Reichs der Finsternis und der Herrschaftsantritt Christi sichtbar werden, wo immer wir auch hingehen mögen.

11. Schöpferische Macht

Das einzige Mittel gegen die Machtliebe ist die Macht der
Liebe.   Sherri McAdam

Es gibt eine zerstörende Macht. Es gibt auch eine schöpferische
Macht. Die schöpferische Macht gibt Leben und Freude und Frieden.
Sie bringt Freiheit und nicht Gefangenschaft, Leben und nicht Tod,
Verwandlung und nicht Zwang. Die schöpferische Macht stellt Beziehungen wieder her und verleiht allem Ganzheitlichkeit. Die
schöpferische Macht ist geistliche Macht, eine Macht, die von Gott
ausgeht.

Wie sieht die schöpferische Macht aus? Denken Sie an Josef: in
die Sklaverei verkauft, ins Gefängnis geworfen ohne Hoffnung auf
Besserung der Lage, dann in eine einflußreiche Machtposition der
mächtigsten Nation jener Zeit aufgestiegen. Was für ein Lebensweg!
In dieser Position war Josef in der Lage, geistliche Erkenntnis mit politischen Entscheidungen zu verbinden, um eine verheerende Hungersnot abzuwenden. Dann kam der Schicksalstag, an dem seine
Brüder, genau die, die ihn in die Sklaverei verkauft hatten – bei ihm
um Nahrung nachzusuchten. Josef mußte mit der großen Versuchung der Macht fertigwerden. Es wäre eine perfekte Gelegenheit
zur Rache gewesen, aber er entschied sich, seine Macht zur Versöhnung zu benutzen. Die Bibel erzählt uns, daß Josef von seinen Gefühlen und dem Mitleid für seine Brüder überwältigt wurde. Josef
konnte »nicht länger an sich halten« und »weinte laut« und schließlich fiel er »seinem Bruder Benjamin um den Hals und weinte, und
Benjamin weinte auch an seinem Halse, und er küßte alle seine Brüder und weinte an ihrer Brust« (1. Mose 45,1–15). Hier sehen wir,
wie Beziehungen durch schöpferisch angewendete Macht wiederhergestellt werden.

William Wilberforce war ein christlicher Politiker, der seine
Machtposition dazu benutzte, den Sklavenhandel im britischen
Reich abzuschaffen. Das Gute, das aus seinen langwierigen Bemühungen entstand, entzieht sich jedem Nachrechnen. Überall in Afri-
ka blieben Familien zusammen, weil der grausame britische Sklavenhandel aufgehört hatte. So werden Beziehungen erhalten! Ähnliche Geschichten spielten sich immer wieder ab, wenn treue Gläu-

bige versuchten, die gottgegebene Macht in Politik und Wirtschaft schöpferisch anzuwenden.

Dieser Gebrauch der Macht ist auch Teil unseres persönlichen Alltags. Die Mutter, die einen heftigen Streit zwischen Kindern schlichtet, benutzt ihre Autorität, um zerbrochene Beziehungen wiederherzustellen. Der Schuldirektor, der starre Vorschriften im Schulsystem flexibel handhabt, dient dem Wohl der Kinder. Der Pastor, der streitenden Gemeinderatsmitgliedern hilft, ihre Gegensätze zu überwinden, benutzt seinen Einfluß in der Gemeinschaft der Gläubigen zum Guten. Der leitende Direktor einer Firma, der die übermäßigen Ausgaben des Projektmanagers korrigiert, stellt Solidarität und Ordnung eines Wirtschaftsunternehmens wieder her. Wir alle treffen im täglichen Leben auf tausende von Möglichkeiten, Macht und Einfluß so geltend zu machen, daß Spannungen abgebaut und Versöhnung ermöglicht wird.

Wie sieht die schöpferische Macht aus? Denken Sie an Mose, der wie kaum ein anderer die Macht Ägyptens kannte und der gezwungen war, vor dieser Macht zu fliehen. In der Wüste erlebte er eine neue Macht, die Macht Jahwes. Als er der Macht Ägyptens wieder gegenüberstand, war er ein anderer Mensch geworden. Die alte Arroganz war verschwunden; eine Mischung von Demut und Vertrauen war an ihre Stelle getreten. Der starke Imperativ »Laß mein Volk ziehen« wurde durch mächtige Taten Gottes unterstützt, die sogar den mächtigen Pharao in die Knie zwangen. Das Resultat war die dramatischste Gefangenenbefreiung in der menschlichen Geschichte.

Schöpferische Macht befreit die Menschen. Als sich Martin Luther King entschlossen gegen den Rassismus in den Vereinigten Staaten stellte, wurden Millionen befreit. Wenn Lehrer in den Köpfen ihrer Schüler die Entdeckerfreude wecken, benutzen sie die Macht, die ihnen ihre Stellung verleiht, befreiend zu wirken. Wenn ein älterer Bruder seine höhere Position dazu gebraucht, die Selbstachtung der jüngeren Geschwister aufzubauen, so setzt er Macht für ihre Freiheit ein. Wenn die alten, destruktiven Verhaltensweisen, die Depression und Angst zur Folge haben, durch die Macht Gottes verwandelt werden, so entsteht Befreiung.

Wie sieht die schöpferische Macht aus? Denken Sie an Jeremia, der selbst in den entmutigendsten Umständen dem Worte Gottes treu blieb. In einer Zeit, als die religiösen Führer ihre Botschaft der vorherrschenden politischen Meinung anpaßten, empfing Jeremia das »Wort des Herrn« (*dabar* Jahwes) und tat es kund. Es war ein

Wort von der Niederlage und nicht vom Sieg. Und die Menschen lehnten die Warnung Jeremias ab und verfolgten ihn sogar. Er mußte mit ansehen, wie sein geliebtes Land besiegt und verwüstet und sein eigenes Volk als Kriegsbeute verschleppt wurde.

Aber es war die Verkündigung Jeremias – eben jene, die das Volk abgelehnt hatte –, die es Juda ermöglichte, während der langen Jahre des Exils am Glauben an Jahwe festzuhalten. Die Leute hatten ihren Glauben an die Unbesiegbarkeit Zions zur beherrschenden Glaubensdoktrin erhoben. Und als Zion dann besiegt war, brach ihr ganzes Glaubensgerüst zusammen. Hatte Gott ihnen nicht verheißen, daß Jerusalem nicht fallen würde? Wo war Gott, als die babylonischen Horden ihr Land verwüsteten?

Jeremia hatte jedoch immer wieder darauf bestanden, daß die Unbesiegbarkeit Zions den Gehorsam gegenüber dem mosaischen Bund voraussetzte. Weil sie den Bund gebrochen hatten, würde Zion fallen. Gott hatte nicht versagt, indem er es zuließ, daß Jerusalem fiel; sie hatten versagt, indem sie seinen Bund brachen. Doch darüber hinaus hatte Jeremia eine Botschaft der Hoffnung und der Wiederherstellung zu verkündigen und einen neuen Bund anzusagen, einen Bund, nicht auf steinerne Tafeln, sondern auf die Tafeln ihrer Herzen geschrieben. »Das soll der Bund sein, den ich mit dem Hause Israel schließen will nach dieser Zeit, spricht der Herr: Ich will mein Gesetz in ihr Herz geben und in ihren Sinn schreiben, und sie sollen mein Volk sein, und ich will ihr Gott sein« (Jer. 31,33). Es war Jeremias Zähigkeit, mit der er an der Wahrheit Jahwes festhielt, die das Volk Juda befähigte, den Glauben an Gott zu bewahren, als alle zuversichtlichen Worte der falschen Propheten sich als unecht erwiesen hatten.

Durch Jeremia werden wir daran erinnert, daß geistliche Kraft manchmal wie Schwäche aussieht. Treue ist wichtiger als Erfolg. Das Vermögen, treu zu bleiben, ist wirklich ein großer Schatz. Vielleicht ist das Wort Jeremias zu seinem Diener Baruch auch für uns heute ein guter Rat: »Und du begehrst für dich große Dinge? Begehre es nicht!« (Jer. 45,5)

Dietrich Bonhoeffer kannte die Macht Gottes, die der Welt als Schwäche erscheint. »Teure Gnade ist das Evangelium . . . Teuer ist sie, weil sie in die Nachfolge ruft, Gnade ist sie, weil sie in die Nachfolge *Jesu Christi* ruft; teuer ist sie, weil sie dem Menschen das Leben kostet, Gnade ist sie, weil sie ihm so das Leben erst schenkt.«[65] Bonhoeffer wußte, was es heißt, sein Leben zu opfern. Die Schrift erinnert uns jedoch daran, daß ein Weizenkorn, das in die Erde fällt und stirbt, viel Frucht bringt (Joh. 12,24). Die Frucht von Bonhoeffers Leben und Tod entzieht sich jedem Nachrennen. Sein Leben und Tod hat vielen große Hoffnung für die Zukunft gegeben. Sein Weg war geprägt von einem Sieg der Liebe, des Lichtes und der Freiheit, der nicht mehr rückgängig gemacht werden kann.

Wie sieht die schöpferische Macht aus? Denken Sie an die frühe Kirche, die sich beim Apostelkonzil versammelt hatte (Apg. 15). Man war zusammengekommen, um eine bedeutende Frage zu beantworten: Können Heiden echten Glauben an Christus haben, ohne den religiösen Bräuchen der Juden zu folgen? Es war ein Thema, das die Gemeinschaft der Christen leicht in zwei Teile hätte spalten können. Doch als sie sich versammelten, als sie miteinander redeten, als sie einander zuhörten, brach die Macht Gottes durch, und der Geist führte sie in eine Einheit von Herz und Sinn. Es war wie ein Wunder: Sie erkannten, daß Heiden im Kontext ihrer Kultur treu mit Gott leben konnten und daß dasselbe auch für Juden galt. Somit war die religiös-kulturelle Gefangenschaft der Kirche durchbrochen. Gläubige konnten sich gegenseitig annehmen, ohne den anderen zur eigenen Kultur bekehren zu müssen. Sie erfuhren die Macht der Einheit im Heiligen Geist.

Die schöpferische Macht bringt Einheit. Als John Woolman 1758 vor der Jahreskonferenz der Quäker stand und seine bewegende Rede gegen die Sklaverei hielt, war sich die ganze Versammlung ohne Gegenstimme einig, die Sklaverei aus ihrer Mitte zu entfernen. Diese Einheit des Herzens und des Sinnes ist nicht leicht zu erreichen, aber es lohnt sich, dafür zu arbeiten. Wenn wir lernen könnten, gemeinsam in unseren Häusern, in unseren Gemeinden und in unseren Berufen auf die Stimme des Herrn zu hören, würden wir mehr von dieser Einheit des Geistes sehen. Die Familie ist der beste Ort, damit zu beginnen. Vater und Mutter können viel tun, um den Weg in diesen Dingen aufzuzeigen.

Wie sieht die schöpferische Macht aus? Denken Sie an Jesus, wie er lehrte und heilte. In ihm haben wir das vollkommene Bild der vollkommenen Macht. Wo immer er hinging, wurden die Mächte der Dunkelheit besiegt, Menschen wurden geheilt, Beziehungen wurden wiederhergestellt. Die Menschen wandten sich Gott und einander zu durch den Leben vermittelnden Dienst Jesu Christi.

In der Kreuzigung erreicht die schöpferische Macht ihren Höhepunkt. Am Kreuz versuchte Satan mit aller Macht, die ihm zur Verfügung stand, Christus zu zerstören, aber Gott verwandelte es in die vollendetste Tat der schöpferischen Macht. Die Strafe für die Sünde wurde bezahlt; die Gerechtigkeit Gottes wurde aufgerichtet. Durch das Kreuz Christi können Sie und ich Vergebung erhalten und wissen, daß unsere Beziehung zu Gott wiederhergestellt ist. Christus starb für unsere Sünden, und in seinem Tod sehen wir die schöpferische Macht.

Unsere Antwort auf diesen höchsten Akt der schöpferischen Macht Gottes kann nur der Dank sein. Wir können und wollen diesen Akt der Macht nie nachmachen, sondern »die Macht der Liebe, die sich in Jesus offenbart«, anbeten. Wir danken Gott einfach für das, was er getan hat. Empfangene Vergebung bringt das Lob des dreieinigen Gottes auf unsere Lippen. Zu wissen, daß Gott uns wirklich alle unsere Sünden vergibt und uns in seine Gegenwart hineinnimmt, ist unaussprechliche Freude und Herrlichkeit. Der Lobpreis des dreieinigen Gottes ist in sich schon Macht. Indem wir in Dankbarkeit für Gottes große Gabe leben, werden andere angezogen und lernen diese alles überwindende Freude des Herrn kennen.

Die Zeichen der geistlichen Macht

Die schöpferische Macht ist geistliche Macht, ist Vollmacht, und sie steht in starkem Gegensatz zur menschlichen Macht.

Der Apostel Paulus sprach vom »Fleisch« und meinte damit Handlungen, die von Menschen ohne Hilfe der göttlichen Gnade angefangen werden. In der Macht des Fleisches können Menschen viele Dinge vollbringen, aber sie können nicht das Werk des Geistes Gottes tun. Die Macht des Fleisches stützt sich auf solche Dinge wie richtige Verwandtschaft, Position und Beziehungen zu oder unter denen, die »das Sagen haben«. Paulus aber hatte das Fleisch drangegeben. Er betrachtete diese Dinge als »Dreck«, denn er hatte seine Blicke auf eine größere Macht gerichtet: »Ihn möchte ich erkennen und die Kraft seiner Auferstehung und die Gemeinschaft seiner Leiden und so seinem Tode gleichgestaltet werden, damit ich gelange zur Auferstehung von den Toten« (Phil. 3,10–11).

Wenn wir nun Menschen sehen, die verzweifelt um den »Dreck« – die menschliche Macht – kämpfen, können wir sicher sein, daß sie herzlich wenig über »die Kraft seiner Auferstehung« wissen. Was sind nun die Zeichen dieser Macht, die von Gott ausgeht?

Die Liebe ist das erste Zeichen der geistlichen Vollmacht. Die Liebe verlangt, daß die Macht zum Wohl der anderen angewandt wird. Denken Sie daran, wie Jesus seine Macht gebrauchte – er heilte die Blinden, die Kranken, die Verstümmelten, die Taubstummen, die

Leprakranken und viele andere. Lukas, der Arzt, berichtet: »Und alles Volk suchte, ihn anzurühren; denn es ging Kraft von ihm aus, und er heilte sie alle« (Lukas 6,19). In allen Fällen finden wir das Bemühen um das Wohl des anderen, die Motivation der Liebe. In Christus wird die Macht benutzt, um das Böse zu zerstören, so daß die Liebe das Gute ans Licht bringen kann.

Macht, die dazu benutzt wird, das Ansehen zu verbessern oder das Ego aufzublasen, ist nicht von der Liebe motiviert. Als Gott Paulus und Barnabas Vollmacht gab, einen Krüppel in Lystra zu heilen, versuchte die erstaunte Menge, sie mit griechischen Göttern zu identifizieren. Sie jedoch zerrissen ihre Kleider und schrien: »Wir sind auch sterbliche Menschen wie ihr« (Apg. 14,15). Viele von uns finden den Gedanken an einen menschenüberragenden Status gar nicht so verwerflich. Welche Macht hätten wir über Menschen; wie würden wir diese Macht natürlich für gute Zwecke benutzen! Aber die Kraft, mit der wir unser Ansehen verbessern wollen, zerstört den, der sie gebraucht, weil wir uns damit zu Göttern machen wollen.

Dies führt uns zum zweiten Zeichen geistlicher Vollmacht, der Demut. Demut ist Vollmacht unter Kontrolle. Nichts ist gefährlicher als Macht im Dienste der Arroganz. Demut kann man lernen. Apollos war ein mächtiger Prediger, aber er war auch bereit, sich von anderen belehren zu lassen (Apg. 18,24–26). Während seines vollmächtigen Dienstes machte Petrus einige schwerwiegende Fehler, aber als ihm die Verfehlungen aufgezeigt wurden, hatte er die Demut, sich zu ändern (z.B. Apg. 10,1–35; Gal. 2,11–21).

Es geht hierbei nicht um eine Kleinigkeit. Viele sind in ihrem Weg mit Gott gescheitert, nur weil die Macht, die sie ausübten, nicht durch Demut kontrolliert wurde. Macht ohne Demut ist alles andere als ein Segen.

James Nayler war einer der größten der ersten Prediger der Quäker. Er wurde durch die viele Macht, die er ausübte, verführt. 1656 überredeten ihn einige seiner extremeren Anhänger, Jesu Einzug in Jerusalem am Palmsonntag in Bristol nachzuvollziehen. Dieser Ritt wurde sein Verderben. Man brachte ihn vor Gericht und verurteilte ihn wegen Gotteslästerung. Die Geschichte nahm ein gutes Ende, denn Nayler bereute rechtzeitig seine Überheblichkeit, aber er hatte seine Vollmacht zum Dienst Christi verloren. Die Macht zerstört, wenn sie nicht mit einem Geist der Demut gepaart ist.

Wer die Kraft Gottes wirklich erfahren will, muß sich immer bewußt sein, daß wir nichts anderes getan haben, als ein Geschenk anzunehmen. Dankbarkeit, nicht Stolz, ist unsere angemessene Antwort. Die Kraft gehört uns nicht, obwohl wir die Freiheit haben, sie zu benutzen. Aber wenn wir wirklich mit Gott wandeln, dann ist unser einziges Verlangen, die Kraft im Dienste Christi und seines Reiches einzusetzen.

Damit zum dritten Zeichen geistlicher Vollmacht, der Selbstbeschränkung. Die schöpferische Macht tut einige Dinge nicht – sogar gute Dinge –, mit Rücksicht auf die Wirkung auf bestimmte Menschen. Wie oft hat Jesus es abgelehnt, von seiner Macht Gebrauch zu machen! Er lehnte es ab, die Menschen durch einen Sprung von der Zinne des Tempels zu blenden (Matth. 4,5). Er widerstand der Versuchung, »Wunderbrot« zu machen, um damit sein Wirken zu bestätigen (Joh. 6,26). Er lehnte es ab, in seiner Heimatstadt viele Wunder zu tun, weil die Leute ihm Unglauben entgegenbrachten (Luk. 4,16–27). Er sagte nein zu dem Verlangen der Pharisäer, daß er durch ein Zeichen bezeugen sollte, daß er der Messias sei (Matth. 12,38). Bei seiner Verhaftung erinnerte Jesus den Petrus, daß er eine ganze Armee von Engeln zu seiner Rettung hätte kommen lassen können, aber er tat es nicht (Matth. 26,53).

Die Vollmacht aus dem Heiligen Geist darf nicht leichtfertig benutzt werden. Paulus sagt: »Die Hände lege niemandem zu bald auf« (1. Tim. 5,22). Wir erweisen den Menschen einen schlechten Dienst, wenn wir sie in die Macht Gottes bringen, bevor sie dafür bereit sind. Wer in Gott lebt und handelt, weiß, daß es eine Zeit gibt, wo die Kraft zurückgehalten werden muß, genauso wie es eine Zeit gibt, sie zu gebrauchen.

Freude ist das vierte Zeichen geistlicher Vollmacht. Es geht nicht um eine grimmige, verbissene Angelegenheit! Ganz im Gegenteil! Es ist eine wunderbare Sache, das Reich Gottes mitten in die Dunkelheit und Depression einbrechen zu sehen.

Als der Lahme geheilt war, sprang er auf, »lief und sprang umher und lobte Gott« (Apg. 3,8). Das ist eine gute Beschreibung unserer spontanen Reaktion auf das Werk Gottes. Ich betete einmal mit einer ehemaligen Missionarin über tiefe innere Verletzungen, die von dem tragischen Tod ihres Sohnes herrührten. Indem wir beteten, war die Gegenwart Gottes in besonderer Weise spürbar, und dann geschah es, daß sie von den Mächten der Angst und Schuld befreit wurde. Die Gegenwart Gottes war so real, die Befreiung so total, daß wir beide von Erstaunen und Ehrfurcht erfüllt wurden. Die Zeit danach hat bestätigt, was wir damals erfuhren. Monate später schrieb sie: »Ich habe einen solchen Frieden. Eine herrliche, heilige

Freude lebt in mir und sprudelt förmlich hervor. Jetzt endlich weiß ich, was Jesus meinte, als er sagte, daß lebendiges Wasser in uns und durch uns fließen würde. Dies ist etwas, nach dem ich mein ganzes Leben gesucht habe.«

Ich hoffe, Sie verstehen, daß ich etwas tieferes meine als eine aufgesetzte, oberflächliche »Freude«. Die reiche innere Freude, die ein Zeichen geistlicher Kraft ist, weiß um den Schmerz. Freude und Schmerz leben oft geradezu in einer Art Symbiose.

Verwundbarkeit ist das fünfte Zeichen der Vollmacht. Die Macht von oben ist nichts Bombastisches. Es mangelt ihr an den Symbolen der menschlichen Autorität; ihre Symbole sind die Krippe und das Kreuz. Sie ist Macht, die nicht als Macht angesehen wird. Sie ist eine freiwillig gewählte Position der Schwachheit, die in den Augen der Menschen als machtlos erscheint. Sie ist die Macht des »verwundeten Heilers« (Henri Nouven).

Die Macht von oben ist in der Schwachheit mächtig. Sie steht im Gegensatz zu der Gesellschaft der Starken und Fähigen. Als Paulus einmal mit seiner eigenen Verwundbarkeit rang, kam das Wort Gottes so zu ihm: »Meine Kraft ist in den Schwachen mächtig«, und er erkannte dadurch: »Wenn ich schwach bin, so bin ich stark« (2. Kor. 12,9–10).

Was wir oft als »Gleichnis vom verlorenen Sohn« bezeichnen, könnte auch mit »Gleichnis von der Macht des machtlosen Vaters« überschrieben werden. Im Vater sehen wir die Macht, die nicht dominiert, sondern geduldig wartet. Das Gleichnis handelt natürlich von Gott; es ist aber auch ein Gleichnis, das im Leben Jesu ausgelebt wurde. Wie geduldig arbeitet er mit störrischen, aufsässigen Jüngern! Bei der Gerichtsverhandlung spricht er kein Wort! Völlig hilflos hängt er am Kreuz! – im höchsten Grad Taten der geistlichen Macht.

Alexander Solschenizyn entdeckte im Gefängnis, daß immer dann, wenn er versuchte, durch Erwerb von Nahrung und Kleidung eine gewisse Macht über sein Leben zu erhalten, er der Gnade seiner Wärter ausgeliefert war. Wenn er jedoch seine Verwundbarkeit annahm, hatten seine Wärter keine Macht über ihn. In gewisser Weise war er mächtig und sie machtlos geworden.

Seit unsere Welt komplizierter geworden ist, sind Gefühle der Machtlosigkeit bei vielen an der Tagesordnung. Menschen, die wir nicht einmal kennen, treffen Entscheidungen, die uns betreffen und sehr beeinflussen; wir bestimmen nicht über unser Leben, und wir wissen es. Die normalen Reaktionen von Wut und Resignation müssen jedoch bei uns nicht zu finden sein, weil wir »die Macht der Machtlosen« kennen.[66]

Das sechste Zeichen der geistlichen Vollmacht ist die Unterordnung. Jesus wußte, was es bedeutet, sich den Wegen Gottes unterzuordnen: »Der Sohn kann nichts von sich aus tun, sondern nur, was er den Vater tun sieht; denn was dieser tut, das tut gleicherweise auch der Sohn« (Joh. 5,19). Wenn wir uns sehr persönlich in diese enge Beziehung zu Gott einüben, werden wir tiefer in die Bedeutung der wahren Macht, der Vollmacht eindringen.

Es gibt eine Vollmacht aufgrund geistlicher Gaben und eine aufgrund einer geistlichen Position. Die beiden wirken zusammen. Die Unterordnung verleiht uns unseren geistlichen Platz. Wir stellen uns unter die Führung Christi und unter die Autorität anderer. Wir suchen in der christlichen Gemeinschaft nach denen, die uns in den Dingen Gottes weiterhelfen können. Wir ordnen uns der Schrift unter, um Gottes Wege mit den Menschen besser kennenzulernen. Wir ordnen uns dem Heiligen Geist unter, um die Bedeutung des Gehorsams zu erfassen. Wir ordnen uns einem Leben im Glauben unter, um den Unterschied zwischen menschlicher und göttlicher Macht zu verstehen.

»Ordnet euch einander unter in der Furcht Christi«, sagte Paulus (Eph. 5,21). Paulus selbst ordnete sich den Beschlüssen des Apostelkonzils unter (Apg. 15). Petrus und Barnabas ordneten sich der Korrektur des Paulus unter, nachdem sie die Gemeinschaft mit den Heiden gemieden hatten (Gal. 2,11–21). Apollos ordnete sich Aquila und Priszilla unter, als deutlich wurde, daß sie über die Dinge Christi mehr wußten als er (Apg. 18,24–26).

Die Kraft der Unterordnung liegt darin, daß sie uns zu einer Stellung verhilft, in der wir das Empfangen von anderen lernen. Wir sind wirklich arm dran, wenn unsere Welt auf uns selbst begrenzt ist. Wenn wir uns aber mit demütigem Herzen anderen unterordnen, öffnen sich für uns neue, gewaltige Quellen. Wenn wir uns anderen unterordnen, haben wir Zutritt zu ihrer Weisheit, ihrem Rat, ihrer Zurechtweisung, ihrer Ermutigung.

Die Freiheit ist das letzte Zeichen der geistlichen Vollmacht. Menschen wurden frei, wenn Jesus und die Apostel ihre Macht ausübten. Die Lahmen konnten gehen; die Blinden konnten sehen; die Schuldigen wußten um die Vergebung; die von Dämonen Besessenen wurden befreit. Die Mächte dieser dunklen, bösen Zeit wurden besiegt und die Gefangenen in die Freiheit geführt.

Es gibt jedoch noch mehr zur Freiheit zu sagen. Wie ging Jesus mit den Leuten um? »Das geknickte Rohr wird er nicht zerbrechen, und den glimmenden Docht wird er nicht auslöschen«, so hatte Jesaja es prophezeit. Jesus überrumpelte die Schwachen nicht rücksichtslos. Er blies nie einen Funken Hoffnung aus, auch wenn er noch so klein war. Er benutzte seine Macht nie, um andere auszubeuten oder zu kontrollieren, obwohl es ein Leichtes für ihn gewesen wäre. Die Armen, die ihm so gern zuhörten, hätten alles für ihn getan, einfach weil sie so froh waren, daß sie jemand beachtete. Aber Jesus lehnte es ab, seine Macht in dieser Weise zu nutzen. Nein, er befreite sie dazu, sie selbst zu sein, ganz und unverwechselbar.

Diese befreiende Macht erlebte ich einmal in einer besonders eindrücklichen Weise. Ich war gerade von einer Konferenz zurückgekehrt, auf der ich eine wichtige Entscheidung getroffen hatte, und erzählte einem Freund davon. Dabei sagte ich: »Übrigens habe ich auch eine Entscheidung getroffen, von der ich weiß, daß du schon lange möchtest, daß ich sie treffe . . .« Mein Freund unterbrach mich: »Moment bitte! Eines muß ganz klar sein: Meine Aufgabe, meine einzige Aufgabe ist es, die Wahrheit Gottes, so wie ich sie erkenne, weiterzugeben und dich dann einfach zu lieben, ganz gleich, was du tust oder nicht tust. Es ist nicht meine Aufgabe, dich zu korrigieren oder dazu zu veranlassen, das Richtige zu tun.« In diesen Worten entdeckte ich eine neue Dimension der Freiheit – eine Freiheit, die eine enge Freundschaft ermöglichte, ohne den sklavischen Zwang, den anderen um jeden Preis zufriedenzustellen. Sein Überfluß in meinem Leben ist real, aber er ist von einer Art, die befreit und nicht bindet. Menschliche Macht ist Macht *über* eine Person. Göttliche Macht kennt die Notwendigkeit nicht, den anderen zu kontrollieren – »sine vi humana sed verbo – ohne menschliche Macht, nur durch das Wort«.[67]

Macht im Alltagsleben

Diese geistliche Macht hat für uns nur dann einen Wert, wenn sie im täglichen Leben Gestalt gewinnt. Es reicht nicht, fromm über Liebe, Freude und Demut zu sprechen, ohne diese Realitäten zu Hause, im Büro und in der Schule fest zu verankern. Wie sieht geistliche Macht im Alltag aus?

Was den einzelnen angeht, soll die Macht dazu benutzt werden, sich selbst zu beherrschen und nicht, sich zu verwöhnen. Die Selbstbeherrschung gehört sowohl zur Selbstachtung wie zur Selbstverleugnung. Die Selbstachtung ist Teil der *menschlichen* Würde, die Gott uns als solchen, *die »nach seinem Bilde« geschaffen sind,* verliehen hat. Selbstverleugnung ist der Weg zur Selbstachtung, und die Selbstbeherrschung umschließt beide.

Disziplin ist die Sprache der Selbstbeherrschung. Der zuchtvolle Mensch ist ein Mensch, der das, was getan werden muß, tun kann, wann es getan werden muß. Er ist ein Mensch, der angemessen zu leben weiß. Er kann lachen, wenn Lachen angebracht ist, weinen, wenn Weinen angebracht ist, arbeiten, wenn Arbeit angebracht ist, spielen, wenn Spiel angebracht ist, beten, wenn Beten angebracht ist, sprechen, wenn Sprechen angebracht ist, und schweigen, wenn Schweigen angebracht ist.

Durch die Kraft Gottes erreichen wir die Kontrolle über uns selbst. Franz von Assisi nannte den menschlichen Körper »Bruder Esel«, weil wir diesen Esel reiten sollten, und nicht er uns. Die Selbstbeherrschung läßt uns den »Bruder Esel« kontrollieren. Aus der Selbstbeherrschung kommt Freiheit, denn wir werden zu dem, zu dem wir geschaffen sind.

Was die Erziehung angeht, soll die Macht dazu benutzt werden, das Vertrauen zu fördern und nicht die Unterwürfigkeit. Wie wichtig ist es doch, daß die Eltern ihre Macht über ihre Kinder dazu nutzen, sie aufzubauen statt sie »herunterzumachen«, sie zu ermutigen statt sie zu entmutigen. Eine weise Mutter sagte einmal zu mir: »Jedes ›nein, nein‹ muß von zehn ›gut, mein Junge‹ begleitet sein.« Kritik und Korrektur sind ganz bestimmt notwendig, aber sie dürfen nie destruktiv werden. Wir sollen »den Willen des Kindes formen . . . *aber ohne seinen Geist zu brechen.«*[68] Der Gebrauch der Macht zu Hause kann ein Segen sein, wenn er von einem fürsorglichen Geist beseelt ist.

Was die Ehe betrifft, soll die Macht dazu benutzt werden, das Miteinander zu fördern und nicht die Vereinzelung. Männer und Frauen haben in der Ehe Macht übereinander, und sie wissen es. Wir alle haben etwas in uns, was völlig irrationale Reaktionen auslösen kann. Wenn daran gerührt wird, ist es, als wenn ein Hochspannungsschalter umgelegt worden wäre. In der Ehe lernen wir nur zu genau die gegenseitigen »Hochspannungsschalter« kennen. Ein bestimmtes Thema, ein gewisser Satz, die Art, etwas zu tun, ein besonderer Ton in der Stimme, sogar so etwas Einfaches wie das Hochziehen einer Augenbraue oder das Zucken der Schultern können Explosionen herbeiführen. Oft handelt es sich um alte Verletzungen oder Wunden. Sie sind so mächtig, daß sie alle echte Liebe und das Miteinander blockieren können. In der Macht Gottes lernen wir jedoch, die zerstörerischen Dinge liebevoll zu vermeiden. Wir können Gott auch darum bitten, uns innerlich »umzupolen«, so daß diese alten Verletzungen, diese alten Wunden, unempfindlich werden und uns nicht länger bestimmen.

Da wir uns gegenseitig so genau kennen, wissen wir, was die Beziehung fördert und zum Miteinander Mut macht. Wir benutzen dieses Wissen, um der Liebe und dem Mitgefühl weiten Raum zu verschaffen.

Was die Gemeinde angeht, soll die Macht dazu benutzt werden, zum Glauben anzuregen und nicht zur Konformität. Kirchenführer, Bischöfe, Pastoren, Älteste, Diakone und andere haben echte Macht über Menschen. Sie soll dem Leben dienen, nicht toten Dingen oder Prinzipien. In allem, was für unser geistliches Wachstum wesentlich ist, werden wir nach Kräften die Menschen zum Handeln anspornen. Aber wir müssen zugeben, daß viele Dinge im Leben unserer Gemeinde wenig mit Gerechtigkeit, Frieden und Freude im Heiligen Geist zu tun haben. Wo es nicht als Ausdruck der Liebe zu Gott und dem Nächsten *notwendig* ist, dürfen wir die Menschen nicht zu unserem Stil und unserer Auffassung bekehren wollen. In solchen Dingen geben wir den Menschen die Freiheit des Evangeliums, sie selbst zu sein, ohne Gleichförmigkeit der Lebensart.

Ich erinnere mich so gut an »meinen Pastor«. Ich war jung, sowohl an Jahren wie auch im Glauben. Ich war auch schüchtern und kompensierte das oft durch Angeberei und ungestümes Benehmen. Mein Pastor begleitete mich geduldig durch diese Jahre des Wachstums. Er versuchte nie, mich in den unbedeutenden Fragen der Sprache oder Kleidung der religiösen Sitte anzupassen. Er gab mir reichlich Gelegenheit, mich mit theologischen Problemen auseinanderzusetzen, während er gleichzeitig die Grundsätze des Glaubens ganz klar vertrat. Ich wurde zum Glauben angeregt, ohne den Zwang, sein zu müssen wie andere, ein Erbe, für das ich immer dankbar sein werde.

Was die Schule angeht, soll die Macht dazu benutzt werden, Wachstum zu fördern und nicht die Unterlegenheit. Auch zwischen Lehrern und Schülern kommt Macht zum Tragen, aber es kann eine Macht sein, die aufbaut und nicht zerstört, wenn ihr Zweck richtig begriffen wird. Wenn die Lehrer ihre Macht dazu benutzen, die Kinder zum Lernen anzuregen, zum Denken, wenn sie sie zu abenteuerlichen Entdeckungen einladen, dann ist das ein Leben vermittelnder Dienst. Aber es kann sehr leicht vorkommen, daß ein Lehrer zu harten Druck ausübt und zu scharf kritisiert. Wenn das geschieht, fühlt sich das Kind wertlos. Lehrer müssen anspornen, ohne zu erniedrigen, zu herausragenden Leistungen ermutigen, ohne die abzuwerten, die sie nicht erreichen.

Ich erinnere mich lebhaft an einen Lehrer, der mich zu hervorragenden Leistungen anspornte, ohne mich wegen meiner Schwächen abzuwerten. Er war ein Philosophieprofessor. Obwohl ich mich nicht mehr an alles erinnere, was er mich über Plato und Kierkegaard lehrte, werde ich nie seine Liebe für die Sprache vergessen. Er benutzte Worte in einer Art, die für mich neu war: Sie waren ein Schatz, den es zu pflegen galt, und nicht Propagandamittel. Er schenkte dem Geheimnis und der Macht der Worte besondere Aufmerksamkeit.

Ich selbst ging sehr unbeholfen mit Worten um, deshalb ängstigte mich seine sprachliche Fähigkeit genauso, wie sie mich neugierig machte. Er wertete mich nie wegen meiner Unbeholfenheit ab und ermutigte mich immer, es noch einmal zu versuchen. Und ich versuchte es noch einmal, bis ich mich in seiner Welt der Worte zu Hause fühlte. Er war ein Lehrer, der über meine Minderwertigkeitsgefühle hinwegsah und mich zum Wachstum ermutigte.

Was die Arbeit betrifft, sollte Macht dazu benutzt werden, Fähigkeiten zu fördern und nicht Gefühle der Unzulänglichkeit. Die Geschäftswelt ist ein Ort, an dem ein christliches Zeugnis für die schöpferische Macht dringend benötigt wird. Untergebene fühlen sich oft hilflos und manipuliert, aber es muß nicht so sein. Jeder will gute Arbeit leisten. Jeder will einen echten Beitrag leisten und in seinem Arbeitsbereich kompetent sein. Die Arbeitgeber haben die Macht, diesem tiefen Verlangen entgegenzukommen, indem sie Weiterbildungsmöglichkeiten schaffen, behutsam größere Verantwortung deligieren und den Arbeitnehmern helfen, ihre Fähigkeiten voll auszuschöpfen. *Ein gutes Management zeichnet sich dadurch aus, daß es Bedürfnisse der Menschen befriedigt, während sie daran arbeiten, ihre Aufgaben zu bewältigen.*

Der Arbeitnehmer hat auch Macht, die Macht der Ermutigung. An der Spitze zu stehen, macht einsam. Leitende Mitarbeiter finden nur selten echte Freundschaften, weil die Leute ihre Macht fürchten. Und jene, die sie nicht fürchten, hoffen oft, sie benutzen zu können.

Arbeitnehmer, die Christus nachfolgen, werden auf ihre Arbeitgeber zugehen. Sie werden Schmerz und Einsamkeit jener erkennen, die über ihnen sind. Sie werden ihre Freundschaft suchen, ohne Bedingungen zu stellen oder etwas erreichen zu wollen. Sie werden für ihre Vorgesetzten beten und sie in jeder Weise ermutigen. Das ist auch ein Dienst der Macht.

Befreiende Macht

Wir üben alle über andere Macht aus. Wir sind alle von der Macht, die andere über uns ausüben, betroffen. Wir können uns für die zerstörende Macht, die dominiert und manipuliert, entscheiden oder für die schöpferische Macht, die führt und befreit. Nur durch die Gnade Gottes sind wir in der Lage, etwas so gefährliches wie Macht zu übernehmen und sie schöpferisch und das Leben fördernd einzusetzen.

12. Vollmächtiger Dienst

Vorwärts in der starken Macht Gottes!   *George Fox*

Die Macht berührt uns alle. Wir können ihr nicht entrinnen, auch wenn wir es wollten. Alle menschlichen Beziehungen schließen den Gebrauch von Macht ein. Deshalb ist es besser, wenn wir die christliche Bedeutung der Macht entdecken und lernen, sie zum Wohl anderer einzusetzen, als vor ihr davonzulaufen oder zu verleugnen, daß wir sie benutzen. Alle Nachfolger Christi sind dazu berufen, die Macht in seinen Dienst zu stellen.

Macht im Wirken Jesu

Jesus hat fortwährend Macht angewendet, um das Reich der Finsternis zu stürzen und seine Botschaft vom Anbruch des Reiches Gottes zu bekräftigen. Die Evangelien sind voll von Handlungen Jesu, bei denen er Dämonen austrieb, Kranke heilte und über die Natur bestimmte. Der Menschenmenge entgingen diese Demonstrationen der Macht des Reiches nicht: »Als das Volk das sah, fürchtete es sich und pries Gott, der solche Macht den Menschen gegeben hat« (Matth. 9,8).

Das Wirken Jesu war von Autorität gekennzeichnet. Geistliche Vollmacht und geistliche Autorität sind unzertrennlich. Markus berichtet in seinem Evangelium, wie Jesus einen von einem Dämonen besessenen Menschen heilte. Er fügt hinzu: »Und sie entsetzten sich alle, so daß sie sich untereinander befragten und sprachen: Was ist das? Eine neue Lehre in Vollmacht! Er gebietet auch den unreinen Geistern, und sie gehorchen ihm!« (Mark. 1,27). Jesus brachte keine neue Lehre; er demonstrierte eine neue Macht. Er verkündete nicht nur die Gegenwart des Reiches Gottes, er demonstrierte dessen Gegenwart mit Vollmacht.

Wenn nun Jesus der einzige gewesen wäre, der die Macht in seinen Dienst stellte, so könnten wir sie als ein Privileg des Messias stehenlassen. Aber er beauftragte auch andere mit eben diesem Dienst: »Er rief aber die Zwölf zusammen und gab ihnen Gewalt und Macht über alle bösen Geister, und daß sie Krankheiten heilen konnten, und sandte sie aus, zu predigen das Reich Gottes und die Kranken zu heilen« (Luk. 9,1–2). Und genau das taten sie: »Und sie gingen hinaus und zogen von Dorf zu Dorf, predigten das Evangelium und machten gesund an allen Orten« (Luk. 9,6).

Handelte es sich dabei um einen Teil der apostolischen Berufung, hat der Auftrag nur den Zwölfen gegolten, bestimmt nicht uns? Nein, Jesus vertraute den gleichen Dienst auch den Siebzig an und befahl ihnen: »Heilt die Kranken, die dort sind, und sagt ihnen: Das Reich Gottes ist nahe zu euch gekommen« (Luk. 10,9). Und die Siebzig taten genau das, was ihnen befohlen worden war, und sie kamen zurück und sagten: »Herr, auch die bösen Geister sind uns untertan in deinem Namen!« (Luk. 10,17). Dieses waren gewöhnliche Leute, denen ungewöhnliche Macht anvertraut wurde.

Schließlich hören wir die erstaunlichen Worte Jesu: »Wahrlich, wahrlich, ich sage euch: Wer an mich glaubt, der wird die Werke auch tun, die ich tue, und er wird noch größere als diese tun; denn ich gehe zum Vater« (Joh. 14,12). Es führt kein Weg darum herum: Zum Vollmachtsdienst ist das ganze Volk Gottes berufen.

»Amt-lose« Macht

Dies wird nirgends besser sichtbar als in der Apostelgeschichte. Wie wenig die Jünger über die Vollmacht wußten, selbst nach der Auferstehung, ist aus ihrer ersten Frage an Jesus ersichtlich: »Herr, wirst du in dieser Zeit wieder aufrichten das Reich für Israel?« (Apg. 1,6). Sie wollten ein Königreich, damit sie ein wenig Macht ausüben konnten. »Ist dies die Zeit, in der wir das Königreich, die Autorität, die Position haben können, so daß wir diesen Römern wirklich zeigen können, wie Macht aussieht?« Jesus macht es ihnen jedoch unmißverständlich klar, daß es kein irdisches Königreich für sie geben würde; sie würden von ihm Macht erhalten, aber geistliche Macht: »Aber ihr werdet die Kraft des heiligen Geistes empfangen, der auf euch kommen wird, und werdet meine Zeugen sein in Jerusalem und in ganz Judäa und Samarien und bis an das Ende der Erde« (Apg. 1,8). Er gab ihnen Macht ohne ein Königreich, Macht ohne eine Position.

Wir sind so oft genau wie die Jünger. Wir meinen, daß eine Position uns Macht garantiert. Geben Sie jemandem einen Doktortitel oder einen Lehrstuhl eines Professors, und er wird lehren können! Aber wir kennen alle Menschen mit Doktorentiteln und Lehrstühlen, die nichts zu vermitteln in der Lage sind. Die Position garantiert die Fähigkeit nicht. Die Welt ist voller Leute, die alles tun, um eine Position zu erlangen, die ihnen Macht über andere gibt. Das ist die

Macht, die zum System unserer Welt gehört. Sie geht auf menschliche Autorisation zurück, und sie ist die Macht, die über andere herrscht und ihnen nicht dient.

Aus der Sicht des Glaubens sind Positionen nach der menschlichen Rangordnung im Grunde machtlos, ohne Kenntnis der Wege Gottes und des Lebens aus geistlicher Vollmacht. Durch die ganze Apostelgeschichte hindurch sehen wir immer wieder Zusammenstöße zwischen machtlosen Amtsträgern und amtloser Macht.

Die Autorität des Petrus, Johannes und der anderen schockierte alle Leute so sehr, weil sie keine offizielle Beglaubigung ihrer Autorität besaßen. Sie hatten keine Ausbildung und Examina, keine würdevollen Titel, keine menschliche Autorisation. Da ihre Fähigkeit, ihre Vollmacht, ihnen von Gott verliehen war, war menschliche Autorisation überflüssig. Deshalb traf ihre Autorität die Interessen der Machthaber so sehr. Da die Jünger keine Autorisierung benötigten, konnten sie nicht kontrolliert werden.

Hier stehen ungebildete, einfache Menschen vor den »Mächtigen« und erklären ihnen: »Urteilt selbst, ob es vor Gott recht ist, daß wir euch mehr gehorchen als Gott. Wir können's ja nicht lassen, von dem zu reden, was wir gesehen und gehört haben« (Apg. 4,19–20). Hier sehen wir, daß es »von Amts wegen« unmöglich ist, die Heilung von Kranken und die Verkündigung des Evangeliums aufzuhalten. Immer wieder trat die amtlose Macht der Jünger den machtlosen Amtsträgern des religiösen und zivilen Bereichs entgegen, und immer wieder behielt sie die Oberhand. Die Jünger gewannen, weil sie mit einer Vollmacht handelten, die von oben kam.

Eine sehr humorvolle Begebenheit, die den Unterschied zwischen menschlichen Machtsystemen und geistlicher Macht zeigt, ist aus der Wirksamkeit des Paulus überliefert. Er hatte viele Dämonen ausgetrieben und auch sonst seinen Dienst mit Vollmacht ausgeübt. Einige professionelle jüdische Exorzisten sahen die Arbeit des Paulus und entschieden sich, seine »Technik« auch zu benutzen. Bei der nächsten Gelegenheit versuchten sie Dämonen mit diesen Worten auszutreiben: »Ich beschwöre euch bei dem Jesus, den Paulus predigt« (Apg. 19,13). Aber anstatt zu gehorchen, antworteten die Dämonen: »Jesus kenne ich wohl, und von Paulus weiß ich wohl; aber wer seid ihr? Und der Mensch, in dem der böse Geist war, stürzte sich auf sie und überwältigte sie alle und richtete sie so zu, daß sie nackt und verwundet aus dem Haus flohen« (Apg. 19,15–16). Welch ein Kontrast zwischen amtloser Macht und machtlosen Amtsträgern!

Verborgene Vorbereitung

Wenn wir so in Vollmacht dienen wollen, müssen wir die verborgene Vorbereitung kennen, mit der Gott seine Diener ausrüstet. Moses dachte, daß er die Ungerechtigkeit der Welt durch menschliche Gewalt ändern könne, als er den Ägypter erschlug. Das hätte bedeutet, daß schöpferische Macht letztlich doch zerstörende Macht ist. Für Mose war eine verborgene Vorbereitung unerläßlich, bevor er Vollmacht für seinen Dienst empfing. Er mußte für vierzig Jahre in die Wüste gehen, um den Unterschied zwischen menschlicher Manipulation und göttlicher Macht zu lernen. Als Mose am brennenden Dornbusch vor Gott stand, war er ein anderer Mensch geworden. Die selbstsichere Arroganz des Mannes, der durch eine Handbewegung Macht ausüben konnte, war verschwunden. Jetzt finden wir einen sehr demütigen Menschen, der dadurch Zuversicht gewonnen hatte, daß er nur der Macht Gottes vertraute.

Der Apostel Paulus machte für seinen Dienst auch eine verborgene Vorbereitung durch. Er wurde durch ein dramatisches Ereignis auf der Straße nach Damaskus bekehrt und entkam später seinen Verfolgern in einem Korb, der über die Stadtmauer heruntergelassen wurde. Er verschwand für drei Jahre in der arabischen Wüste und floh nach einem kurzen Aufenthalt in Jerusalem in seine alte Heimatstadt Tarsus, wo er einige Jahre verbrachte. (Gal. 1,15–18; Apg. 9,30; 11,25–26). Es liegen fast dreizehn Jahre zwischen der Bekehrung des Paulus und seinem Kommen nach Antiochien, von wo er seine Missionstätigkeit begann. Wenn wir in der Apostelgeschichte das große Werk des Paulus sehen, müssen wir uns auch der verborgenen Vorbereitung erinnern, die vorausging.

Heute haben wir die Bedeutung dieses verborgenen Wirkens Gottes aus dem Auge verloren. Wir setzen Menschen ohne weiteres in wichtige Stellungen, rüsten sie mit unglaublicher Macht aus und wundern uns dann, wenn sie verdorben werden. Wenn wir nicht vorbereitet sind, wird die Macht uns zerstören. Das ist keine Nebensächlichkeit in der Kirche heute. Weil wir die verborgene Vorbereitung völlig außer acht lassen, haben wir unzählige Mitarbeiter in das Rampenlicht befördert, bevor sie dafür bereit waren.

Wir alle bedürfen dieser verborgenen Vorbereitung. Zeit, die dafür verwandt wird, von Gott unterwiesen zu werden, ist gut angelegt und nie verschwendet. In der Zurückgezogenheit lernen wir, das Leben geistlich zu betrachten – wir sehen, was wichtig und was nebensächlich ist. Oft dreht Gott unsere Prioritäten völlig um. Was uns einmal großartig und wunderbar erschien, schrumpft zur Bedeutungslosigkeit zusammen. Ansehen, Erfolg, Reichtum und Autonomie sind nicht mehr erstrebenswert. Wir lernen es, alle Machtanstrengungen, die aus menschlichem Wollen stammen, loszulassen. Dinge, die wir einmal als unwichtig und unter unserer Würde betrachteten, gewinnen echte Bedeutung. Wir beginnen, sachliche Freundschaftsdienste und nachbarschaftliche Beziehungen zu schätzen. Kleine, gewöhnliche Aufgaben werden für uns sehr wichtig.

Dienen in kleinen Dingen

In der Zurückgezogenheit lernen wir, daß das Dienen in kleinen Dingen eine notwendige Voraussetzung für das Dienen mit der Macht ist. Tabita war eine Frau, »die tat viele gute Werke und gab reichlich Almosen« und machte »Röcke und Kleider« für die Witwen (Apg. 9,36–42). Sie diente in kleinen Dingen. Barnabas unterstützte mit seinem Vermögen die sich mühende Gemeinschaft, schloß Freundschaft mit Paulus, nachdem sich andere von ihm abgewandt hatten und half Johannes Markus geduldig weiter, als sogar Paulus ihn als unzuverlässig erklärt hatte (Apg. 4,36–37; 9,27; 15,36–41). Auch Barnabas diente in kleinen Dingen.

Als die Leute Johannes den Täufer fragten, was sie als Zeichen der wahren Bekehrung tun sollten, riet er ihnen: »Wer zwei Hemden hat, der gebe dem, der keines hat; und wer zu essen hat, tue ebenso.« Zu den Zöllnern sagte er: »Fordert nicht mehr, als euch vorgeschrieben ist!« Den Soldaten riet er: »Tut niemandem Gewalt oder Unrecht und laßt euch genügen an eurem Sold!« (Luk. 3,10–14). Es ging ihm also um die kleinen, einfachen, gewöhnlichen Dinge des Lebens.

Dienen in kleinen Dingen ist einer der wichtigsten Dienste, die uns aufgetragen sind. In gewisser Weise ist er bedeutender als der Dienst in besonderer Vollmacht. Dieser geschieht dann und wann in unserem Leben, aber das Dienen im Kleinen geschieht Tag für Tag, unser Leben lang. Weil ständig Möglichkeiten auf uns zukommen, im Kleinen zu dienen, können wir dadurch Gott am besten kennenlernen. Zweifellos rät uns deshalb der Prophet Sacharja, den »Tag kleiner Dinge« nicht zu verachten (Sach. 4,10 Elberfelder).

Kleine Dinge sind im Reich Gottes wirklich große Dinge. Hier haben wir es mit den Fragen des Gehorsams und der Nachfolge zu tun. Es ist nicht schwer, ein Musterjünger unter Blitzlichtern und Presseerklärungen zu sein. In den kleinen Winkeln des Lebens, auf jenen Gebieten, die nicht zur Veröffentlichung taugen und uns kein Ansehen einbringen, müssen wir die Bedeutung des Gehorsams herausarbeiten. In der Familie und unter Freunden, Nachbarn und Kollegen begegnen wir Gott.

Und diese Gottesbegegnung, dieses Vertrautwerden mit Gott ist für die Ausübung der Macht unerläßlich. Das Dienen im Kleinen muß vor dem Dienen mit der Macht kommen und höher als jenes bewertet werden. Ohne diese Perspektive geraten wir mit dem vollmächtigsten Dienst auf die Abwege der Sensationsgier. Täuschen wir uns nicht: die Religion der Schlagzeilen steht im Gegensatz zu den Wegen Christi. Es ist dieser Geist, der zu den schlimmsten Übertreibungen führt. Er ist heute eines der größten Hindernisse für ein freies Dienen in Vollmacht.

Wenn die Macht als Sensation betrachtet wird, wollen wir auf unsere Taten aufmerksam machen. Wir stellen unsere Schilder auf und versuchen wie besessen mit unseren Werbekampagnen zu zeigen, daß wir wichtig sind. Das einzige, was wir nicht vertragen können, ist, daß dieses große Werk Gottes (und das unsrige) unbemerkt bleibt.

Nachdem Gott den Petrus zur Auferweckung der Tabita von den Toten gebraucht hatte, blieb Petrus »lange Zeit in Joppe bei einem Simon, der ein Gerber war« (Apg. 9,43). Was würden wir wohl tun, wenn uns Gott dazu gebraucht hätte, jemanden vom Tode aufzuerwecken?

Als erstes würden wir auf eine Vortragsreise gehen, und dann würden wir ein Buch darüber schreiben! Aber Petrus war es recht, nichts zu tun, denn er brauchte niemanden zu beeindrucken. Macht war keine Sensation.

Das Dienen im Kleinen kann uns vor den Gefahren der Sensationslust und der Effekthascherei bewahren. Unter der Autorität dieses Dienstes nimmt die Macht ihren richtigen Platz ein. Sie ist einfach ein normaler Aspekt der Arbeit, die uns aufgetragen ist. Macht erscheint dann in einer gewissen Natürlichkeit – als etwas, was man im Volk Gottes einfach erwartet –, und sie wird in Bescheidenheit und Demut erfahren und berichtet. Wenn wir freudig und oft in kleinen Dingen dienen, werden wir entdecken, daß Gott uns nahe ist, und die Ausübung der Macht wird dann ein Segen und kein Fluch sein. Glauben heißt, Gott sowohl in den kleinsten und gewöhnlichsten Dingen wie in den größten zu entdecken.

Alleinsein in der geistlichen Macht

Diejenigen, die geistliche Macht ausüben, müssen sich auf das Alleinsein einstellen. Man beachte, daß ich nicht Einsamkeit gesagt habe, denn solche Leute werden viele um sich haben, die nach ihrer Aufmerksamkeit heischen. Alleinsein bedeutet, alleine entscheiden und handeln zu müssen, denn andere können die Last weder teilen noch die betreffenden Probleme verstehen. Weise Ratgeber, Freunde, die Gemeinschaft der Gläubigen – alle diese sind hilfreich, aber nur bis zu einem gewissen Punkt. Die meisten Leute haben gute Absichten, aber es ist nicht weise, sie bei Entscheidungen um Hilfe zu bitten, die sie weder verstehen noch einschätzen können. Wir gehen allein – nun, nicht ganz allein, denn wir haben einen, der mit uns geht, aber allein, soweit es die menschliche Weisheit betrifft.

Das Alleinsein Jesu ist eines der Themen der Evangelien, die uns tief berühren. Die Menge konnte ihn nicht verstehen; sogar die Jünger waren zu schwerfällig in ihren Gedanken und in ihrem Herzen. Jesus versuchte die drei – Petrus, Jakobus und Johannes – mit sich in das innere Heiligtum der Vollmacht zu nehmen, aber sie konnten ihm nur selten folgen. Sie verstanden das ganze Geschehen auf dem Berg der Verklärung überhaupt nicht und dachten nur daran, ein passendes Denkmal zu errichten. Am eindrücklichsten ist die Szene im Garten von Gethsemane, als Jesus die drei auswählte, um mit ihm zu wachen und zu beten. In jener heiligen Nacht verließen sie ihren Meister, weil der Schlaf stärker war, und Jesus war gezwungen, allein mit den Mächten zu ringen.

Auch wir müssen oft alleine ringen. Wir können uns nicht einmal auf unseren Ehepartner verlassen, daß er oder sie verstünden, was in dem inneren Heiligtum unserer Seele geschieht. Alleinsein ist der Preis geistlicher Vollmacht.

Die Ausübung der Macht

Es ist eine Sache, das wahre, lebenbringende Dienen mit der Macht zu preisen und die atemberaubenden Beispiele in der Bibel zu betrachten; es ist eine ganz andere Sache, die geistliche Macht in unserem Leben zu erfahren. Wie sehen einige Kampffelder aus, auf denen Vollmacht nötig ist?

Den Kampfplatz will ich ohne Umschweife nennen: Wir müssen mit dem Teufel, dem Satan, »dem Mächtigen, der in der Luft herrscht« (Eph. 2,2) kämpfen. Wie Jesus gehen wir in die Wüste und treffen auf Dämonen und Geistesmächte. Und wenn wir uns auch nicht in eine echte Wüste begeben, so reisen wir doch in die Wüste des Herzens. Wir dürfen nicht meinen, daß wir diese Schlacht schon deshalb geschlagen haben, weil wir zu einem lebendigen Glauben an Jesus Christus gekommen sind oder weil wir seit Jahren Christen sind oder weil wir eine aktive Führungsrolle in der Gemeinde haben.

Wir benötigen göttlichen Schutz, bevor wir uns in dieses Glaubensdunkel wagen. Wir bitten darum, daß das starke Licht Christi uns umgeben möge, daß das Blut Christi uns bedecken möge und daß das Kreuz Christi uns versiegeln möge. Indem wir uns in die Wüste des Herzens begeben, treten wir mit Zuversicht ein; wir wissen, daß Gott mit uns ist und uns beschützt.

Wir begegnen dem Teufel in der Wüste. Dort sind wir ohne all unsere Sicherheitsvorkehrungen und Zerstreuungen, so daß wir nackt und verletzlich den äußeren und inneren Dämonen gegenüberstehen. Dort in der Wüste, ganz allein, sehen wir den verführerischen Mächten der Gier und des Ansehens ins Auge. Satan versucht uns mit wilden Phantasien, in denen wir hohe Stellungen und Einfluß besitzen. Wir fühlen, wie diese Phantasien an uns zerren, denn tief in unserem Herzen wollen wir wirklich die wichtigsten, geachtetsten und geehrtesten Personen sein. Wir sehen uns gerade an der Spitze, in Entscheidungspositionen, vor Kameras. Schließlich, so meinen wir, sind dies doch Dinge, durch die wir nur eine bessere Leistung erbringen wollen.

Mit der Zeit durchschauen wir jedoch die Täuschung. Mit Macht, die uns von oben gegeben wird, schreien wir dem, der uns die ganze Welt verspricht, wenn wir ihn nur anbeten, ein »Nein!« entgegen. Wir kreuzigen die alten Machtmechanismen – Kriechen, Schieben, an die Seite Drängen, Klettern, Ergattern. Wir wenden uns dem neuen vollmächtigen Leben zu – Liebe, Freude, Friede, Geduld und allen Früchten des Geistes.

Ein anderer Kampfplatz ist der Körper. Manche von uns haben das geistliche Leben so ätherisiert, daß es bei ihnen echtes Erstaunen auslöst, wenn sie entdecken, daß der Körper beim Glauben eine wesentliche Rolle spielt. Mit dem vollmächtigen Wort übernehmen wir die Autorität über unseren Körper. Wir erziehen ihn so, daß er mit dem Geist harmonisch zusammenarbeitet. Wir bringen den Körper in den gottgewollten Rhythmus des Lebens – Essen, Schlafen, Arbeiten, Spielen.

Zügellose Leidenschaften sind wie verwöhnte Kinder; sie müssen erzogen werden, ihnen darf man sich nicht hingeben. Sexuelles Verlangen, das Gottes offenbarten Willen überschreitet, wird durch die Macht des Geistes kontrolliert. Die Faulheit wird behutsam, aber bestimmt abgelegt. Das gleiche gilt für den übermäßigen Arbeitseifer. Durch Gebet und Glauben machen wir die Nahrung zu unserem Diener und nicht zu unserem Herrn. In der Macht Gottes lehnen wir es entschieden ab, uns spät schlafen zu legen und uns einzureden, unser Körper sei unbesiegbar. Wir trainieren unseren Körper, damit wir gesund und geistig beweglich bleiben.

Der Dienst des Heilens ist ein Teil der Autorität, die wir über unsere Körper ausüben sollen. Jesus heilte und beauftragte uns, zu heilen (Mark. 16,15–18). Heilen wird unter den Geistesgaben angeführt, und alles spricht dafür, daß dieser Dienst auch heutzutage ausgeübt werden soll (1. Kor. 12,28; Jak. 5,14–16). In unserer Zeit ist dieser gute Dienst jedoch sehr mißbraucht worden.

Einige richten beispielsweise einen absoluten Gegensatz zwischen der Heilung durch Medizin und der Heilung durch das Gebet auf. Dies ist schade und unnötig! Gott benutzt seine Freunde, die Ärzte, die ihr gottgegebenes Wissen und Talent für die Gesundheit und Heilung einbringen. Gott benutzt auch seine Freunde, die zu beten wissen, um seine Leben heilende Macht einer verletzten Menschheit zukommen zu lassen. Wenn Ärzte und Krankenschwestern und andere Heilberufe lernen, ihre medizinischen Fähigkeiten mit dem Gebet zu verbinden, kann viel Gutes erreicht werden.

Ein weiterer tragischer Mißbrauch des Dienstes der Heilung ist die Neigung zu Schuldzuweisungen, wenn die Heilung nicht eintritt. Wir beschuldigen Gott, wir beschuldigen uns selbst, wir beschuldigen die kranke Person. Es geschieht beispielsweise oft, daß der betroffenen Person gesagt wird, daß die Heilung wegen verborgener Sünden in ihrem Leben nicht eingetreten sei. Das ist sehr destruktiv für die kranke Person, denn sie will nichts mehr als gesund werden. Jakobus 5,16 sagt ausdrücklich, daß, wenn Sünde vorliegt, man einander seine Sünden bekennen und füreinander beten soll. Als die Jünger bei dem, der von Geburt an blind war, nach der Sünde forschen wollten, machte Jesus dem Beschuldigungsspiel bald ein Ende (Joh. 9,1–3). Die Frage, wer gesündigt habe, geht im Wesentlichen an der Sache vorbei; liebevolle Zuwendung ist gefragt. Möge Gott viele Menschen auf den Plan bringen, die zum Dienst der Heilung mit einem mitfühlenden Herzen und einem guten Schuß an praktischer Weisheit kommen!

An diesem Punkt möchte ich direkt zu denen sprechen, die einen kränklichen Körper haben oder in anderer Weise behindert sind.

Gehen Sie behutsam mit sich selbst um – verurteilen Sie sich nicht so schnell, sondern ermutigen Sie sich oft. Denken Sie daran, daß die geistliche Vollmacht genauso oft sanft wie dramatisch in Erscheinung tritt. Danken Sie für alle körperlichen Fähigkeiten, die sie besitzen, und konzentrieren Sie sich darauf, diese zu stärken, anstatt Ihre Behinderungen zu beklagen.

Beten Sie um Ganzheitlichkeit und Wohlbefinden und freuen Sie sich über alles Gute, das dabei entsteht. Wenn Sie um Heilung gebeten haben und sie nicht eingetroffen ist, so fallen Sie nicht in Selbstanklagen oder Selbstverurteilungen. Beten Sie weiter, wenn Sie es können, und vergessen Sie nicht, daß Heilung auf verschiedene Weise geschieht. Behandeln Sie ihren Körper, soweit Sie es vermögen, als einen Freund und nicht als einen Feind. Sie werden in der Auferstehung, wenn nicht zuvor, bestimmt einen Körper haben, der wirklich ein Freund ist.

Ein drittes Feld, in der die geistliche Macht ausgeübt werden muß, ist die Gemeinde. In den vergangenen Jahrzehnten ist viel Vollmacht unter eingefleischter Bürokratie und einer Pastorenausbildung, die eher Schriftgelehrte als Propheten hervorbrachte, erstickt worden. Um mehr Freiheit zu haben, sind viele nebenkirchliche Organisationen aufgekommen. Diese sind selten jemandem Rechenschaft schuldig und werden gewöhnlich nach einiger Zeit von einer Person beherrscht. Das ruft im allgemeinen Ängstlichkeiten in den Kirchen und Egoismen in den nebenkirchlichen Bewegungen hervor.

Wir brauchen eine Renaissance in der Führung der Kirche. Wir brauchen Gemeinden, die ihre fähigsten Männer und Frauen in den Dienst rufen. Wir brauchen Seminare, die die Pastoren darin ausbilden, mit Gott zu leben. Wir brauchen Pastoren, die nach Gott hungern, die mehr nach der Vollmacht von Gott streben als nach Positionen.

Pastoren, die zu führen verstehen und Gott kennen, sind bitter nötig. Ihre Führung sollte sowohl liebevoll als auch stark sein. Sie müssen uns durch eine starke Verkündigung leiten; sie müssen uns auch durch liebevolle geistliche Weisung leiten. Wenn ihre Führung mit der frohmachenden Kraft des Heiligen Geistes erfüllt ist, ist das wirklich ein Segen.

Es gibt viele andere Felder, auf denen dringend mit Vollmacht gedient werden müßte, aber ich will den Blick nur noch auf ein weiteres lenken. Der Staat, die Politik, braucht den Dienst in geistlicher Vollmacht. Alle Gläubigen und besonders die, die in Demokratien leben, müssen den Staat auffordern, seiner gottgegebenen Funktion nachzukommen, allen Menschen Gerechtigkeit zu geben. Wir müssen den Staat loben, wenn er seine Aufgabe erfüllt, und ihm entgegentreten, wenn er darin versagt.

Wenn ich vom Staat spreche, so meine ich nicht nur die nationale Regierung, obwohl ich diese natürlich einschließe. Mit Staat meine ich alle menschlichen Systeme und Organisationen, durch die wir Personen bevollmächtigen, das Ganze zu vertreten und ihm zu dienen. Schulbehörden, gesetzgebende Organe auf allen Ebenen, Gesundheitswesen, Stadträte, Gerichte und viele andere sind alle Teile des Staates.

Wir erkennen den Geist, der in einem Staatswesen herrscht, durch das Gebet. Gebet und Kontemplation sind eng mit einem echten Aufbruch des sozialen Gewissens verbunden. Wenn wir Einsicht erhalten, so »sagen wir der Macht die Wahrheit«, wie die alten Quäker es auszudrücken pflegten.

Wo der Staat wirklich und ohne Unterschied Gerechtigkeit für alle schafft, erkennen wir das gerne an und unterstützen ihn dabei. Wenn der Staat aber hierin versagt, so treten wir beherzt dagegen an, mit allen Mitteln, die im Einklang mit den Waffen von Epheser 6 stehen. Gebet und Fasten, Trauern und Klagen sind Waffen in unserem Ringen um Wahrheit, um wahre Gerechtigkeit. Energische Proteste, gewaltlose Aktionen und ziviler Ungehorsam sind die Waffen, die uns zur Verfügung stehen. Wir dienen dem Staat, wenn wir es ablehnen, seinen dämonischen Perversionen nachzugeben. Das Einschleusen von Sklaven vom Süden in den Norden der Vereinigten Staaten im neunzehnten Jahrhundert war ziviler Ungehorsam; das Eintreten für illegale Einwanderer aus lateinamerikanischen Ländern ist es heute. In beiden Fällen sprechen Gläubige mit Petrus und Johannes: »Man muß Gott mehr gehorchen als den Menschen« (Apg. 5,29).

Ziviler Ungehorsam darf jedoch nur in den Grenzen der geistlichen Macht geübt werden. Es darf weder Zwang noch Vergeltung geübt werden, denn er kommt aus der Liebe, nicht aus dem Haß. Er scheut die menschlichen Waffen der Gewalt und handelt mit der »Gewalt der Liebe«[69] – einer unbeirrbaren Abneigung gegen Unterdrückung und Ungerechtigkeit.

Das Ziel ist, das Böse sichtbar zu machen und das soziale Gewissen der Menschen anzustacheln.

Eine Möglichkeit, diesen Kampf des Glaubens zu führen, habe ich nicht vergessen: Christlicher Einfluß kann von innen her durch Politiker und Beamte ausgeübt werden. Das ist ein ehrbarer Weg, den viele gewählt haben. Mögen dies noch mehr tun.

Der Weg in den Staatsdienst ist jedoch mit Gefahren beladen, die über die allgemeinen moralischen Kompromisse bei finanziellen oder sexuellen Versuchungen hinausgehen. Der Staat muß seiner Natur entsprechend Zwangsgewalt besitzen (d.h. er kann Gehorsam *verlangen*), und die Zwangsgewalt hat im Grunde Ziele, die im Gegensatz zur geistlichen Macht stehen. Dies bedeutet nicht, daß ein Gläubiger nicht in Staatsdienste treten kann; aber es bedeutet, daß Zeiten kommen können, in denen der Staat von seinen Beamten Dinge verlangt, die dem christlichen Zeugnis der Liebe Gewalt antun. An diesem Punkt muß der Gläubige entscheiden, ob er auf Seiten »des Kaisers oder Gottes« steht.

Kämpfe tapfer für die Wahrheit

Von allen Menschen kennen die geistlich eingestellten die Gefahren der Macht am besten. Versuchungen zum Mißbrauch gibt es überall. Wir dürfen nicht zurückweichen. Christus beruft uns, mit der Macht zu dienen. Er wird uns Liebe und Demut geben, um diesen Dienst zu erfüllen. George Fox schrieb: »Laßt alle Nationen das Wort gesprochen oder geschrieben vernehmen. Nehmt keinen Ort aus, keine Sprache, keine Feder; aber seid Gott dem Herrn gehorsam und erledigt die Arbeit und kämpft tapfer für die Wahrheit auf Erden.«[70] Christus ist es, der uns ruft, er ermächtigt uns.

13. Das Gelübde des Dienens

Ein Christenmensch ist ein freier Herr über alle Dinge und nie-
mand untertan. Ein Christenmensch ist ein dienstbarer Knecht
aller Dinge und jedermann untertan. Martin Luther

Macht ist für den Gläubigen ein echtes Paradox. Wir lieben sie und
wir hassen sie. Wir verachten ihre bösen Seiten und schätzen ihre
guten. Wir möchten gerne ohne sie auskommen und wissen doch,
daß sie zum menschlichen Leben gehört.

Unsere Ambivalenz gegenüber der Macht löst sich in der Bereitschaft zu dienen, im Gelübde des Dienstes. Jesus nahm eine Schüssel
und ein Handtuch und definierte damit die Bedeutung und die
Funktion der Macht neu. »Wenn nun ich, euer Herr und Meister,
euch die Füße gewaschen habe, so sollt auch ihr euch untereinander
die Füße waschen. Ein Beispiel habe ich euch gegeben, damit ihr tut,
wie ich euch getan habe« (Joh. 13,14–15). Im ewigen Reich Christi ist
tief hoch, unten ist oben, schwach ist stark, Dienst ist Macht. Wollen
Sie wirklich ernsthaft mit der Macht dienen? Wollen Sie ein Führer
sein, der für andere Menschen ein Segen ist? Wollen Sie ehrlich von
Gott dazu gebraucht werden, Verwundungen der Menschen zu heilen? Dann lernen Sie es, für alle ein Diener zu sein! »Wenn jemand
will der Erste sein, der soll der Letzte sein von allen und aller Diener«
(Mark. 9,35). Der Dienst mit der Macht funktioniert durch den
Dienst mit dem Handtuch.

Dienen bedeutet, zu den Machtspielen der modernen Gesellschaft
nein zu sagen. Wir widerlegen die Stimmen, die sagen: »Es ist in Ordnung, gierig zu sein . . . Es ist in Ordnung, Nummer eins sein zu wollen . . . Es ist in Ordnung, ein Machiavellist zu sein . . . Und es ist *im-*
mer in Ordnung, reich zu sein.«[71] Wir lehnen es ab, Macht zu gebrauchen, um zu dominieren und zu manipulieren. Wir entledigen
uns der Symbole der Macht und des Ansehens, die dazu benutzt
werden, andere einzuschüchtern.

Dienen bedeutet, zur wahren Macht, die um das Wohl aller bemüht
ist, ja zu sagen. Wir bejahen Macht, die befreit. Wir freuen uns, wenn
die Macht in den Dienst der Wahrheit gestellt wird. Macht, die den
Zielen und Wegen Christi untergeordnet ist, erfreut uns.

Dienen bedeutet, Mächte unterscheiden zu lernen, Mächten entge-
genzutreten, Mächte zu besiegen. Wir dienen den Menschen, wenn

wir das Böse entwaffnen und die Gefangenen freisetzen. Mit Gebet und Tränen, Fasten und Klagen führen wir den friedlichen Krieg des Lammes Gottes gegen alles, was gegen Gott und seinen Weg steht.

Dienen bedeutet Gehorsam. Indem wir Gottes Willen gehorchen, lernen wir das Herz Gottes erkennen. Indem wir in das Herz Gottes schauen, werden wir befähigt, den Menschen zu helfen. Das Heil regiert uns und läßt unsern Dienst für andere wirkungsvoll sein.

Dienen bedeutet Mitgefühl. Mitgefühl bringt uns mit den Menschen in Berührung. »Das Mitgefühl fordert von uns, daß wir mit den Schwachen schwach sind, mit den Verletzlichen verletzlich und mit den Machtlosen machtlos.«[72] Mitgefühl gibt uns ein Herz, das anderen dient.

Dienen bedeutet Führung als Dienst. Unser Managementstil ist dann ebenso davon bestimmt, die Bedürfnisse der Leute zu befriedigen, wie die Arbeit effektiv erledigt zu sehen. Wir sind in der Lage, das beste aus anderen hervorzulocken, weil wir sie als Personen schätzen. Unsere Führerrolle geht aus unserer Rolle als Diener hervor; unser erstes und wichtigstes Bestreben ist es, zu dienen, und unser Verlangen zu dienen motiviert uns, zu führen.

Das Gelübde des Dienens beim einzelnen

Das Gelübde zu dienen beginnt und endet mit dem Gehorsam des einzelnen gegenüber Gottes Wegen. Bis wir den Gehorsam nicht gelernt haben, können wir anderen nicht nützlich sein, denn wir werden dauernd unsere eigene Tagesordnung, unsere eigene Meinung, unsere eigenen, menschlichen Manipulationen in die Beziehungen einbringen. Ein Leben im Gehorsam ermöglicht es, daß der Dienst von göttlichen Impulsen und weniger von menschlicher Genialität geprägt ist. »Gehorsam gibt dem Dienen seine tiefste Dimension.«[73]

Die Worte Samuels zu Saul sprechen zu uns mit prophetischer Eindringlichkeit: »Siehe, Gehorsam ist besser als Opfer« (1. Sam. 15,22). Gottes größter Anspruch an uns ist weder die heroische Tat noch das große Opfer, sondern der Gehorsam.

Gethsemane gibt uns das tiefste und schwerste Vorbild für den Gehorsam in der ganzen Bibel. Schweißtropfen wie Blut fielen von Jesu Angesicht, als er das tiefste Gebet, das die Menschheit über den Gehorsam kennt, hervorstieß: »Vater, willst du, so nimm diesen Kelch von mir; doch nicht mein, sondern dein Wille geschehe!« (Luk. 22,42). Jesus wollte den Kelch – seine Kreuzigung – nicht vermeiden, aber er wollte sicher sein, daß der Kelch Gottes Wille war. Um den Willen Gottes, nicht um den Kelch ging es. Wenn der Kelch nicht dem Willen Gottes entsprochen hätte, wäre es Ungehorsam gewesen, ihn zu trinken. Deshalb sagte Jesus, als ihm schließlich klar war, daß der Kelch zum Weg des Gehorsams gehörte: »Steht auf, laßt uns gehen!« (Matth. 26,46). In jedem Moment und in jeder Weise war Jesus der gehorsame Diener, der absolut nichts tat, ohne von Gott dazu gerufen worden zu sein.

Der Gehorsam Jesu ging aus der engen Verbindung mit dem Vater hervor. Oft denken wir bei Gehorsam an eine hierarchisch geordnete Welt mit unpersönlichen Vorgesetzten, die unsinnige Befehle geben, die wir auch dann befolgen müssen, wenn sie uns völlig unverständlich sind. Aber der Gehorsam Jesu, und deshalb auch der unsrige, weist eine ganz andere Qualität auf. Es ist ein Gehorsam, der aus der engen Verbindung hervorgeht, die »Abba! Vater!« ruft. Es gibt ein inneres Wissen, daß Gottes Wege nicht nur richtig, sondern auch gut sind. Indem wir erfahren, wie gut das Richtige ist, fällt unser Wille mehr und mehr mit Gottes Willen zusammen. Er ist kein Befehl, dem gehorcht werden muß, sondern ein göttliches Ja, dem es zu folgen gilt.

Das Wort *Gehorsam* trägt in sich das Verb »hören«. Die gute Nachricht ist, daß wir mit dem ewigen Schöpfer des Universums in solch enger Verbindung zusammenleben können, daß wir seine Stimme hören und seinem Wort gehorchen können. Und es ist die Nähe zum wahren Hirten, die unser Hören und unseren Gehorsam ermöglicht.

Was hat dies mit dem Gelübde des Dienens zu tun? Dienst, der vom Gehorsam abgetrennt ist, entartet zum Rummel um geistliche Stars. Dienst ohne Gehorsam sagt: »Seht, wie wunderbar ich bin! Ich tue all dies und opfere mich auf! Seht, wieviel Gutes ich bewirke!« Es ist tatsächlich so, daß der Märtyrergeist, der so oft unseren Dienst durchdringt, ohne Gehorsam ein schleichendes Werkzeug der Manipulation werden kann. Wir beginnen, andere durch unseren Dienst zu kontrollieren. Wenn dies geschieht, wird der Dienst in eine dämonische Macht verwandelt und ist im Grunde Ungehorsam.

Der Dienst aus Gehorsam hat jedoch eine ganz andere Qualität. Wenn »wir entdecken, daß unser gehorsames Hören uns zu unseren leidenden Nachbarn führt, können wir sie in der freudigen Gewißheit aufsuchen, daß uns die Liebe zu ihnen bringt.«[74] Prahlerei, Manipulation, Zwang sind alle verschwunden. Wir können auf den Erfolg unseres Dienstes, auf den wir sonst so sehr versessen sind, verzichten; das göttliche Ja reicht völlig aus. Wir können ganz für Menschen dasein, weil wir wissen, daß wir im Gehorsam leben.

Das Gelübde des Dienens in der Familie

Wenn die Bereitschaft zu dienen überhaupt irgendwo wirksam werden soll, so muß es in der Familie sein. Im Familienverband muß der Dienst mit dem Handtuch gemeinsam und wechselseitig sein. Achtung und Mitgefühl sollten alle Autorität und Unterordnung im christlichen Haus durchdringen.

Wie dienen wir Eltern unseren Kindern? Wir dienen ihnen, indem wir sie zielbewußt leiten. Kinder brauchen weisen Rat und konkrete Richtlinien. Sie brauchen liebevolle Korrektur. Führen heißt dienen.

Wir dienen unseren Kindern durch mitfühlende Erziehung. Wir tun unseren Kindern einen schlechten Dienst, wenn wir ihnen keine klaren Grenzen für angemessenes Verhalten ziehen. Es ist wichtig, daß sie früh ins Bett gehen, weil sie Schlaf benötigen. Eine gute Ernährung ist wichtig, weil unser Körper wichtig ist. Aufgaben im Hause sind wichtig, weil unser Selbstwertgefühl und die Gewißheit, etwas zum Wohl der Familie beigetragen zu haben, wichtig sind. Die Erziehung ist keine leichte Aufgabe, aber sie ist ein Weg, den Kindern zu dienen.

Wir dienen unseren Kindern, indem wir sie zunehmend selbst entscheiden lassen. Wir müssen unsere Kinder auf größere Unabhängigkeit vorbereiten. Wir helfen ihnen nicht, wenn wir sie bis zu ihrem achtzehnten Lebensjahr strengen Regeln unterwerfen und sie dann aus der Tür schieben. Schon früh lehren wir die Kinder, das Gute vom Bösen zu unterscheiden. Wir gehen mit ihnen durch die Entscheidungen des Lebens und geben ihnen mehr und mehr die Möglichkeit, von ihren Fehlern zu lernen. An einem Punkt in ihrer Entwicklung – spätestens wenn sie zwanzig sind – verzichten wir auf alle elterliche Autorität. Wir stehen ihnen mit Rat und Tat zur Seite, aber nur wenn sie darum bitten. Eine Atmosphäre für eine wachsende Unabhängigkeit zu schaffen, heißt unseren Kindern dienen.

Wir dienen unseren Kindern, indem wir für sie da sind und indem wir unsere Schwächen nicht vor ihnen verstecken. Das Klischee, daß es nicht auf die Quantität, sondern auf die Qualität der Zeit ankomme, ist einfach falsch. Die Qualität beruht zu einem großen Teil auf der Quantität. Wir müssen unseren Kindern Zeit widmen, und wenn wir bei ihnen sind, müssen wir für sie durchschaubar sein. Zu einem Kind zu gehen und zu sagen: »Ich habe Unrecht gehabt, es tut mir leid!« ist kein Zeichen der Schwäche, sondern der Stärke.

Wir dienen unseren Kindern, indem wir sie respektieren. Beobachten Sie irgendeine größere Zusammenkunft von Menschen, und Sie werden sehen, wie die Kinder systematisch ignoriert werden. Ihre Meinung wird weder gefragt noch anerkannt. Tatsächlich sind die meisten Erwachsenen hinterher nicht in der Lage, ein Kind aus dem Raum beim Namen zu nennen. Wir strengen uns also an, die Kinder kennenzulernen. Wir hören, was sie zu sagen haben, und schätzen ihren Beitrag. Wir tun ihre Probleme nicht mit einer Handbewegung ab. Wenn einem Kind ein Haustier stirbt oder wenn für einen Teenager eine Romanze zerbricht, so sind das Ereignisse mit echten Konsequenzen und sollten als solche behandelt werden.

Wir dienen unseren Kindern, indem wir sie in das geistliche Leben einführen. Wenn wir so offen sein können, um unseren Kindern von unserem eigenen Weg im Glauben zu erzählen, wird das viel dazu beitragen, das geistliche Leben für sie wahrhaftig zu machen. Und es ist unsere Aufgabe, sie im biblischen Glauben zu unterrichten; es ist ein lebenswichtiger Dienst, den wir unseren Kindern schuldig sind. Wir dürfen uns nicht auf die Gemeinde verlassen, daß sie für uns die Kinder lehrt, was Glauben heißt.

Die Verpflichtung zum Dienst ist gegenseitig. Wie dienen uns unsere Kinder? Sie dienen uns dadurch, daß sie gehorsam sind. Sie gehorchen uns nicht nur, weil es in der Bibel steht, sondern weil es gut ist. Die Kinder können nicht immer die Gründe für das verstehen, was wir von ihnen verlangen, aber sie können die Gewißheit erhalten, daß es in ihrem Interesse ist. Sie gehorchen auch dann, wenn ihnen der Gehorsam weh tut, obwohl – wie wir gleich sehen werden – sie nicht gehorchen können, wenn die Anforderungen ganz klar zerstörerisch sind.

Unsere Kinder dienen uns durch Achtung. Eltern gebührt Respekt, auch wenn manche Eltern eine große Enttäuschung sind. Eltern, deren Leben zeigt, daß sie keinen Respekt verdienen, legen eine schreckliche Last auf ihre Kinder. Oft ist das der Grund für deren Versagen (Matth. 18,6).

Unsere Kinder dienen uns, indem sie behutsam ablehnen, etwas zu tun, was ganz klar zerstörerisch ist. Wir Eltern benötigen alle erreichbare Hilfe. Wir können von unseren Kindern lernen, wenn wir belehrbar sind. Die Kinder gehen ein gewaltiges Risiko ein, wenn sie uns auf diese Art dienen. Sie riskieren unseren Zorn und, was schwerwiegender ist, sie riskieren, unsere Liebe und Unterstützung zu verlieren. Wir müssen ihnen durch Wort und Tat immer wieder versichern, daß unsere Liebe für sie stärker und tiefer ist als jede vorübergehende Meinungsverschiedenheit. Es ist eine bedingungslose Liebe, die nicht davon abhängt, was sie tun oder nicht tun. Die eine Sache, die wichtiger ist, als uns zu gehorchen, ist, daß sie der Stimme Gottes gehorchen.

Unsere Kinder dienen uns, indem sie für unsere Bedürfnisse sorgen, wenn die Abhängigkeiten sich umkehren. Für jeden kommt einmal die Zeit, in der Mutter und Vater Hilfe brauchen. Alternde Eltern benötigen manchmal die finanzielle Unterstützung ihrer Kinder und auch ihre emotionale Hilfe. Es ist nicht unbedingt falsch, wenn Kinder ihre Eltern in einem Altersheim unterbringen, aber ihre Verpflichtungen sind damit noch nicht beendet. Sie müssen auch ihre Zeit, ihre Gegenwart, ihre Aufmerksamkeit und am meisten ihre Liebe schenken. Die Kinder sind verpflichtet, ihren Eltern in dieser Weise zu helfen. Zur Zeit Jesu versuchten die Leute, durch religiöse Entschuldigungen aus diesem Dienst für ihre Eltern auszusteigen (Mark. 7,9–13). Es ging damals nicht, und es geht auch heute nicht.

Alles, was ich über das Gelübde zum Dienst zwischen Eltern und Kindern gesagt habe, gilt auch für das Verhältnis der Ehepartner und der Kinder unter sich. Wir dienen einander in der christlichen Familie, weil wir dem folgen, der die Gestalt eines Dieners annahm (Phil. 2,7). Ein Bereich in unserer modernen Gesellschaft, in dem ein christliches Zeugnis für die Gnade Gottes unbedingt nötig ist, ist das Zuhause. Das Gelübde des Dienens kann uns helfen, dieses Zeugnis Wirklichkeit werden zu lassen.

Das Gelübde des Dienens in der Gemeinde

In der christlichen Gemeinschaft dienen einige, indem sie leiten, andere, indem sie folgen, aber alle in liebevoller Fürsorge. Führung in Vollmacht ist in der Gemeinschaft der Gläubigen unerläßlich. Dies kann leicht vergessen werden, wenn wir sehen, wie die Führungsrolle mißbraucht wird. Wenn wir sehen, wie sich Leute um Positionen rangeln und nach Ansehen streben und dabei ihre Macht benutzen, um andere untenzuhalten, sind wir versucht, Einspruch zu erheben und die Leitungsfunktionen ganz abzuschaffen. Eine infantile Anarchie ist im Gemeindeleben jedoch genauso schlecht wie eine unterdrückende Diktatorenherrschaft.

Jesus wußte, daß Führer gebraucht werden, aber er stellte das Rollenverständnis geradezu auf den Kopf: »Aber Jesus rief sie zu sich und sprach: Ihr wißt, daß die Herrscher ihre Völker niederhalten und die Mächtigen ihnen Gewalt antun. So soll es nicht sein unter euch; sondern wer unter euch groß sein will, der sei euer Diener; und wer unter euch der Erste sein will, der sei euer Knecht, so wie der Menschensohn nicht gekommen ist, daß er sich dienen lasse, sondern daß er diene und gebe sein Leben zu einer Erlösung für viele.« (Matth. 20,25–28)

Die Leitung einer Gemeinde ist deshalb ein Dienstamt. Diejenigen, die eine Führungsrolle übernehmen, tun das für die anderen und nicht für sich selbst. Ihre Bemühungen gelten den Bedürfnissen der Leute und nicht dem eigenen Ansehen. Bernhard von Clairvaux schrieb: »Lerne die Lektion, daß du für das Werk eines Propheten nicht das Zepter, sondern die Hacke brauchst.«

Wir benötigen Führer mit den Herzen von Dienern. Wir bitten den, der die geistlichen Gaben schenkt, ernsthaft darum, daß er demütige Männer und Frauen als Apostel, Propheten, Evangelisten, Pastoren und Lehrer erwecken möge (Eph. 4,11). Wir brauchen sie, jeden einzelnen. Ihre Autorität kommt von Gott und wird durch die Gemeinschaft der Gläubigen erkannt und bestätigt. Sie tragen geistliche Verantwortung, und wir ehren sie als Diener Christi.

Wie dienen geistliche Führer ihrer Gemeinde? Sie dienen ihr, indem sie beten lernen. Die Menschen brauchen das Gebet so sehr – Ehen zerbrechen, Kinder werden geschädigt, Leute leben in Depressionen oder in dunklen Verhältnissen. Und wir könnten das beeinflussen, wenn wir beten lernen würden. Wenn wir die Menschen wirklich lieben, werden wir weitaus mehr für sie wollen, als wir ihnen geben können, und das treibt uns ins Gebet.

Ein kurzes Wort an die Pastoren und Ältesten. Die Menschen erwarten von Ihnen, daß Sie für ihr Heilwerden beten. Wenn Sie in ein Haus kommen und sehen, wie Leute von den Sorgen des Lebens niedergedrückt werden, so ist es die natürlichste Sache der Welt, daß Sie ihnen die Hände auflegen und um Heil und Heilung beten. Tun Sie es mit aller Zuversicht und Demut, mit aller liebevollen Zuwendung und Kraft, die Ihnen zur Verfügung steht. Wenn Sie das täglich tun, mit einer tiefen Abhängigkeit vom Heiligen Geist, so werden Sie über die Ergebnisse erstaunt sein. Oft wird es eine wesentliche Verbesserung geben. Manchmal wird die Wirkung so dramatisch sein, daß sie einer Auferstehung gleicht – und in gewisser Weise ist sie es auch. Wir dürfen keine Angst vor den wenigen Malen haben, bei denen keine Verbesserung wahrzunehmen ist, denn es gibt so viele andere Fälle, wo viel Gutes erwirkt wurde.

Eine Warnung: Wir müssen für die Menschen in der größtmöglichen Schlichtheit und Freude beten. Wir versuchen an ihnen keine Psychoanalyse und gehen auch nicht allem auf den Grund. Wir versuchen nicht einmal, ihre Theologie zu korrigieren. Wir laden den Herrn einfach ein, das Gemüt und das Herz zu ergreifen und beide zu heilen und die gottgewollte Persönlichkeit wiederherzustellen.

In den vergangenen Jahren haben viele für mich gebetet. An eine Person erinnere ich mich besonders. Als Ergebnis von drei Tagen des Fastens und Betens fühlte ich mich dazu geführt, diesen Mann zu bitten, für mich zu beten. Er kam; aber statt zu beten, begann er von seinen eigenen Versagen zu berichten und seine Sünden zu bekennen. Ich dachte bei mir: »Was tut er da? Ich bin es, der Hilfe braucht; er ist ein geistlicher Riese.« Aber ich sagte nichts. Als er fertig war, schaute er mich an und fragte: »Nun, willst du immer noch, daß ich für dich bete?« Er hatte in mein Herz gesehen. Er wußte, daß ich aus ihm einen geistlichen Guru gemacht hatte. Als er schließlich seine Hände auf mein Haupt legte und für mich betete, war es eine der tiefsten Erfahrungen meines Lebens! Es entstand eine tiefe Zufriedenheit und Ausgeglichenheit und eine starke, neue Orientierung in meinem Leben, die mich nie verlassen hat. Ich erinnere mich, daß er, ohne etwas von meinen geheimen Wünschen und Träumen zu wissen, für »die Hände eines Schriftstellers« betete. Geistliche Führer dienen den Menschen, indem sie für sie beten.

Geistliche Führer dienen ihrer Gemeinde, indem sie den Weg zum inneren geistlichen Leben weisen.[75] Die Menschen sind heute an dem inneren Wesen des geistlichen Lebens stark interessiert. Sie sind aber auch hoffnungslos verwirrt. Sie wissen nicht, was das bedeutet und was das mit dem biblischen Glauben zu tun hat. Geistliche Führer müssen fähig sein, innere Vorgänge zur Sprache zu bringen.

Geistliche Führer müssen für die Menschen die Geisterunterscheidung ausüben: »Prüft die Geister, ob sie von Gott sind«, rät Johannes (1. Joh. 4,1). Nicht jede übernatürliche Erfahrung ist eine Begegnung mit dem Gott Abrahams, Isaaks und Jakobs, und wir täten wohl daran, den Unterschied zu lernen. Es gibt heutzutage so viel Dummheit, so viel unheiligen Unsinn. Geistliche Führer müssen ihrer Gemeinde helfen, die Stimme des wahren Hirten von der Stimme des Bösen zu unterscheiden.

Sie dienen ihrer Gemeinde auch dadurch, daß sie in geistliche

Tiefen eindringen, und diese Erfahrungen dann der Gemeinde vermitteln. Wenn sie dabei ihre Schwächen und ihre Verwundbarkeit nicht verleugnen, können sie uns helfen, daß wir einige Gefahren und den reichen Gewinn des inneren geistlichen Lebens, das mit Gott in Christus verborgen ist, verstehen, und dann werden wir, die wir ängstlicher sind, in der Lage sein, mit Zuversicht Schritt für Schritt voranzukommen.

Eine ältere Frau tat das für mich. Sie war die Leiterin der Kinderstation eines großen Krankenhauses und arbeitete verantwortlich im Ältestenkreis der kleinen Gemeinde mit, in der ich Pastor war. Sie kam oft am Morgen nach der Nachtschicht an der Kirche vorbei. Sie las ungeheuer viel und durchlöcherte mich mit Fragen nach dem geistlichen Leben, von denen ich die meisten nicht beantworten konnte. Ja, ich konnte eine Antwort aus den Lehrbuch geben, aber ich hatte keine Antworten aus dem Leben. Noch wichtiger war, daß sie im Krankenhaus und in der Gemeinde viele Gebetsabenteuer einging. Wir sprachen dann lange über die Bedeutung dieser Dinge. Was bedeutet es wirklich, »in Christus« zu sein? Wie wirkt das Gebet? Was ist ein Gebet ohne Worte? Was ein Gebet des Glaubens? Was ist Fürbitte? Wie ändert das Gebet andere? Wie ändert das Gebet uns? Diese und viele andere Fragen forderten unseren Glauben heraus.

Sie betete für Babys im Krankenhaus, die sich in kritischem Zustand befanden. Oft hielt sie ein Kind in ihren Händen und betete für es, manchmal eine Stunde oder länger. Fast immer blieb das Baby am Leben.

Was tat sie? Sie zeigte mir so den Weg und ermutigte mich, im geistlichen Leben voranzuschreiten. Und das tat ich. Ich machte viele Fehler. Manchmal war ich zu kühn. Häufiger war ich zu ängstlich und mußte ermutigt werden, voranzugehen. An jedem Punkt befähigte uns die gemeinsame Klärung des Geschehens, zwischen der schöpferischen und der zerstörenden Macht zu unterscheiden. Sie diente mir, indem sie mir den Weg inneren Lebens absteckte.

Geistliche Führer dienen ihrer Gemeinde durch anteilnehmende Führung. Die Leute brauchen niemanden, der über ihnen steht und in autoritären Tönen über den Sinn des Lebens doziert. Sie brauchen jemanden, der bei ihnen ist und ihre Freude teilt und ihre Verwirrung und ihre Schmerzen. Die Leute brauchen Führer, die sie lieben.

Ich arbeitete einmal in einem Team mit einem Psychologen zusammen, der für mich die Anteilnahme in Person war. Kein Zweifel, er war ein Führer. Er konnte sehr energisch werden, wenn es die Situation verlangte. Seine Führung erhielt ihre Kraft aber aus seinem Mitgefühl. Alle, die wir zu der Beratergruppe gehörten, spürten seine Liebe. Seine Klienten fühlten auch seine Güte und Fürsorge. Für ihn gab es kein distanziertes Mitleid, keine beschränkte Sympathie, sondern ein alles einschließendes Mitgefühl. In den Besprechungen las er manchmal 1. Korinther 13. Dann hielt er inne und schüttelte seinen Kopf, als wenn er von den Worten überwältigt wäre. Er sprach gern zu uns über die Liebe und »die psychische Macht der Veränderung durch Liebe«, wie er es ausdrückte. Wir als seine Mitarbeiter sahen die Macht dieser Liebe. Unter seiner Leitung zu arbeiten war keine Last, sondern eine Freude, denn wir wußten, daß er uns liebt.

Geistliche Führer dienen ihrer Gemeinde als »kontemplative Kritiker« (Henri Nouwen).[76] Wir leben in einer zerrissenen und orientierungslosen Zeit. Aus dem Schoß der Gemeinde müssen Propheten aufstehen, die wahrnehmen, was in der Welt vorgeht, und es uns deuten können. (Ich meine nicht die »Schmalspur-Propheten«, die ihre Stimme bei jeder Nachricht erheben, sicher, daß sie den Untergang und das Kommen des Antichrist einläuten.)

Der kontemplative Kritiker nimmt der Welt voller Manipulationen die Maske der Illusion ab und hat den Mut, die wahre Situation beim Namen zu nennen. Solche Führer sind »kontemplativ«, weil innere Stille notwendig ist, um in dieser bösen Zeit eine Perspektive zu gewinnen. Solche Führer sind »Kritiker«, weil das Böse beim Namen genannt und vom Guten unterschieden werden muß.

Ich kenne einen sehr eifrigen, sehr guten Lehrer. Ihn zeichnet nicht nur ein beträchtliches Wissen aus; auch die große Weisheit und sein Durchblick sind nicht entscheidend, obwohl davon eine immense Hilfe ausgeht. Die besondere Wirkung rührt daher, daß er alle diese Dinge einfühlsam und demütig zusammenbringt. Wir saßen oft in seinem Studierzimmer mit den vielen Bücherregalen und dem Flügel in der Ecke und sprachen über die Ereignisse in der Welt – nicht nur über die großen Ereignisse, sondern auch über die einfachen, täglichen Dinge. Einmal fragte er mich: »Hast du je darauf geachtet, wie wir unsere Häuser heizen? Es gab einmal eine Zeit, in der wir wirklich eine Zentralheizung hatten – das Kaminfeuer. Jetzt können sich die Leute den ganzen Abend in demselben Haus aufhalten, ohne sich je zu sehen. Bist du dir bewußt, wie sehr die Art, in der wir unsere Häuser heizen, unser Familienleben betrifft!« Nebensächliche Bemerkungen wie diese lösten oft in meinen Gedanken eine Flut von Ideen und Überlegungen aus, die über Jahre hin wirkten.

Immer wieder half er mir, die Welt mit neuen Augen zu sehen – er war und ist ein »kontemplativer Kritiker«.

Geistliche Führer dienen ihrer Gemeinde, indem sie selbst unter einer Autorität leben. Nichts ist gefährlicher als Führer, die niemandem verantwortlich sind. Wir alle benötigen andere, die zum Beispiel über unser pompöses Benehmen lachen und uns zu neuen Formen des Gehorsams anregen. Macht ist einfach eine zu gefährliche Sache, als daß sie einer von uns allein in die Hand nehmen könnte. Wenn wir den Mißbrauch der Macht heutzutage in der Gemeinde betrachten, werden wir sehr oft feststellen, daß dahinter eine Person steht, die meint, eine spezielle direkte Verbindung zu Gott zu besitzen und deshalb den Rat und die Korrektur der Gemeinschaft nicht zu benötigen.

Es war kein Zufall, daß die Antwort der Mönche auf die Frage der Macht in dem Gelübde des Gehorsams bestand. Es mag sein, daß uns das Gelübde des Gehorsams nach der Art der Mönche unbequem ist, aber wir müssen Wege finden, in der Rechenschaft vor anderen zu leben. Es bedarf nicht unbedingt einer Rangordnung **von** Vorgesetzten und Untergebenen, um unter einer Autorität zu leben. Oft nimmt sie die Form der gegenseitigen Verantwortlichkeit an. Pastoren können eine kleine Gruppe von vertrauten Freunden bilden, wo einer mit dem anderen den geistlichen Lebensweg teilt. Die alten methodistischen »Klaßtreffen« waren eine Möglichkeit, gegenseitige Unterstützung und Verantwortlichkeit zu gewährleisten. Sie könnten auch für uns heute ein hilfreiches Modell sein.

Ich habe einen Freund, einen Pastor, der mir in mehr Dingen geholfen hat, als ich berichten kann. Wir begannen uns zu treffen, nachdem ich ihn gebeten hatte, mich beten zu lehren. Wir verbrachten wunderbare Stunden zusammen – wir redeten miteinander, lachten, beteten. Es war eine liebevolle Umgebung, in der wir dem Rat des Jakobus folgen konnten: »Bekennt also einander eure Sünden und betet füreinander, daß ihr gesund werdet« (Jak. 5,16). Wir lebten unter Autorität.

Sowohl in der Gemeinde wie auch in der Familie ist die Verpflichtung zum Dienst wechselseitig. Wie dienen wir unseren geistlichen Führern? Wir dienen ihnen durch freudigen Gehorsam. Pastoren und andere Führer sind Hirten der Herde; es ist ihre Aufgabe, uns zu helfen, damit wir den Weg zu einem Leben im Glauben finden. Ihr Rat oder ihre Korrektur oder Weisung muß mit äußerster Ernsthaftigkeit aufgenommen werden. Sie können sich irren, denn sie sind genau wie wir fehlerhafte Menschen, aber weise Führer werden lange zuhören und erst dann sprechen, so daß wir zuhören müssen, wenn sie etwas sagen. Wir brauchen solche Autoritäten.

Wie dienen wir unseren geistlichen Führern? Wir dienen ihnen durch konstruktive Kritik. Freudiger Gehorsam ist nicht blinder Gehorsam. Es gibt Zeiten, in denen unsere Führer unsere gut durchdachte und liebevolle Korrektur benötigen. Auch das ist ein Dienst.

Früher nahm ich manchmal zu Vortragsreisen einen Freund mit, um ehrlich zu bleiben. Er kannte mich gut. Wenn meine Geschichten zu übertrieben wurden, war es seine Aufgabe, mich zu korrigieren. Jesus sagte, daß der Prophet in seinem Lande keine Ehre genießt, aber manchmal wird ihm in einem fremden Land zu viel Ehre zuteil. Mein Begleiter half mir, unter dem übereifrigen Lob wohlmeinender Leute meine Perspektive zu bewahren.

Ganz gewöhnliche Weisheit sollte unseren Dienst der konstruktiven Kritik bestimmen. Er sollte mit Takt und nicht öffentlich geschehen. Er sollte immer von liebevoller Unterstützung begleitet sein. Er sollte immer darauf abzielen, aufzubauen und nicht niederzureißen.

Wir dienen unseren geistlichen Führern durch das Gebet. Es kann viel bewirken. Als ich Pastor war, bat ich die Leute, jederzeit bei mir vorbeizukommen, wenn sie mit mir und für mich beten wollten. Jetzt an der Universität ermutige ich die Studenten, dasselbe zu tun. Ich möchte nicht, daß Menschen nur dann in mein Büro kommen, wenn sie wütend sind oder an einer großen Last zu tragen haben. Ich wünsche mir, daß sie auch dann kommen, wenn sie sich wohlfühlen und mir Leben vermitteln möchten. Es ist ein wunderbarer Dienst, den sie dann tun. Menschen können sich nicht isoliert und allein fühlen, wenn sie mit dieser Art von liebevoller Unterstützung umgeben sind.

Diese sind nur einige Beispiele von den vielen Möglichkeiten, mit denen den Führern durch das Gebet gedient werden kann.

Das Gelübde des Dienens in der Welt

Im geschützten Heim oder der liebevollen Gemeinschaft der Gläubigen läßt es sich gut über den Dienst reden, aber wie steht es damit im Auf und Ab des Geschäftslebens und der Politik? In einer Kultur, die auf den Wettbewerb ausgerichtet ist, mag das Dienen nicht leicht sein, aber Jesus hat nie angedeutet, daß die Jüngerschaft ohne Mühe sein würde.

Wie dienen wir anderen in der Welt? Wir dienen ihnen, indem

wir ihre Meinung schätzen. Wir dienen ihnen durch Höflichkeit. Wir dienen ihnen, indem wir ihren Ruf schützen. Wir dienen ihnen mit einfachen Freundlichkeiten. Wir dienen ihnen durch Integrität. Wir dienen ihnen durch Ehrlichkeit, Wahrheit und Verläßlichkeit.

Diese Aussagen sind so einfach, daß wir versucht sind, sie als unwichtig abzutun. Einfach sind sie, unwichtig sind sie nicht. Wenn wir nur einmal an die wenigen Leute denken, die auf unser Leben einen bedeutenden Einfluß hatten, werden wir entdecken, daß es oft Menschen waren, die uns in einfachen Dingen Gutes taten. Der Freund, der sich die Zeit nimmt, uns zuzuhören; der Lehrer, der uns ermutigt; der Chef, der unsere Möglichkeiten erkennt; der Ehepartner, der uns liebt – mit unseren Schwächen – das sind diejenigen, die dienen.

Wie dienen wir anderen in der Welt? Wir dienen ihnen dadurch, daß wir uns auf Führungsrollen vorbereiten und daß wir sie annehmen, wo sie sich bieten. Unsere Welt hungert nach einfühlsamen, zum Dienen bereiten Führern. Hier ist ein Missionsfeld! Änderungen in der Welt werden durch jene eingeleitet, die sich innerhalb der großen Institutionen befinden und sich darum bemühen, sie zum Wohl der Öffentlichkeit zu verbessern. Ich leiste zum Beispiel nur einen kleinen Beitrag zur Lebensqualität in dieser Stadt, wenn ich mich außerhalb der institutionellen Strukturen befinde, sie kritisiere und so viel Druck wie möglich ausübe. Aber es ist der Bürgermeister, der wirklich einen Einfluß auf die Stadt hat. Firmen, Verbände, Universitäten und Regierungen benötigen dringend fähige Führer, die sie durch ihre persönlichen Werte prägen.

Diese Führung muß aber eine *dienende* Führung sein. Dienende Führer sind Menschen, die erst Diener und dann Führer sind und die nach ihrer Amtszeit wieder zu Dienern werden. In *Nachfolge feiern* behandelte ich das Wesen des Dienens. Hier möchte ich betonen, daß dieses Dienen der Kern unserer Persönlichkeit ist. Das Gelübde, zu dienen, ist uns so zur Natur geworden, daß es ein Leichtes ist zu dienen; es wäre schwer, nicht zu dienen. Alles Handeln erwächst auf diesem Fundament, auch der Wunsch zu führen.

Wir dienen anderen in der Welt, indem wir für Angestellte »sinnvolle Arbeit« schaffen und für die Arbeitgeber »ehrliche Arbeit« leisten. Die Zeit für eine neue Wirtschaftsethik ist reif. »Die neue Ethik, einfach aber umfassend ausgedrückt, wird sein: *Die Arbeit existiert für den Menschen, genauso wie der Mensch für die Arbeit existiert.* Anders ausgedrückt, der Betrieb existiert einerseits, um sinnvolle Arbeit zu ermöglichen, andererseits aber genauso, um ein Produkt oder einen Dienst für den Kunden zu erbringen.«[77] Sinnvolle Arbeit ist jene, in der die Leute das Empfinden haben, etwas zu vollbringen. Es ist auch die Arbeit, die dem Menschen das Gefühl gibt, einen echten Beitrag zum Wohl der Gesellschaft zu leisten. Geschäftsführung und Aufsichtsräte dienen, indem sie diese sinnvolle Art der Arbeit fördern. Die Arbeitnehmer antworten darauf durch Arbeit, die ehrlich, so gut und so produktiv wie möglich ist.

Wir dienen anderen in der Welt, indem wir es entschlossen ablehnen, daß sie uns mißbrauchen. Anderen zu erlauben, daß sie uns als Fußmatte benutzen, ist kein Dienst, sondern Unterwürfigkeit. Es ist weder für uns noch für die anderen gesund. Das Dienen darf nicht mit einer falschen Bescheidenheit oder der Persönlichkeit eines Hanswurst verwechselt werden. Ganz im Gegenteil, das Dienen ist von Gradlinigkeit und mutigem Handeln durchdrungen.

Wenn andere auf uns herumtrampeln und aus unserer dienenden Haltung Vorteile ziehen wollen, lassen wir uns diesen Mißbrauch nicht gefallen. Wir sind nicht darum bemüht, »unsere Rechte« zu verteidigen, denn wir haben diese schon Gott übergeben. Mit Bestimmtheit verlangen wir von anderen, daß sie alle Menschen – auch uns – als vollwertige Persönlichkeiten respektieren. Es mag viele und unterschiedliche Probleme geben – niedrige Bezahlung, hohe Arbeitsbelastung, keine Beförderungsmöglichkeiten – die Lösung ist immer die gleiche: auf keinen Fall »verdinglichen« lassen.

Jener Einzelne

Wir haben auf unserer Reise in das Wesen der legitimen Macht und Größe einen weiten Weg zurückgelegt. Manchmal haben wir uns gefragt, ob die Macht nicht zu gefährlich, zu beladen mit Korruption sei, um je in den Dienst Christi gestellt werden zu können. Aber am Ende haben wir entdeckt, daß die Macht, die zum Dienen gerüstet ist, in der menschlichen Gesellschaft unendlich viel Gutes hervorbringen kann.

Somit gehen wir das Risiko ein. Wir führen, wir sind Eltern, wir dienen – immer bewußt, daß wir nicht einer namenlosen Menschheit ohne Gesicht dienen, sondern »jenem Einzelnen«.[*]

Es gibt eine alte Geschichte von einem jungen Flüchtling, den die Leute eines kleinen Dorfes bei sich aufnahmen. Schließlich kamen

---

[*] Der Ausdruck stammt von Søren Kierkegaard. Er widmete sein Buch »Eine Gelegenheitsrede« »Jenem Einzelnen«.

jedoch die feindlichen Soldaten und verlangten, daß man ihnen das Versteck des jungen Mannes nenne. Als die Leute zögerten, drohten die Soldaten, das ganze Dorf zu zerstören und jeden Mann, jede Frau und jedes Kind bis zum Morgengrauen zu töten, falls der gesuchte Mann ihnen nicht übergeben würde. Die Leute wandten sich verängstigt an ihren Pastor um Weisung.

Der Pastor war innerlich zerrissen. Er wollte seine Leute nicht ins Unglück stürzen, aber auch den jungen Mann nicht verraten. Er ging in sein Zimmer und begann in der Hoffnung, bis zum Morgengrauen eine Antwort zu finden, in seiner Bibel zu lesen. Er las die ganze Nacht lang. Schließlich, kurz vor Sonnenaufgang, traf er auf die Worte: »Es ist besser für euch, ein Mensch sterbe für das Volk, als daß das ganze Volk verderbe« (Joh. 11,50).

Zitternd ging der Pastor hinaus und sagte den Soldaten, wo sie den jungen Mann finden konnten. Als sie den Flüchtling zur Exekution abführten, begannen die Dorfleute zu feiern, weil ihr Leben geschont worden war. Der Pastor feierte jedoch nicht mit ihnen. Er ging in sein Zimmer, eine große Last lag auf ihm.

Am Abend erschien ihm ein Engel und fragte: »Was hast du getan?« Der Pastor antwortete stockend: »Ich habe den Flüchtling verraten.« »Aber wußtest du nicht«, sagte der Engel, »daß der Flüchtling, den du verraten hast, der Messias ist?« »Nein! Nein! Nein!«, stöhnte der Pastor, »ich wußte es nicht; wie hätte ich es auch wissen können?« Der Engel sprach: »Wenn du deine Bibel hingelegt hättest und wärest zu dem Flüchtling gegangen und hättest in seine Augen gesehen, dann hättest du es gewußt!«

Das Gelübde, zu dienen, ist zuerst und vor allem ein Gelübde, in die Augen jenes Einzelnen zu schauen. Und vielleicht – nur vielleicht – wird uns das davon abhalten, den Herrn der Herrlichkeit zu verraten. Das Dienen besteht wirklich nicht aus Plänen und Programmen und weitschweifenden Strategien, mit denen der Menschheit gedient werden soll. Nein, es besteht darin, in die Augen des Flüchtlings zu schauen.

Es ist ein Leichtes für uns, die feindlichen Soldaten überall wahrzunehmen. Ihre Macht erscheint so erdrückend, daß sie alles bedroht, was uns lieb ist. Wir beschäftigen uns so sehr mit dem Feind, daß wir nie den ängstlichen Blick in den Augen dieses kleinen Kindes oder den in die Ferne gerichteten Blick jenes alten Mannes bemerken. Eigentlich bemerken wir sie überhaupt nicht – wir sehen nur die Bedrohung unserer eigenen Sicherheit. Was uns fehlt, ist der Blick Christi.

Das Gelübde, zu dienen, bedeutet, jenen Einzelnen wahrzunehmen. Das ist der Weg Christi. Das ist der Pfad des Gehorsams. Und ich habe entdeckt, daß dieser Pfad, ganz gleich, wohin er uns führt oder welche schwierigen Entscheidungen er für uns aufwirft, der Pfad des Lebens ist.

Epilog: Die Gelübde leben

Du bist nur solange ein Christ, wie du der Gesellschaft, in der du lebst, dauernd kritische Fragen stellst . . . wie du mit dem Status quo unzufrieden bist und du immer wieder sagst, daß eine neue Welt erst noch kommt.

Henri Nouwen

Die Gelübde der Einfachheit, Treue und des Dienens gelten für alle Christen zu allen Zeiten. Sie sind der kategorische Imperativ für gehorsame Nachfolger des gehorsamen Christus. Sie sind der Ausgangspunkt, von dem aus wir die Tiefen des geistlichen Lebens erforschen und unsere Mission in der Welt entdecken.

Die Gelübde spornen uns an, ein tieferes geistliches Leben zu suchen. Wir kehren der Oberflächlichkeit der modernen Kultur den Rücken zu und gewinnen Tiefe durch die klassischen Disziplinen von Meditation, Gebet, Fasten, Studieren, Einfachheit, Einsamkeit, Unterordnung, Dienen, Beichte, Anbetung, Geführtwerden, Feiern. Wir helfen einander, im geistlichen Leben voranzukommen, indem wir die ermutigen, die wachsen, und jene trösten, die stolpern.[78]

Die Gelübde rufen uns zu einem energischen Zeugnis in der Gesellschaft. Wir stehen zu der dominierenden Kultur im Gegensatz. Sie hat ihre Seele der Gier, Promiskuität und Selbstsucht verschrieben. Wir kritisieren die leeren Werte der gegenwärtigen Gesellschaft und rufen sie zu einer fröhlichen Nachfolge Christi auf.

Die Gelübde rufen uns zur Evangelisation und einer missionarischen Einstellung. Sie sind keine Ideale, die wir für uns behalten und deren wir uns in unserem abgeschiedenen Zuhause erfreuen. Sie sollen frei mit allen geteilt werden, die Christus als Herrn und König bekennen. Wir haben die Verantwortung, die Nationen und alle Völker der Erde zu gewinnen, in Erwartung jenes Tages, an dem »in dem Namen Jesu sich beugen sollen aller derer Knie, die im Himmel und auf Erden und unter der Erde sind, und alle Zungen bekennen sollen, daß Jesus Christus der Herr ist, zur Ehre Gottes, des Vaters« (Phil. 2,10f).

Die Zeit ist für eine große neue Bewegung durch den Geist Gottes reif. Solche Bewegungen sind in der Vergangenheit aufgetreten. Denken Sie an Antonius und die Wüstenväter, Bernhard von Clairvaux und die Zisterzienser, Franz von Assisi und die Minderbrüder,

Martin Luther und die Reformatoren, George Fox und die ersten Evangelisten der Quäker und an John Wesley und die methodistischen Reiseprediger.

Es ist schon einmal geschehen: Es *kann* wieder geschehen. Eine solche Bewegung muß diszipliniert, evangelistisch, gesellschaftlich relevant und, ohne sich dafür entschuldigen zu wollen, christlich sein. Sie muß ganz ernst nehmen, daß geistliche Macht notwendig ist, um das Glaubensleben aufrechtzuerhalten und das Böse durch das Gute zu überwinden. Sie muß mutiges Handeln und leidende Liebe verbinden.

Vielleicht könnten die Gelübde der Einfachheit, der Treue und des Dienens eine allgemeine Verpflichtung für eine solche Bewegung bilden. Die Kirche könnte dadurch der Vorreiter für solche Bemühungen sein, daß sie diese Gelübde in die Mindestvoraussetzungen für die Mitgliedschaft einschließt. Und die Gemeinden, wenn sie dazu bereit sind, könnten ein Umfeld schaffen, in dem es möglich ist, diese Gelübde auszuleben.

Möge eine neue Welle ernsthaften Gebets die Gemeinschaft der Gläubigen erfassen, so daß sie Gott um den Aufbruch einer solchen Bewegung des Geistes bittet. Mögen mächtige, dienende Führer nach der Art der Apostel aufstehen, um uns in neue Bahnen der Treue zu leiten. Mögen wir bereit sein, die Vorhut für eine solche neue Bewegung auf Christus zu in unserer Zeit zu bilden.

[1] James O'Reilly, Lay and Religious States of Life. Their Distinction and Complementarity, Chicago 1976, S. 22.
[2] Feodor Dostojewski, Der Idiot. – Das Briefzitat (12. Januar 1868 an A. Maikov) nach K. Mucholsky, Dostoevsky. His Life and Work, Princeton 1967, S. 344.
[3] vgl. Die Blümlein des heiligen Franziskus von Assisi, Leipzig 1911, S. 198f.
[4] Leland Ryken, Puritan Work Ethic. In: Christianity Today, 19. Okt. 1979, S. 15. Die folgenden Zitate dort S. 16.18.
[5] Henri J. M. Nouwen, Clowning in Rome. Reflections on Solitude, Celebacy, Prayer, and Contemplation, Garden City 1979, S. 45.
[6] s. Anm. 3, S. 201f.
[7] Edmund S. Morgan, The Puritan Family, New York 1966, S. 62f.
[8] Francis J. Bremer, The Puritan Experiment, New York 1976, S. 177f.
[9] s. Anm. 3, S. 41.
[10] Leonardo Boff, God's Witnesses in the Heart of the World, Chicago 1981, S. 149.
[11] Thomas Hooker, The Cambridge Platform, zit. nach Herbert Schneider, The Puritan Mind, New York 1930, S. 19.
[12] Lee Salk, zit. bei Bernard Gavzer, What People Earn, Parade Magazine, 10. Juni 1984, S. 4.
[13] Jacques Ellul, Money and Power, Downers Grow 1984, S. 166f.
[14] Bei Elizabeth O'Connor, Letters to Scattered Pilgrims, San Francisco 1979, S. 8.
[15] Zit. bei Edward Bauman, Where Your Treasure Is, Arlington 1980, S. 73.
[16] ebd. S. 113.
[17] s. Anm. 13, S. 94.
[18] John Woolman, The Journal of John Woolman and a Plea for the Poor, Secaucus 1972, S. 41.
[19] Johannes Calvin, Institutio II, 8, 45.
[20] s. Anm. 13, S. 110f.
[21] s. Anm. 14, S. 7.
[22] Ronald J. Sider, Der Weg durchs Nadelöhr. Reiche Christen und Welthunger, Wuppertal, ³1981, S. 162ff.
[23] Zit. nach Malcolm MacGregor, Training Your Children to Handle Money, Minneapolis 1980, S. 111.
[24] Lewis Smedes, Sex for Christians, Grand Rapids 1976, S. 47.
[25] Aurelius Augustin, Vom Gottesstaat, Buch 11–22, München 1978, S. 194.
[26] Derrick Bailey, Sexual Relations in Christian Thought, New York 1959, S. 59.
[27] Zit. bei Letha Dawson Scanzoni, Sexuality, Philadelphia 1984, S. 46.
[28] Jer. Taylor, The Rule and Exercise of Holy Living and Dying, London 1862, S. 63.
[29] C. S. Lewis, Mere Christianity, New York 1943, S. 89.
[30] s. Anm. 24, S. 56.
[31] F. Mansell Pattison and Myrna Loy Pattison, Ex-Gays. Religiously Mediated Change in Homosexuals. In: American Journal of Psychiatry, vol. 167 (1980), S. 1553.
[32] Donald Goergen, The Sexual Celibate, New York 1974, S. 181.
[33] Lewis Smedes, s. Anm. 24, S. 128. – Derrick Baily, The Mystery of Love and Marriage, New York 1952, S. 53.
[34] Smedes, s. Anm. 24, S. 130.
[35] Bailey, s. Anm. 33, S. 53f.

[36] s. Anm. 24, S. 210.

[37] James McCary, Human Sexuality, New York ³1978, S. 150.

[38] Autoeroticism, in: The Encyclopedia of Sexual Behaviour I, New York 1961, S. 204.

[39] Smedes, s. Anm. 24, S. 246.

[40] Nach Walter Trobisch, I Married You, New York 1971, S. 77ff.

[41] Richard Foster, Leben mit leichtem Gepäck, Wuppertal 1985, S. 132.

[42] Heini Arnold, In the Image of God. Marriage and Celebacy in Christian Life, Rifton 1976, S. 161.

[43] Zit. nach Arthur McGiffert, Martin Luther, New York 1910, S. 287.

[44] Helmut Thielicke, Sex. Ethik der Geschlechtlichkeit, Tübingen 1966.

[45] s. Anm. 29, S. 99.

[46] nach Lewis, s. Anm. 29, S. 96.

[47] Ashley Montagu, Touching. The Human Significance of the Skin, New York ²1978, S. 166.

[48] vgl. Thielicke (s. Anm. 44).

[49] nach Eli. Achtemeier, The Committed Marriage, Philadelphia 1976, S. 86.

[50] Moloney, A Life of Promise. Poverty, Chastity, Obedience, S. 118.

[51] nach Smedes, s. Anm. 24, S. 169.

[52] Lewis, s. Anm. 29, S. 102.

[53] vgl. James B. Nelson, Embodiment. An Approach to Sexuality and Christian Theology, Minneapolis 1978, S. 211–235.

[54] Nelson, S. 217ff.

[55] A. Roberts, The Age of Metal, in: Listen to the Lord, Newberg 1974, S. 61–63.

[56] Paul Tournier, Aggression. Wuppertal 1979, S. 122f.

[57] Walter Wink, Naming the Powers, Philadelphia 1984, S. 5.

[58] Fioretti. Franz von Assisi in der Legende. Luzern 1972, S. 9f.

[59] John Woolman, The Journal and Essays, New York 1922, S. 167.

[60] s. Anm. 56, S. 113.

[61] bei Jacques Ellul, The Technological Society, New York 1970, S. XI.

[62] Wink, s. Anm. 57, S. 86.

[63] James Nayler, The Lamb's War (1658), in: Barbour-Roberts, Early Quaker Writings, Grand Rapids 1973, S. 106f.

[64] C. S. Lewis, The Screwtape Letters, West Chicago 1976, S. 17.

[65] Dietrich Bonhoeffer, Nachfolge, München ³1950, S. 2.

[66] Ausdruck von Jürgen Moltmann.

[67] Martin Hengel, Christus und die Macht, Stuttgart 1974.

[68] James Dobson, The Strong Willed Child, Wheaton 1978, S. 76.

[69] Jacques Ellul, Violence. Reflections from a Christian Perspective, New York 1969, S. 166.

[70] George Fox, The Journal, Cambridge 1952, S. 263.

[71] Michael Korda, Success!, New York 1977, S. 4.

[72] Donald McNeill – Douglas Morrison – Henri Nouwen, Compassion, Garden City 1982, S. 4.

[73] ebd., S. 35.

[74] ebd., S. 40.

[75] vgl. Henri Nouwen, The Wounded Healer, Garden City 1979, S. 25–47.

[76] ebd., S. 43–46. – Das folgende Zitat S. 45.

[77] Robert Greenleaf, Servant Leadership, New York 1977, S. 142.

[78] s. Richard Foster, Nachfolge feiern, Wuppertal ²1986.